成長企業が失速するとき、社員に“何”が起きているのか？

仕事に「働きがい」と「エネルギー」を取り戻す方法

スティーブ・バッコルツ
トム・ロス
ウィルソン・ラーニング ワールドワイド〔著〕

小田理一郎〔監訳〕 東出顕子〔訳〕

日経BP

成長企業が失速するとき、社員に"何"が起きているのか？

献辞

スティーブの妻デブと子どもたちピーターとモリーへ、
トムの妻パムと子どもたちクリストファーとジェフリーへ、
揺るがずかけがえのない支援に感謝して本書を捧げる。

はじめに

「経営合理化」という言葉は、今やよく知られた言葉である。この言葉は１９８０年代頃から使われはじめ、特に私たちは、企業役員、研究者、作家として、「経営合理化」という考え方と、それが従業員や社員に及ぼす影響に関心を持ってきた。この「経営合理化」という言葉は当時、主に企業や組織が、その従業員や社員を解雇するときに用いられた。現在は、「人員削減（ＲＩＦ）」計画という言葉がよく使われるかもしれない。

「経営合理化」の後、今度は「チェンジ・マネジメント」という考え方が台頭した。これは、企業や組織を、将来を見据えた姿に生まれ変わらせるためのステップだ。この言葉は１９８２年にマッキンゼーのコンサルタントであるジュリエン・フィリップスによって、『Human Resource Management』誌で提唱されたのが最初で、その10年ほど経った頃から広く使われている。

経営合理化やチェンジ・マネジメントに限らず、変化によって何かネガティブな影響が生じたときに、企業や組織の〝エネルギー〟がどうなるのかについては、これまで数多くの研究が行われてきた。本書の著者の一人スティーブは、ハリー・ウッドワードとの共著で『[新版] アフターショック――変化の時代の「痛み」を解決する知恵』（ダイヤモンド社）を著し、変化が従業員に与える影響と余波を明らかにした。同書は、従業員が変化を「喪失」としてとらえることがあると指摘している。そのうえで、従業員が喪失感を伴う変化を体験すると、従業員は組織に対する満足感や忠誠心、所属意識を低下させ、思い入れを持てなくなる――つまり、これから本書でいうところの「エンゲージメントが低下した状態」になる――という。

スティーブとハリーが同書を著した頃は、人々が、自分のパフォーマンス以外の理由で職を失う経験を初めて強《し》いられた時期である。その影響は非常に大きく、多くの組織で、従業員との絆や忠誠心という〝つながり〟が断ち切れてしまうほどだった。

パフォーマンスがよい、業績をあげているということは、もはや、リストラされないことの保証ではなくなったわけだ。従業員からすれば、「会社が自分を大切にしてくれないのに、自分は会社を大切にする必要があるのだろうか?」と、疑問を感じるようになったのも無理はない。

1990年代になると、初めて、「エンゲージメント」という言葉が登場する。ウィリアム・カーンは、エンゲージメントを、「組織構成員としての自己をそれぞれの職務に結びつけること」と定義した。

私たちは、当時、さまざまなクライアント企業とともに研究を行うようになり、「変化によって失われた従業員のエネルギーをどう取り戻すか」に焦点を当てていた。従業員のエネルギーを取り戻し、彼らを再び仕事に打ち込ませることが求められていたからだ。

しかし、研究が進むにつれて、私たちは、「エンゲージメントに対する真の理解は得られていない」という結論を出さざるをえなかった。

たとえばあるとき、スティーブが、クライアントの1社の経営幹部会議に出席し、同社のエンゲージメント・スコアについてコンサルタント会社の人からの説明を聞く機会があった。そのエンゲージメント・スコアは、コミュニケーション、チームづくり、リーダーへの敬意、支援、承認、能力開発などについて、コンサルタント会社が項目別に同社を評価したもので、そのスコアは良好だった。その結果に対して、同社の経営層も満足しているようだった。

そこでスティーブは、そのコンサルタントにこんな質問をした。

「あなたのいう〝エンゲージメント〟の定義は何ですか？」

するとコンサルタントはこのように答えた。

「これらの調査結果のスコアが高い状態が、エンゲージメントです」

たいへん興味深い回答だ。これで、エンゲージメントの定義を説明したといえるだろうか？

シュミットたちがJournal of Applied Psychology（2002）で、エンゲージメントを「従業員の仕事への没頭、コミットメント、満足」と定義したように、「仕事の満足度」という従来の概念を従業員のエンゲージメントだと受け入れるならば、これも正しいと言えるかもしれない。

しかし私たちは、この定義を受け入れることができない。仕事の満足度とエンゲージメントに相関関係があるのは間違いないが、

「エンゲージメントとはどんなものか？」

「組織にエンゲージメントがあるかどうかを、どのように判断するべきか？」

という疑問は、解消されていないままだ。

本書を手に取られたあなたも、身近な経営者や従業員たちに、

「エンゲージメントとは何か、エンゲージメントとはどんなものかを定義してください」と頼んでみよう。すると、「情熱」「全力を尽くす」「幸せである」「丸1日仕事に費やす」「没頭」「積極的な態度」といった言葉が返ってくるだろう。そうしたら今度は、

「エンゲージメントが低いとはどんなものかを定義してください」と頼んでみよう。「情熱がない」「不幸な人たち」「職業倫理がない」「関わりがない」「否定的な態度」といった真逆の表現が返ってくるだろう。

これらは組織の従業員にエンゲージメントがあるか、ないかを的確に定義しているだろうか？　同じ人たちに、士気の高さや低さについてたずねたら、おそらく同じ表現が返ってくるのではないだろうか。

彼らが挙げた言葉や表現は、エンゲージメントの「特性」を確かに言い表してはいるだろう。しかし、それらの表現が、エンゲージメントを定義できているかどうかは別問題だ。エンゲージメントは、その定義が正しく理解されているとは言いがたいのが現状である。

そこで私たちは、本書を著すにあたり、次の重要な問いにはっきりとした答えを出すことを心がけた。

・エンゲージメントとは何か？
・エンゲージメントを最高に引き上げるために望むこと、必要なことを聞かれたら、従業員は何と答えるか？
・従業員のエンゲージメントが低下してしまう主な原因は何か？
・組織カルチャーのどのような側面が、エンゲージメントの水準に影響を及ぼすか？

・エンゲージメントを高めるための経営層の役割は何か?
・どうすれば、「エンゲージメント・カルチャー（エンゲージメントの高い組織カルチャー）」をつくり出せるのか?

本書でこれから伝えていくことは、これまで60余年にわたってさまざまな組織と仕事をしてきた経験と蓄積に基づいている。私たちが携わってきたのは、もちろん、リーダーシップ、チェンジ・マネジメント、コミュニケーションの分野だ。

その間、大小の企業の従業員にエンゲージメントに関するアンケート調査を行い、広範な調査を実施した。それに加え、仕事仲間、企業のリーダー、作家、学者など多くの方々からもご意見をいただいた。これらの取り組みによって、エンゲージメントに関する見識を広めることができた。

もう1つ重要な点として、私たちは2人とも、アメリカで経済界の一員として働き、過去から現在まで組織の運営と相当数の部下たちの責任を負う経験をしてきた。

よって、私たちがこれから伝えていくことは、単なる理論ではない。組織とエンゲージメントの実体験に基づいた、エンゲージメント・カルチャーを築くための実践——具体的で応用可能な方法の共有だ。

また本書は、組織のあらゆるレベルのリーダー——組織全体を統括する立場から、一人から数人を束ねる役割を果たす人まで——に役立つものだ。本書の読者対象である「リーダー」には、通常は「マネジャー」や「管理職」と表現されることが多い人まで含んでいる。エンゲージメントの高い組織カルチャーは、何か特別な肩書や階層から生まれるのではない。リーダーがリードする努力によって生まれるものなのだ。本書を活用していただくことで、エンゲージメントを高めていくことができるだろう。

なお、本書では随所に、重要な考え方と、本書の内容をあなた自身の状況に結びつけて考えるための質問を記載している。前者は２本の罫線で挟み、後者は罫線で四方を囲んでいる。その場面では、ぜひ一度立ち止まって、重要事項を理解し、あなた自身だったらどうするかを考えてから読み進めてほしい。

これから、エンゲージメントを主に次の２つの観点から考察していく。

・変化、およびその変化がエンゲージメントに及ぼす影響。どのような要素が、従業員の変化に対する反応の選択と、その変化のプロセスへの参画の仕方を決定づけるかについて考察する。

・エンゲージメント・カルチャーを築く方法。リーダーシップをどのように実践することで、エンゲージメント・カルチャーを築くことにつながるかについて考察する。

第1章では、組織はどうしてエンゲージメントを失い、気力を失うのかについて、事例を取り上げ、その事例から学ぶ教訓や洞察を提示する。

また、エンゲージメントを明確に定義し、エンゲージメントに関連して従業員が行う選択を概説する。さらに、従業員が仕事に打ち込むために経営層に望むことについての調査結果を述べ、エンゲージメント・カルチャーを構成する５つの要素を紹介する。その５つの要素を羅列しておくと、

・未来の可能性

・当事者責任
・つながり
・一体感
・存在価値
である。

第2章では、エンゲージメント・カルチャーを築く際にリーダーが果たす役割について述べる。エンゲージメントの文化的側面を定義する。

第3章では、エンゲージメントの第1要素、「未来の可能性」について考察する。「どうすれば従業員に、組織の未来の可能性を信じてもらえるのか」に焦点を当て、そのために重要な〝現実的な楽観主義〟に重点を置いたリーダーの取り組み方を紹介する。

第4章では、エンゲージメントの第2要素、「当事者責任」について考察する。自分の業績目標や行動について、従業員それぞれが、個々に責任を負うことを受け入れるようにするにはどうすべきかに焦点を当てる。

第5章では、エンゲージメントの第3要素、「つながり」について考察する。従業員どうしが適切な関係を築き、協働を大切にするチーム環境で仕事をするにはどうすべきかに焦点を当てる。

第6章では、エンゲージメントの第4要素、「一体感」について考察する。従業員を巻き込み、従業員に情報を伝え、活発なコミュニケーションを促すにはどうすべきかに焦点を当てる。

第7章では、エンゲージメントの第5要素、「存在価値」について考察する。従業員への関心を示し、その存在を肯定するさまざまな方法を取り上げる。従業員一人ひとりを支援し、奨励し、育成する手段を現場で応用する方法を紹介する。

第8章では、これらの5要素を組織カルチャーの一部として浸透させるプロセスを提示する。一連の実践活動を通して、組織のリーダーは、エンゲージメントの要素を組織カルチャーに根付かせる方法を確立することができる。

本書は、リーダーが今、身を置いているビジネス環境に応用できるようにまとめたつもりだ。エンゲージメントに最大の影響を及ぼすものは何かを取り上げ、それを強く実感できる事例も紹介していく。本書が、自分が身を置くビジネス環境に目を向けるきっかけとなり、それぞれに起こっている特有の状況に的確に対応することができるだろう。その結果、読者の属する組織のニーズにふさわしいエンゲージメント戦略をもてるはずだ。

そしてリーダーは、本書を通じて、「私たちの組織をエンゲージメント・カルチャーに導くものは何か？」という問いにも、答えられるようになるだろう。

エンゲージメント探究の旅を楽しんでほしい。

スティーブ・バッコルツ
トム・ロス

成長企業が失速するとき、社員に〝何〟が起きているのか？　目次

第1章

〝プラグ抜け状態〟——「組織で働く人」がエネルギーを失ってしまうのはなぜか

第2章

リーダーシップが果たすべき「真の役割」とは？

第3章

「未来の可能性」——組織と自分の未来に希望を抱かせる方法

第4章

「当事者責任」――主体的なやる気を起動する方法

第5章
「つながり」——価値観を共有し、協働を促進する方法

第6章

「一体感」——オープンなコミュニケーションで信頼をはぐくむ方法

第7章

「存在価値」——組織内に、その人が輝く居場所をつくる方法

第８章

「エンゲージメント」のカルチャーを確立する

第1章

“プラグ抜け状態”
——「組織で働く人」がエネルギーを失ってしまうのはなぜか

一人ひとりの「仕事にかけるエネルギー」を高める方法

「お仕事は何ですか?」

これまで、この何気ない質問は、私たち（本書の著者であるスティーブとトム）を大いに困らせてきた。きまじめに答えれば、

「組織における研修などの学習システムの研究や構築に携わっています」

となる。しかし、そう言われてもピンとこない人がほとんどだ。そこで私たちは言葉を足していくが、だいたいは、

「ああ、モチベーション・ビジネスですね」

と解釈されてしまう。ここで私たちは、さっぱりわかってもらえなかったことを悟る。

何年か前も、スティーブはカナダのアルバータ州カルガリー行きの飛行機に乗っていた。そのとき、隣の席の男性が、職業は何かと聞いてきた。スティーブは説明してはみたものの、男性が社交辞令で「なるほど」という返事をしていることは明らかだった。今度はスティーブが男性の職業を聞いた。男性は、カルガ

リーのガス会社で働いているという答えに続けて、
「エネルギー・ビジネスです」
とあっさり言った。

今振り返ると、スティーブはこのときにひらめいたのだ。「自分の仕事もまた、〝エネルギー・ビジネス〟ではないか」と。組織が大きく変化するとき、そこで働く人のエネルギーはどう変わるのか。私たちが探求しようとしていたのは、まさにこのことだったのだ。

今、誰かに職業を問われれば、私たちはずばりこう答える。
「エネルギー・ビジネスです——働く人のエネルギーに関わる仕事です」
組織の経営者やリーダーはみな、同じ役割を担っているはずだ。

組織やチームで働く「人」は、限りあるエネルギー資源だ。さまざまなエンゲージメントの研究でも言われているが、達成されるパフォーマンスの水準は、従業員一人ひとりが1日8~10時間もの間のエネルギーをどう使うかによって決まる。リーダーは「○時間働くように」と命じることはできても、**「従業員一人ひとりがどのくらいのエネルギー量を自ら注ぎ込むか」**を命じることはできない。

淡々と仕事をこなしているだけでなく、自分から仕事にエネルギーを注いでほしいと願っても、それを命じてやらせるわけにはいかないのである。

エンゲージメントの基本単位は、「時間」ではなく「エネルギー」だ。

このような認識から、私たちは、「エンゲージメントの低い職場のカルチャーは、従業員たちにどのような影響を及ぼすのか」、あるいは、「従業員たちは、何があればエンゲージメントを取り戻せると感じているのか」を理解することに心血を注いだ。

本章の目的は、まず「エンゲージメントとは何か」を定義し、組織がエネルギーやエンゲージメントを失う原因を明らかにすること、そして、エンゲージメントやエネルギーに関してリーダーが果たす役割と、エンゲージメントを取り戻すためのポイントを示すことだ。

エンゲージメントとは何か？

私たちがコンサルティングを担当するとき、あるいは、人材育成のトレーニングを任されるときには、決まってこう、たずねることにしている。

「エンゲージメントの高い組織はどのようになっているでしょうか？」

この問いを皮切りに、多くの人が、エンゲージメントについて話してくれる。「職場がエネルギーにあふれていることだ」「従業員たちに責任を果たそうとする姿勢が見られる」「積極的に参加し、貢献している」「朝早く出勤して、夜遅くまで働いている」「やる気にあふれている」といった具合だ。

ここで第2の質問をする。

「あなたの〝エンゲージメントの定義〟は何ですか？」

すると、長い沈黙のあとに、先ほどの問いの答えと同じものが返ってくる。「エネルギーにあふれていること」「責任を果たそうとする姿勢」「積極的に参加し貢献すること」「朝早く出勤して夜遅くまで働くこと」「やる気があること」……。このように、エンゲージメントは「働く人が自分の仕事に感じている熱意や貢献の度合い」を指すことが多い。「仕事で期待以上の結果を出すために、自発的に努力する意欲」と表現されることもある。

辞書で調べてみても、「エンゲージメント」の定義は曖昧で、はっきりしない。そこで、まず最初に、私たちなりのエンゲージメントを明確に定義することとしたい。

「エンゲージメント」を定義する

その人の「受け止め方や認識の仕方」が、その人のまわりで起こる出来事やその人自身に大いに影響を与えることは、よく知られている。特に、何かが変化していく時期には、その変化をどう受け止め、認識するかがきわめて重要である。意識的にせよ、無意識にせよ、従業員はそれぞれの認識の仕方によって、変化に対して費やすエネルギーの発揮度合いを変化させるからだ。

私たちは、「エンゲージメント」を次の2つの組み合わせとして定義している。

・求められている変化をどのようにとらえるか。
・その変化に対してどのくらいの量のエネルギーを発揮するか。

要素①「変化をどのようにとらえるか」

ある組織で、プロジェクトの管理方法をより効率的なものに切り替えることになったとしよう。従業員全

組織が変化を迎えたときの従業員の反応

員が月末までに、現行のプロジェクト管理システムから新システムに移行しなければいけない。

さて、そこでまず生じるものは何だろうか?「認識」である。つまり、そのプロジェクトを「どのように受けとめ、とらえるか」だ。新しいプロジェクト管理システムを肯定的に見ている従業員もいれば、否定的に見ている従業員もいるだろう。この時点では判断しかねている従業員もいるかもしれない。それがどのようなものであれ、新しいシステムに対する「見方」はすべて「認識」であり、「否定」から「中立」へ、そして「肯定」へと続く連続線として表すことができる(上図参照)。

「否定的な見方」とは、従業員が新しいプロジェクト管理システムを好まないとか、現行システムで何の問題もないのだから、新システムを導入するせいで混乱をきたしたくないという類いのものだ。

「中立的な見方」とは、新システム導入の是非を決めかねているか、決めるだけの判断材料がなく、様子見をしている状態を指す。

「肯定的な見方」とは、従業員が今回の変更について肯定的な発言をしたり、その将来性に期待しているように見える状態だ。

エネルギーの発揮の度合いも変化する

何か変化が起こるとき、それぞれの従業員は、その変化に対する見方を、肯定的か、否定的か、中立的か判断し、認識する。

要素② 「どのくらいのエネルギーを発揮するか」

変化に対する見方と同じく、変化に対するエネルギーの発揮度合いも、「低」から「中」へ、そして「高」へと続く連続線上に表すことができる（上図参照）。

何かしらの変化が起こると、従業員はその変化に応じるために、「どのくらいのエネルギーを自発的に注ぎ、努力するか」を判断する。

先ほどのプロジェクト管理システムの入れ替えを例に考えてみよう。エネルギー発揮度合いの観点から、いくつかのシナリオが想定できる。

まず、従業員が新しいプロジェクト管理システムを否定的にとらえているシナリオでは、従業員はまったく問題がないと思っている慣れ親しんだやり方を失うことになる。あるいは、現時点では変化の目的を理解していないかもしれない。どちらにしても、そういった従業員は、今回の変化に対して必要最小限のエネルギーしか発揮しない可能性が高い。

もう1つのシナリオは、従業員が「新しいプロジェクト管理システムは組織にとってプラスになるものだ」と考え、より多くのエネルギーを発揮しようとする、というものだ。

さらに、従業員にはわからないことが多すぎて確信がもてず、肯定的か否定的かの見方も決めかねているとしたらどうだろうか？　その場合は、結論がもっとはっきりするまで自分のエネルギーを制限しようとするシナリオになるだろう。

そしてもう1つ、考えられる状況がある。従業員は新しいプロジェクト管理システムを否定的にとらえているのだが、費やすエネルギーを必要最小限にとどめるどころか、新システムの導入に抵抗するためにエネルギーを使おうとするかもしれない。すなわち、見方は否定的で、かつエネルギーの発揮度合いが大きいというシナリオだ。この状況では、発揮されるエネルギーは大きいが、それは変化に抵抗するために使われることになるので、変化の足かせになってしまうかもしれない。

何かしらの変化や要求が降りかかったとき、人はエネルギーをどれくらい発揮するかを自分自身の裁量で決めている。

ここでは、仕事をこなすための必要最小限のエネルギーを超えて、自らの裁量で投入するエネルギーのことを「自由裁量のエネルギー」と呼ぶことにしよう。

つまり、目の前に現れた変化や要求に対して、従業員は、それを肯定的にとらえるか、中立的にとらえるか、否定的にとらえるかを判断し、自分がそれにどれくらいの自由裁量のエネルギーを発揮するかを選択しているのだ。

エンゲージメントと意識の関係性

組織のエンゲージメントが最も高まるのは、従業員が組織の変化に対し、肯定的な見方をするときである。特に変革の時期には、それが当てはまる。そして、多くのエネルギーを発揮して変革を実行し、組織の戦略推進と目標達成に貢献することを選ぶのだ。

エンゲージメント　＝　肯定的な見方　×　大きな自由裁量のエネルギー

しかし、エンゲージメントの高い組織も、ときにエンゲージメントが低下した状態に陥り、エネルギーを失ってしまうことがある。それはなぜなのだろうか？　本書が主に焦点を当てるのは、そこである。

エンゲージメント低下——組織が〝プラグ抜け状態〟になる原因は？

変化はいかに人の精神に影響を及ぼし、組織のエンゲージメントを低下させるのだろうか？

ここで、1つの事例を紹介しよう。「アヴコー・テクノロジーズ」という名前の組織の事例だ。この組織のことは知らなくても、ここで取り上げる事例には、多くの人に思い当たる節があるのではないだろうか。

アヴコー・テクノロジーズ（以下アヴコー）は、革新的で素晴らしい製品を世に送り出しており、従業員はその社風を「クリエイティブな温室」と表現していた。経営層は次世代の「スマート・プロダクト」の開発に重点を置いており、従業員は新しいトレンドを探究し、さまざまなことを学び、活かす機会に恵まれていた。

同社のトップは、ビジョンのある人物として知られていた。ここでは「ナンシー」と呼んでおこう。ナンシーは、同じ未来を描き、ビジョンを共有する有能な人材を、まるで磁石のように引き寄せる人だった。そして、従業員から優れたアイディアを引き出す才能もあった。

ナンシーのおかげで従業員はやる気に満ちており、従業員は協働して、市場で高く評価される秀逸な製品を開発していた。ナンシーは「学習」が重要だと考えており、仕事を通じて成長の機会を従業員に与えることが大切だと強く信じていた。

また、アヴコーは人を採用する際にも、求人広告や人材会社に頼ることは一切しなかった。新しく従業員が必要になると、従業員に仕事仲間のネットワークに当たってもらい、候補者のほうからアヴコーに連絡を入れるという方法をとっていた。

こうした従業員の心持ちや意識、エネルギー、使命感は、製品の質に反映されていた。「わが社は世の中にとって意義のある貢献をしている」という信条も従業員の間で共有されており、顧客との関係もこの信条がその土台となっていた。顧客も、「自分たちはアヴコーの一端を担っている」と自認しており、同社のカスタマー・フォーラムに参加して、最新のアイディア、開発、製品に対するフィードバックを提供した。アヴコーを信頼できる仕事仲間であり友人であると位置づけていたのである。

アヴコーは絶頂期にあった。こうした顧客基盤に支えられ、従業員はまさに仕事に一途に打ち込んでいた。ところが、それが一変したのである。

引き金となった出来事は、アヴコーが事業を展開している市場に参入しようとしていた某企業による「アヴコー買収」だった。「フォーチュン500」に名を連ねるある企業が、アヴコーの買収を発表したのだ。

従業員たちは、「この買収は多くの恩恵をもたらす」という説明を受けた。成長の拡大、親会社の規模と財力による製品投資の増額、グローバル市場でのポジション向上（アヴコーが望んでいたことだが自力では達成できなかった）などである。

アヴコーの従業員の反応は、当初、賛否入り混じったものだった。このニュースを好意的に受け止める従業員もいれば、様子見を選ぶ従業員もいた。

買収が発表されたあともしばらくは、日常業務に多少の変化はあったものの、基本的には以前と変わらなかった。しかし、親会社がナンシーの退職を発表すると、状況は一変した。

ナンシーの退職は本人の希望によるものであると発表されたが、実際には、買収の一環としての離職であること、さらに買収前には留任を約束していたことは周知の事実だった。また、ナンシーは買収以来、エネルギーを失った状態にあり、買収の成り行きに不満があることは明らかだった。

この一連の出来事によって、アヴコーの従業員は当初聞いていた話の信憑性を疑いはじめた。親会社に対する信頼が失われていったのだ。

さらにしばらくして、親会社はナンシーの後任に、同社の副社長を送り込んできた。もちろん、アヴコーによかれと思っての人事だ。しかしその人物は、革新的なテクノロジー企業の経営の経験はないも同然でそのビジネスモデルを理解しておらず、さらに困ったことには、アヴコーの社風をまったく理解していなかった。

それまでのアヴコーは、イノベーションや製品開発を重視する企業の例にもれず、経費の締め付けが緩やかだったのだが、新しい社長は親会社の求める財務上の数字ばかりを重視し、アヴコーの実験的でクリエイティブなカルチャーをはぐくむことには注意を向けなかった。

その結果、生き生きした組織であり、理想の職場だったアヴコー・テクノロジーズは、図らずも瓦解していくことになった。期待したように資金調達が増えるどころか、親会社は投資を抑制し、効率を求めて組織を部分的に再編した。そうして、有能な人材が流出していった。すべては、アヴコーの企業価値と利益を上げるための取り組みだったにもかかわらず。

アヴコーがリストラを敢行したのはこれが初めてだった。個人の能力以外の理由での人員削減は、さらなる低迷を招いた。親会社からの投資の縮小と、納得のいかないリストラの責任を負わされたことにより、短期間のうちに経営陣が次々に離職してしまった。

こうして、買収から1年も経たないうちに、アヴコーの前向きなエネルギーとエンゲージメントは失われてしまった。買収後のアヴコー・テクノロジーズは、まるで明かりが消えてしまったかのようだった。まさに「コンセントからプラグが抜けた状態」だ。それが従業員の心境だった。

残った経営陣は、組織のエンゲージメントを取り戻すことに全力で取り組んだ。しかし、彼らにはその最優先課題に関するノウハウがなかった。そこで、すでにさんざん起こっていた変化に加えて、さらなる変化を導入することを決めた。組織再編、戦略の見直し、効率追求のためのプロセスの導入、新規人材の採用、報奨制度の手直しなどが進められた。

こういった変化に対して、その戦略を推進することに注力するより、変化の影響への疑いを強める従業員が多かった。そしてみな、次はいつ、どんな変化が通達されるのだろうと疑心暗鬼になった。

こうしてとうとう、従業員のエネルギーは燃え尽きたか、または、エネルギーを出さずに保留するようになった。かつてあったエネルギーと情熱が消えてしまったのだ。


この事例からは、次のような問いが出てくるだろう。

何が起きたのか？　親会社はどうすればイノベーションの精神を保てたのか？　何が従業員のエンゲージメントを低下させたのか？　変化しながらも従業員のエンゲージメントを維持するか、むしろ高めるために、組織は何を重視し、実践する必要があるのか？

実は、こういった問いは、多くの組織から寄せられている。そうした組織は、具体的な状況こそアヴコーとは違うものの、似たような結末を迎える。それは、「エンゲージメントの低下」である。


あなたは、この例と同じような「組織のエンゲージメントの低下」を経験したことがあるだろうか？　それはどんな感じだったか？　あなたはどう反応したか？　同僚はどう反応したか？

エンゲージメント低下企業の事例から学ぶべき教訓とは？

驚くことに、アヴコーと同様の経験をしたか、まさに今それを経験している組織は山ほどある。重要なのは、そうした経験を理解し、そこから学ぶことである。そうすれば、同様の経験がわが身に起こったときに、もっとうまく対処できるはずだ。

教訓1：「喪失感」が及ぼす影響

「変化」が組織に与える影響の基本前提はシンプルである。

従業員が変化を主に**「得ること」**（組織にとっても、個人的に自分にとっても好ましいもの）と感じていれば、変化を進めていくこと自体に本質的な問題は生じない。たとえ変化の種類が複雑で、多少の混乱が生じたとしても、従業員のエンゲージメントは維持される。

反対に、従業員の大多数が変化を**「失うこと」**と感じていたら、エンゲージメントが低下する可能性が高くなる。そうなると、従業員は変化を進めていくのではなく、変化に立ち往生してしまう。複雑さに対処したり、変化に適応したりするのがはるかに難しくなる。

その変化が「得ること」だという認識は、従業員にエネルギーを与える。「失うこと」だという認識は、エネルギーを失わせてしまう。

組織が変化していくとき、従業員は、「組織」と「自分」の両方に対する影響を理解しようとする。組織レベルでは、「その変化によって、自分の部署の優先順位やプロジェクト、予算はどんな影響を受けるか?」「この変化によって、組織の成功する力はどのような影響を受けるか?」を考える。

個人レベルでは、「この変化によって、自分自身はどんな影響を受けるか?」を評価する。自分自身が変化によって得るものがあると納得し、変化を肯定的にとらえれば、その従業員は変化の強力な推進者か支持者になる。その変化がうまく成就するように、できることは何でもしようとエネルギーを発揮する。なぜか? そうすることが自分にとってプラスになると思っているからだ。その変化は個人的にマイナスになると感じれば、組織にとって有益な変化だとしても、従業員のエネルギーは低下する。

もう1つ、人は変化に対して、「論理」だけではなく「感情」でも反応することを理解しておこう。

その変化が重要であり妥当であることも、組織の戦略や市場での成功にどう貢献することになるかも、頭ではわかる。しかし、感情的に、「自分自身としては、得るものより失うものが多い」と感じる場合には、その変化を実行するエネルギーは湧いてこない。ほとんどの場合、従業員が自分のエネルギーの使い方を選ぶ際には、「感情」が「論理」に優先するのではなかろうか。

このように、経営幹部はある変化をプラスと見ていても、従業員はその変化をマイナスと感じている状況では、「従業員は変化に抵抗している」ように見えてしまうかもしれない。

しかし、私たちの経験からいえば、それは変化に抵抗しているのではなく、変化を受け入れる準備ができていないのだ。従業員はまだ自分の喪失感に折り合いをつけられていないし、そのように導いてくれる人も組織の中にいない状態なのだ。

そんなとき、リーダーがすべきことは、論理的に変化の利点を力説するよりも、変化が従業員の感情に及ぼす影響を理解し、手当てをすることだ。さもなければ、従業員は前に進むことができないばかりか、変化を遂行する準備もできず、エネルギーも湧いてこないだろう。

アヴコーの事例では、従業員が「喪失を強く感じている」状態だった。起こった出来事、つまり「過去」に胸を痛めていた。失った過去に執着しているうちは、仕事に振り向けるエネルギーは残らない。もてるエネルギーのほとんどが、仕事よりも自分や同僚の心配に費やされているのだから。

アヴコーの事例に戻って考えよう。
従業員が体験したさまざまな喪失の本質は、いったい何だっただろうか？

従業員の「喪失」を理解する

たいていのリーダーは、組織に変化が必要な理由を大局的にとらえ、変化の結果に対する明確なビジョンを描いている。一方、従業員にとっては、その変化は「与えられたもの」であり、リーダーのように論理的かつ明確にはとらえられてはいない。

したがって、リーダーはビジョンだけを見るのではなく、従業員が変化をどう受けとめているのかを理解しようと努めなければならない。すると、かなりの頻度で、変化に伴う「喪失感」を従業員が抱いていることに気づくはずだ。

従業員の「喪失」はどのような形で表れるか

従業員の「喪失体験」はさまざまな形で表れる。次の表に例をまとめてみた。

「失う感覚」とはどういうものか？

喪失の種類	**従業員が頭の中で考えたり、口に出したりするであろうこと**
人間関係	「多くの同僚や友人がいなくなった」
アイデンティティ	「自分は……では名が知れていたのに」
構造 ・物理的 ・機能的	「窓のあるオフィスを失った」 「うちの部署は違うことをやれと言われそうだ……」
将来	「自分の仕事は堅実だと思っていたのに」
意味	「……の理由が理解できない」
目的	「こんなことをするために入社したんじゃない」
影響力	「もう誰も私の意見なんて求めていない」
伝統	「うちの会社はもう家族にやさしいとは言えないな」
安定性	「次に何が起こるかまったくわからない」
権利	「以前はボーナスを当てにできたのに」
コントロール	「自分の運命の手綱を自分で握っていたのに」
希望	「うちの会社は生き残れそうにないな」

なかには、経営層やリーダーから見れば「大したことではない」と思われる喪失もあるだろう。しかし、従業員にとっては、きわめて重要なのである。

逆に、状況そのものは変わっていなくても、従業員がその変化をプラスであると認識すれば、それぞれの体験は違った形で受け止められることになる。「窓つきのオフィスがもらえた」「前よりも目的意識が強くなった」「前より自分自身で手綱を握ってコントロールできている気がする」「新しいボーナス制度は前よりずっといい」という具合だ。従業員が変化を「得ること」だと認識すれば、その変化は従業員にエネルギーを与える可能性があるのだ。

今度、あなたの会社に変化が起きそうなときは、こう自問しよう。
「その変化によって従業員が何かを得る可能性はどれくらいだろう？
何かを失う可能性はどれくらいだろう？」

教訓2：喪失は〝暗号化〟され、隠される

アヴコーの事例から、「失った過去」に執着する従業員が多い場合には、組織がエネルギーを取り戻すのにたいへん苦労するということがわかった。そこで、変化に関連する喪失体験とその表れ方を調べてみたところ、4つの基本パターンを見出した。「方向性の喪失」「満足感の喪失（不満）」「アイデンティティの喪失」「エンゲージメントの喪失」である。

従業員もリーダーも、今起きていることを認識し、何らかの対策をとれるよう、1つずつ見ていこう。

方向性の喪失

従業員が変化に当惑していたり、今起きていることが飲み込めていない場合には、「進むべき方向を見失う＝方向性の喪失」が起こりうる。わかっていることよりもわからないことのほうがずっと多く、「自分が置かれている状態は宙に浮いているようだ」「カオスに陥っている」「現実と思えない」「はっきりしない」「むなしい」などと感じ、混乱している状態である。

この状態に陥っている従業員は、前に進もうと苦労しながらも、新しい現実に向き合えないでいるのだ。途方に暮れている状況と言ったほうがいいかもしれない。

デイビッド・ノアーが、著書『Healing the Wounds: Overcoming the Trauma of Layoffs and Revitalizing Downsized Organizations』（未邦訳）で、この状況を次のように表現している。

「従業員は、死に物狂いで〝保証〟を求めている。社員食堂はなくならないだろうか、給料はちゃんと払われるだろうか、ソフトボール・リーグは存続するだろうか、月曜の朝のスタッフ・ミーティングは今後もあるだろうか、と」

このような問題は、大局的に見ればささいなことに思えるかもしれない。しかし、人は途方に暮れ、方向性を失った気持ちになると、本来はどうでもいいことに必死にしがみついてしまうものなのだ。

たとえば、ニックという従業員は、変化に直面したその日から、1日1回は上司の執務室に立ち寄るようになった。そして、今後もこの組織に自分の居場所はあるのか、自分は何を期待されているのか、と心配そうに上司にたずねるのだ。もちろん、ニックの職務内容はすでに、本人に説明済みだ。しかし、どのように（方法）となぜ（理由）については説明されていないらしい。だからニックは疑問を口にし続ける。

「いったいどうなっているんだ？」

「いつわかるんだ？」

「みんなも俺と同じような状況なのか？」

ニックは時間をかけて仕事の準備はするが、いっこうに着手する気配はない。彼のエネルギーはすべて、安心感を得ること、組織の一員だと感じられることに注がれているのだ。

このように、変化によって仕事の環境が激変するとき、従業員は新しい環境が自分にしっくりくるものかどうかを知りたいと願う。〝新しいスタンダード〟がどんなものになるのかを、なんとか理解しようとするのである。

満足感の喪失（不満）

変化による喪失を、「不満」として体験する従業員もいる。従業員が怒っていたり、起きた変化やその変化を起こした経営層やリーダーにいら立っているとしたら、満足感の喪失が生じているのだ。そのような従業員は、変化に批判的で、否定的に語り、その変化をもたらした責任者を攻撃したりする。

この不満の背景にあるのは、「この変化は、組織にとって、または自分にとって、あるいは両方にとって、悪いものだ」という気持ちだ。

不満を感じている従業員は往々にして、無遠慮に、誰が聞いていようとお構いなしに意見を言っているように見受けられる。

このようなふるまいは、その同僚のエネルギーレベルもたちまち下げてしまいかねないだろう。不満いっぱいの従業員から「事態はこんなに悪いんだ」という話を聞かされた同僚までもが、危機感を覚えてしまうパターンだ。不満は他人のエネルギーを奪うことがよくある。

その一例が、ベスだ。ベスは最近、何をしでかすかわからないと思われている。今朝も上司の執務室に猛然と飛び込んでいき、会社の変化について、あれこれ非難を繰り広げた。

しかし、これはベスらしくない行動である。なぜなら、ベスはそれまで、問題を解決する有能な人物と評されており、問題点をただあげつらうような人ではなかったからだ。

「私はもう、この会社を辞めたほうがいいのかもしれません」

捨て台詞を残して、ベスは上司の部屋を出た。ベスは明らかに会社の変化にいら立っている。

前の週に行われたある会議では、ベスは15分も費やして、経営層がいかに何もわかっていないかを説明した。ベスが話し終える頃には、部屋にいた人の半分ほどが同様の怒りを覚えていた。ベスはこれまで、会社でも指折りの影響力のあるリーダーで通ってきたのだ。ベスが怒れば、他の人たちも怒るのである。

アイデンティティの喪失

変化による喪失で、アイデンティティを見失ったと感じる従業員もいる。従業員が今後のことより過去のことに意識を向け、アイデンティティの喪失が生じてしまうと、過去やもう存在していないものに強く感情移入しがちになる。

そんな人が決まって言うのは、「かつて私は……だったのに、今は……だ」である。たとえば、「かつて私はこの会社で大きな発言力をもっていたのに、今は蚊帳《かや》の外だ」というように。

そして現状に文句を言ったり、未来より過去のほうがよかったと他人を納得させることに多くの時間を費やす。文句を言い続ける動機は、根底にある「文句を言う奴が多ければ、昔の状態に戻れるかもしれない」という思いだ。

そして実際、文句を言うことによって、新しい現実に向かって進むことは妨げられている。この手の人は、過去を手放したくないのだ。

たとえば、ボブは現在の仕事に打ち込んでいない。少しでも自由になる時間があると、「変化する前のほうがいかによかったか」を周囲に語ることに費やしている。会議があれば、うまくいっていることはそっちのけで、うまくいっていないことにばかり注目する。「これまでの方法でうまく回っている」と言って、新しい考えは何でも軽んじようとする。ボブはしょっちゅう、「とにかく、どうして変わる必要があったわけ？何の問題もなかったのに」と言うのだ。

今あるものより、かつてあったもののほうがよいという事実に、会社もそのうち目を覚まして気づくだろう――ボブはそう信じ続けているのである。

エンゲージメントの喪失

変化によって喪失を体験したとき、会社への積極的な関与をやめる形でその思いを表す従業員もいる。従業員が自由裁量のエネルギーの発揮をほとんど、または、まったくしなくなるというエンゲージメントの低下が生じた状態だ。引きこもる、手を引く、様子を見る、沈黙する――そんな従業員の姿である。彼らはときに、普通に業務にあたっているように見える。「問題ありません」「すべて順調です」という言い方をするのだが、こうした言葉の奥には、新しい現実に向き合うことを妨げているほんとうの気持ちが隠れていることが多い。

エンゲージメント低下の状態にある従業員は、業務にきちんと時間を費やすが、そこにエネルギーはほとんど注がれていない。エンゲージメントの低下の度合いは、喪失感の大きさに比例する。喪失感が大きいほど、エンゲージメントが低下する可能性が高まるのだ。

たとえば、クレアはこれまで、何事にも積極的で、人を手助けする熱意をもっていた。ところが今は、椅子に深々と座って、押し黙ったまま、無関心を決め込んでいる。以前は気さくで、人づきあいがうまく、たまたま通りかかった人にも温かい言葉をかけていた。今、クレアはふさぎ込みがちで、近寄りがたい。クレアはリーダーたちに向かって聞こえのよいことを話すが、リーダーたちが本当に聞くべきことは話さない。クレアのエネルギーは消えてしまった。それでも、「調子はどう?」と聞かれれば、「オッケーよ」と答える。同僚から見れば、オッケーでないことは明らかなのだが。

変化によって感じる喪失が大きいほど、エンゲージメントは低下しやすい。

私たちが、さまざまな組織の従業員にアンケート調査を行い、5000人以上から回答を得てわかったことは、「従業員の喪失体験に対する反応で最も多いのは、ダントツで、エンゲージメントの喪失である」ということだ。もちろん、方向性の喪失、満足感の喪失、アイデンティティの喪失といった他のパターンも、確かに従業員が変化に行き詰まる原因になるが、それは必ずしもエネルギーの喪失を伴わない。一方、エンゲージメントの喪失は必ずといってよいほどエネルギーの喪失を伴う。

「組織変革などの変化に伴う喪失を体験すると、大半の従業員たちはエンゲージメントを低下させる」という調査結果を受けて、冒頭にも述べた通り、エンゲージメントの低下した職場カルチャーはどのような影響を及ぼすのか、そして、従業員たちはエンゲージメントを取り戻すために何が必要であると感じているのかを理解することに、本書の焦点を当てたい。

要約すれば、変化によって何かを失ったとしても、従業員たちは「何を失ったか」をはっきりと示すことはしない。何かを失ったという徴候が、方向性か、満足感か、アイデンティティか、エンゲージメントかのいずれかの喪失として、従業員に現れるだけである。

リーダーがこのことに気づければ、エネルギーを失ってしまった従業員に対して、もっと適切にサポートし、そのエンゲージメントを取り戻し、活力に満ちて前に進めるように後押しすることができる。反対に、リーダーがこのパターンを見抜けないと、喪失の状態にあるだけなのに、その従業員に「やる気がない」とレッテルを貼っておしまいにしてしまう。

この大ざっぱな「やる気がない」というレッテルは、従業員にとってまったく迷惑な話である。従業員の現状を無視しているに過ぎないのだ。

4つの喪失を見分ける

リーダーが、変化に伴う喪失体験の四大パターンを見分けることができれば、それぞれに対して、かなり効果的な対策をとることができるようになるだろう。

「喪失」が表れたとき、リーダーは何をするべきか？

喪失が表れるパターン	リーダーがすべきこと
方向性の喪失	新たな方向づけ。そのためには方向性を明確にし、期待される行動と業績目標を明示し、任務を定義すること。
満足感の喪失（不満）	怒りの理由を理解する（怒りはたいていの場合、喪失の一形態である）。従業員が感情を発散しているときは、耳を傾ける。原因に着目し、従業員がそれを切り抜けられるようにする。
アイデンティティの喪失	従業員が、組織の未来に共感できるようにする。そのためには、組織の未来に可能性があるという意識をつくること。
エンゲージメントの喪失	従業員がエンゲージメントを取り戻せるようにする。そのために、エンゲージメントの5要素を強化すること（詳細は別の章で後述）。

私たちはさまざまな組織と仕事をする中で、大きな変化がもたらす影響を把握する手伝いをしてきた。ここでの私たちの仕事は、「変化→喪失」状態のときに、何が起こりうるかについてのリーダーの理解を促すことである。そしてさらには、従業員のエンゲージメントが低下してしまった組織にエネルギーを取り戻すことである。

エネルギーを取り戻すというのは、非常に大きな課題だ。しかし後述するポイント――組織のエネルギーとエンゲージメントの回復に欠かせない鍵――に注力すれば、それも可能になる。そう、組織に再び〝明かりを灯す〟ことは可能なのだ。

教訓3：変化を繰り返すと〝変化疲れ〟を起こす

ピーター・バイルは、著書『Managing as a Performing Art: New Ideas for a World of Chaotic Change』（未邦訳）で、組織における変化（今や「変化」とは、組織で生きることの代名詞のようなものだ）、不確実性、混乱を「終わりのない急流」という絶妙のたとえで表現した。その前提にあるのは、変化がさらなる変化を生み、組織はそれに適応し続けなければならない、ということだ。

アヴコーの事例では、エンゲージメントの低下に気づいた経営層は、それを解決すべく、さらなる変化を採り入れることにした。しかし、組織が頻繁に変化すると、疲労感のようなものが生まれる。そうすると、エンゲージメントの低下はより慢性化し、持続的になる恐れがある。

これから紹介するモデルは、変化を頻繁に経験する従業員に起こりうる状態を視覚化したものだ。

エネルギーの連続体モデル

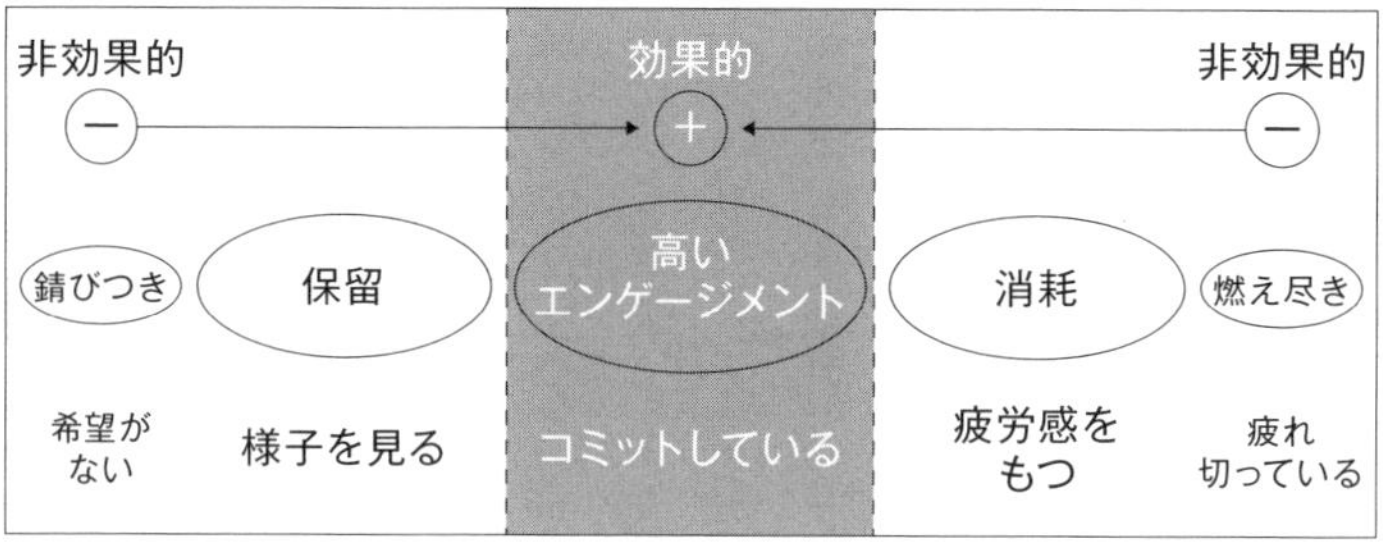

エネルギーの状態を視覚化する

上の図は、従業員のエネルギーの状態を図示したものである。エネルギーが分散し、組織の効果にとってゆゆしき事態になるまでの段階を表したものだ。

エンゲージメントが維持される

あなたは、「従業員にはこのモデルの中央にいてほしい」と思うだろう。言うまでもなく、変革の取り組みを実行するには、大多数の従業員が自由裁量で発揮するエネルギーが中央の「高いエンゲージメント」に向かう必要がある。従業員のエンゲージメントがあるとき、組織として最も効果的な状態となり、従業員たちの「コミットメント」も高くなる。

しかし、変化が起きているとき、特に変化が長引いたり、頻繁に起こったりすると、エネルギーは、中央から右、または左へと分散していき、組織としては効果的な状態ではなくなる。

消耗する

真ん中の「高いエンゲージメント」から、エネルギーが右に流れてしまうのは、変化が頻繁に生じると、組織は変化に圧倒されて「消耗」に陥りがちだからだ。

ジム・レーヤーとトニー・シュワルツは、共著書『成功と幸せのための4つのエネルギー管理術――メンタル・タフネス』（CCCメディアハウス）で、「（変化に）圧倒されている状態」を「回復するエネルギーよりも費やすエネルギーが多いこと」と定義している。圧倒されて消耗する理由はいろいろある。たとえば、「個人のエネルギーが要求されるパフォーマンスを満たすために必要なレベルに達していない」「やることがたくさんありすぎて時間があまりにも足りない」「退職した人の分まで責任と負荷を負わされている」「求められていること同士が矛盾している」などである。

しばしば従業員が「自己コントロール」を失ったと感じる状態でもある。そうなると、もはや人生にとって重要な物事のバランスをとることができなくなってしまう。自分の人生にとって大事なことも差し置いて、仕事上の要求を満たすために過度に時間を割かなくてはならなくなっている状態だ。

何に焦点を当てればよいのかがわからない、何を優先すべきかもわからないといった感覚に陥ることも、圧倒されて消耗する原因となる。

特に、大きな変化の途上にある組織には、新しく出てきた優先課題への着手に多大なエネルギーを割かなければならないことがある。〝新たな取り組みの過剰負荷〟である。したがって、最善の進め方は、最も優先すべき事項を絞った上で、それらに注力し、着実に実施していくことである。

「消耗」状態が続くと、その組織の職場カルチャーはいつのまにか、ある状態に陥ってしまうことがある。それがどんな状態なのか、8人くらいで簡単なエクササイズをやってみるとわかる。

参加者はまずぐるりと環になる。やわらかいボールを1つ用意し、環になった参加者がボールをパスしていく。ボールを受けるのも投げるのも、1人1回ずつで、誰が誰に投げるかはあらかじめ決めておく。ボールは何の問題もなく、てきぱきとパスされていくだろう。

次にボールを2つに増やしてみよう。2つのボールをパスしていくのだ。今度は、ボールを3つに増やしてみる。大変になってくるが、まだ対処できるだろう。

しかし、このままボールの数が増えていったら、どうなるだろう？　ある時点で参加者は負荷に圧倒されはじめる。ボールが落ちたり、相手にちゃんと届かないパスになってしまったりするだろう。誰かがボールを落とす。態勢を立て直そうとしても、他のボールのパスは止まらない。投げ損ね、受け取り損ねるボールの数が増えていく。ついにはゲームが破綻してしまう。

企業の文脈ではどのようなことが起こるのだろうか？　全員の負荷が対処できる範囲なら、仕事は生産的に進められる。物事は円滑に回る。しかし、仕事が追加され、複雑さが増していくと、これまでのシステムが圧倒されてしまう可能性がある。仕事が忘れられてしまう。完了しない。質が下がる。ミスが起こり、人間関係の緊張が高まる。圧倒されるような「消耗」状況が正されなければ、従業員は「燃え尽き」てしまうかもしれない。

燃え尽き（バーンアウト）

「消耗」状態が軽減されなければ、従業員は「燃え尽き（バーンアウト）」に陥ってしまうかもしれない。燃え尽きとは、従業員が長期の消耗や回復できない疲労を経験している状態だ。この状態に陥ると、従業員は無関心になったり、仕事を遂行する能力が低下したりする。つまり、エンゲージメント低下の一形態である。

バーンアウトの判定基準である「マスラック・バーンアウト・インベントリー（ＭＢＩ）」を考案したクリスティーナ・マスラックとスーザン・ジャクソンは、バーンアウトの定義を、「疲弊」「シニシズム（訳注：熱意や関心を失い、もうどうでもよいという態度）」「職務効力感（訳注：仕事に対する自信、やりがい）の低下」という三次元の症候群だとしている。「疲労感」はバーンアウトに至る原因の1つと考えられており、そのままの状態が続くと、結果的に働くエネルギーを使い果たし、「ガス欠のまま走り続けている」状態になってしまう。

興味深いことに、マスラックとジャクソンは、「バーンアウト」の対極は、「エネルギー」「関わり」「職務効力感」を特徴とする「エンゲージメント」であるとしている。

バーンアウトを感じると、従業員は残されたわずかなエネルギーを、外に出すのではなく自分の内に保全しようとすることがある。これもエンゲージメント低下の一例である。

保留する

もう一度、図の真ん中にある「エンゲージメント」に戻ろう。そこからエネルギーが左に流れるのは、従業員がエネルギーを「保留」する場合だ。従業員がエネルギーを「出さずに、自分の内に保全しよう」とすると、エンゲージメントが低下した状態になる。そうなった従業員は、自由裁量のエネルギーを仕事にほとんど注がなくなる。時間は費やすものの、前向きなエネルギーは注入しなくなるのだ。

エネルギーの保留を引き起こす主な誘因は「喪失感」である。次に多い理由は「変化疲れ」だ。

どういうときに、従業員はエネルギーを「保留」するようになるのだろうか？　その状態が生じやすいのは、組織が、前に着手した変化の決着がまだついていないのに、次の変化を発表するときだ。

ファイザー社の製剤科学部門のトップだったバズ・キューは、度重なる変化を「エンドレス病」と呼んだ。こういう状況では、従業員は「さらなる変化をやり遂げるだけのエネルギーが自分にあるのだろうか？」と疑問を抱く。そのうちに、一種の学習性無力感（訳注：長期にわたってストレスの回避困難な環境に置かれ、その状況から逃れようとする努力すら行わなくなる現象）も出はじめる。「どうして自分のエネルギーを差し出さなければならないのか？」と従業員は考えるようになる。「どうせ、また変わるのだろうに」と。こうして、従業員がエネルギー「保留」状態でいる時間が長くなってくると、「錆《さ》びつき」、すなわち、意欲が消滅してしまうかもしれない。

錆びつき（ラストアウト）

「ラスト」（rust）とは金属などの「錆《さび》」のことだ。「ラストアウト」、つまり、「錆びつき」状態が生じるのは、従業員が心理的に組織とのつながりを絶ってしまったときだ。退社時間が待ちきれない。退職までの日々を指折り数える。持っているエネルギーのすべてを「目立たないでいる」ために使う。そんな状態である。ある人のエネルギーが連続線上のこの地点にあるとしたら、その人のエンゲージメントを取り戻すのは並大抵のことではない。

意欲が消滅している従業員は、「目立たないでいること」にエネルギーを使う。

組織のリーダーとのチェンジ・マネジメントに関するセッションで、私たちはよく、「御社の従業員は、主にエネルギー連続線上のどこにいますか？」と質問する。リーダーたちの答えは、「連続線の端から端まで」から「場合によりますね」まで、さまざまだった。それからリーダーたちは続けて、「ある部署での衝撃がより大きいんですよ」とか、

「組織のある部分ばかりが変化の影響を受けています」

といった話をする。結果的にわかったのは、エンゲージメントのある従業員もいるが、それ以外の従業員は、「消耗」しているか、エネルギーを「保留」している状態だということだ。

リーダーたちの答えには、従業員が「消耗」していることを示す言葉のほうが多かった。その一部を挙げてみよう。

・「従業員のやることが多すぎるんです」
・「スタッフ数がかつての半分になってしまい、残った人たちに仕事の負荷がかかっています」
・「何が何でも求められることに追いついていくには、1日10時間労働で働くしかありません」

これらの例からわかるのは、残念なことに、仕事の満足感が損なわれると、従業員のエネルギーはいっそう低下し、ペースを保つのがやっとになる、ということだ。

ほとんどの企業から、エネルギーの「保留」という答えは出てこなかった。そういった言葉が出てくるのは、自社の状況をより深く考えるようになってからだ。

リーダーたちはとどのつまりは、「仕事に向けるエネルギーが欠如していることについて話すよりも、消耗している状態について話すほうが容易だ」と思っていたのである。言い換えれば、「自分たちは長時間働いている。そうして、数々の要求に対応しているのだ」ということをリーダーに知ってもらいたい従業員が多い、ということでもある。なかには、「圧倒されるほど仕事に打ち込んで消耗していることは名誉の印だ」

と言う従業員もいた。

一方、図の左半分にいる従業員たちは、「このあとの結果がどうなるかわからないから、仕事に向けるエネルギーが出てきません」なんて、経営層に話すことはできないと感じていたし、エネルギーを失った理由を話すどころか、見たところは一生懸命働いているように受け取れるほどだった。

私たちの調査によると、頻繁な変化を経験している従業員の圧倒的多数がエネルギーを「保留」しており、さらに12%という驚くべき割合の人々が意欲を失い、「自分は錆びつきの域に至っている」とあっさり認めている。

あなたの組織の従業員は、どのエネルギーレベルの状態にあるだろうか?

教訓4:従業員が仕事にどれくらいのエネルギーを発揮するかは、本人が選択している

外部や内部からの要求に応えて組織が変わらなければならないとき、組織の誰もが、意識的にせよ、無意識にせよ、自分のエネルギーをどう使うかを選択する。一従業員からの簡単な要請であれ(例:「期間限定のクロスセリング改善チームに入ってもらえませんか?」)、大きな変革イニシアチブが実行されるのであれ(例:「プロセス改善に向けた、組織を挙げての新しい計画を発表します」)、従業員はエネルギーの使い方を

エネルギーの使い方を示す「選択モデル」

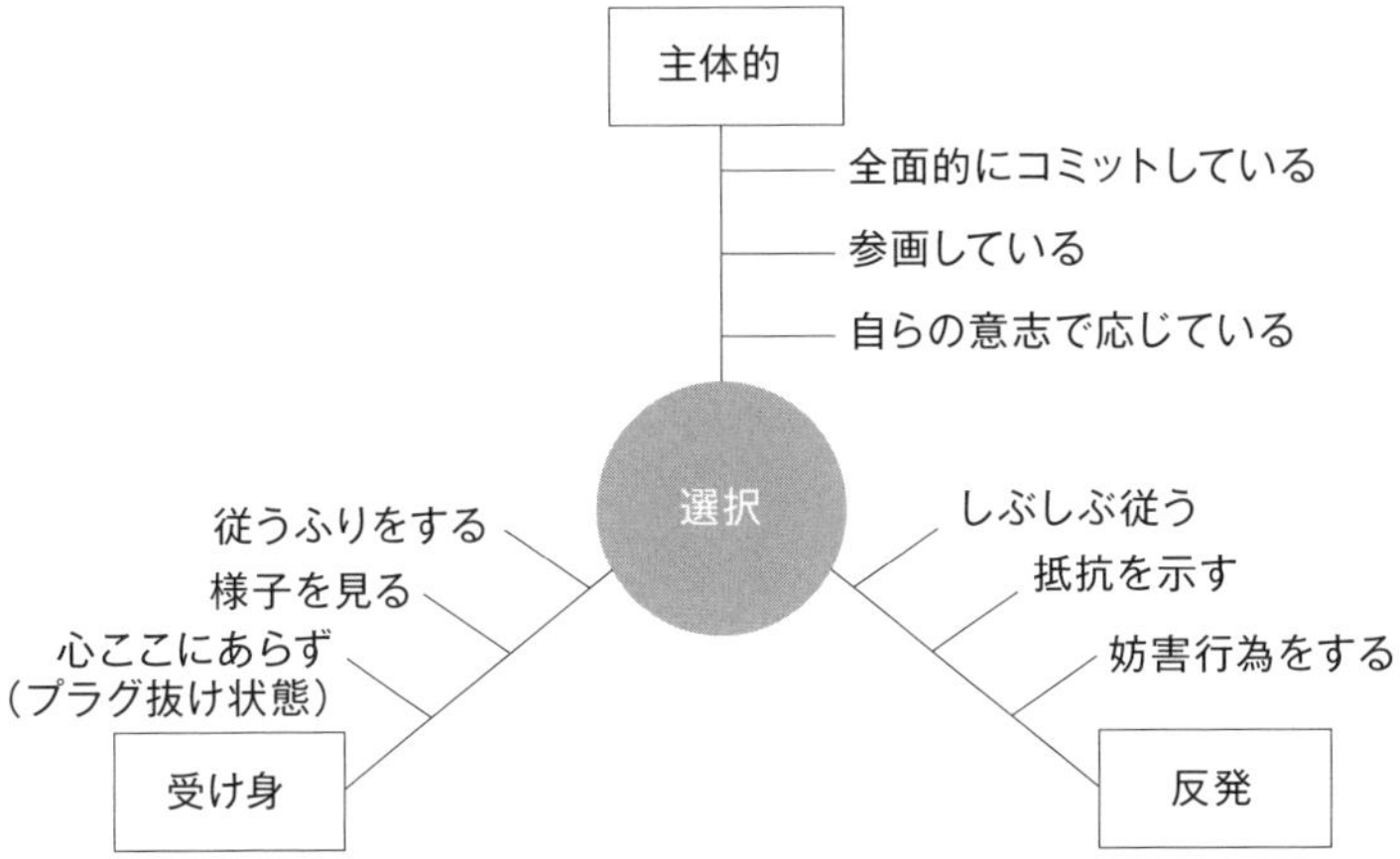

選択するのだ。

上の図は、従業員が自分のエネルギーの使い方をどう選ぶかについて、想定されるさまざまなシナリオを示したモデル図である。

あなたが何か頼むたびに、従業員は多かれ少なかれ、この図の中のいずれかの選択をすることになる。

人が自分のエネルギーの使い方を決めるとき、その選択は3つの主なカテゴリー、すなわち「主体的」「反発」「受け身」に分類することができる。この3つに大きく分かれたカテゴリー内で、3つの認識レベル（否定的、中立的、肯定的）と、注ぎ込むエネルギーの3つのレベル（低、中、高）に応じて、エネルギーの使い方にはさらなる違いが生まれる。

主体的

前向きにエネルギーを使うことを選んだ従業員は「主体的」と呼ばれる。注がれるエネルギーの程度は次の3つに分類される。

・自らの意志で応じている

「自らの意志で応じている」は、ほどほどに肯定的だが、注ぎ込むエネルギーの水準は低く、「それに従います」という場合だ。リーダーが勘違いしやすいのは、従業員がこの状態のときに、「これで全員が同じ船に乗った、変化に協力してくれる」と思ってしまうことだ。そして後に愕然《がくぜん》とすることになる。指示したはずの変化を実行するようなことが何もなされていないも同然だということに。

・参画している

「参画」は、従業員が肯定的な姿勢で中程度のエネルギーを見せる場合に起こる。エンゲージメントはあるが完全ではなく、「いいですね、私も仲間に入れてください」という場合だ。

・全面的にコミットしている

「全面的にコミット」している従業員は肯定的な姿勢で組織の課題やニーズに応えることに高いエネルギーの発揮度合いを示す。「どうすれば一役買えるだろうか？」となるのだ。これは私たちが定義するエンゲージメントの重要な部分だ。

反発

自分のエネルギーを、変化に反対したり、反論したりするために使うことを選んだ従業員は「反発」に分類される。この場合も、エネルギーの程度は、次の3つに分類される。

・しぶしぶ従う

「しぶしぶ従う」のは、従業員が求められていることを否定的にとらえているが、リスクを最小限にするために、ある程度のエネルギーは注がざるをえないと感じているからだ。「やらないわけにはいかないよね、さもないとクビになるかもしれないから」

・抵抗を示す

変化に対する「抵抗」は、従業員が変化や要求を否定的にとらえ、変化と闘ったり、その変化は悪い考え・戦略だと同僚を説得することにエネルギーを注ぐという選択をする場合に起こる。「私は賛成できない。この決定に抵抗するつもりだ」

・妨害行為をする

「妨害行為」が起こる可能性があるのは、従業員が個人的な喪失や損害を感じながら変化を経験する場合だ。自分自身にとっての喪失や損害を感じると、「仕返ししてやりたい」という気持ちに駆られてエネルギーを使う。経営層やリーダーを中傷したり、不正をはたらいたり、法的手段や妨害行為に踏み込んだりすることもある。「この会社が品質にどれだけ手抜きをしているかを、客にばらしてやる」

受け身

「受け身」という選択は、エンゲージメント低下の一形態である。従業員が自分のエネルギーを使うのを控える、しばらく様子見をする、引きこもるといった選択をする場合に起こる。受け身の程度は、次の3つに分類される。この3つを合わせると、エンゲージメント低下のすべての形態を網羅できる。

・従うふりをする

「従うふりをする」は、従業員が「自分は肯定的であり、ある程度のエネルギーを費やしている」という印象を与えるものの、実際にはそうではない場合だ。「ほら見てよ、ああ忙しい、忙しい、忙しい」

・様子を見る

従業員がエネルギーを保留にすることを選ぶと、「様子見」が生じる。グラウンドに出てプレーするのではなく、スタンドの観客でいる状態だ。状況をもっとよく理解して肯定的になれるまで、あるいは、何らかの影響によって行動するようになるまで、中立的な立場のまま、エネルギーを使うのを控えている状態である。「成り行きを見てから決めよう」

• 心ここにあらず（プラグ抜け状態）

「心ここにあらず」は、従業員が在職はしていても仕事に打ち込む気持ちがまったくない状態である。すでに辞めることは決めているが、まだ退職していない場合に起こる。否定的で、仕事に向けるエネルギーはゼロである。たぶんこんな独り言を言うだろう。「ここから抜け出すのが待ちきれない」

> **大きな変化があったら、従業員の大多数はどの選択をすると思うか？**
> **主体的？　反発？　受け身？**

5000人以上の調査で明らかになった「従業員の反応」の傾向

「変化とエンゲージメント」を理解するには、従業員の視点が必要だ。そこで、組織の大小を問わず、大きな組織変革を経験してまもない20社以上を対象に、5000人以上の従業員や経営者にインタビューやアンケート調査を行った。対象となった企業は、経営合理化やリストラクチャリング、経営層や主要人員の変更、プロセスやワークフローの変更、合併や買収といった変化を経験していた。調査目的は、「こうした組織変革が発表された後、エネルギーはどう使われるのか」を明らかにすることだった。

起きた変化が「得ること」だという認識より「失うこと」だという認識のほうが強い事例や、「変化疲れ」が出ている事例をすべて取り上げ、その場合、従業員は自分のエネルギーの使い方をどのように選択したかを調べた。3つのカテゴリー（主体的、反発、受け身）で分類したところ、次のページの図のような結果が得られた。

大きな変化を経た大企業の例を挙げよう。この企業の従業員が経験した変化のほとんどは、「失うこと」と認識されていた。従業員を失い、未来の可能性を失い、支出は削減され、高評価を得ていたリーダーが去り、拠点は閉鎖された。従業員のエネルギーの使い方を調べたところ、11%が「主体的」（大半が「自らの意志で応じている」）、14%が「反発」（大半が「しぶしぶ従う」）、75%が「受け身」（大半が「様子を見る」）であった。

「反発」の割合が少ないことは意外だった。「反発」に分類される行動は目に見えやすいため、喪失シナリオではもっと多く出てきてもよさそうなものだ。

経営層やリーダーは、変化に抵抗する従業員について言及することが多い。しかし、「彼らは抵抗している」という認識は誤っている場合もあるということもわかった。抵抗しているように見えても、それは必ず

喪失シナリオでは、従業員の大部分は、変化を「受け身」で捉えている

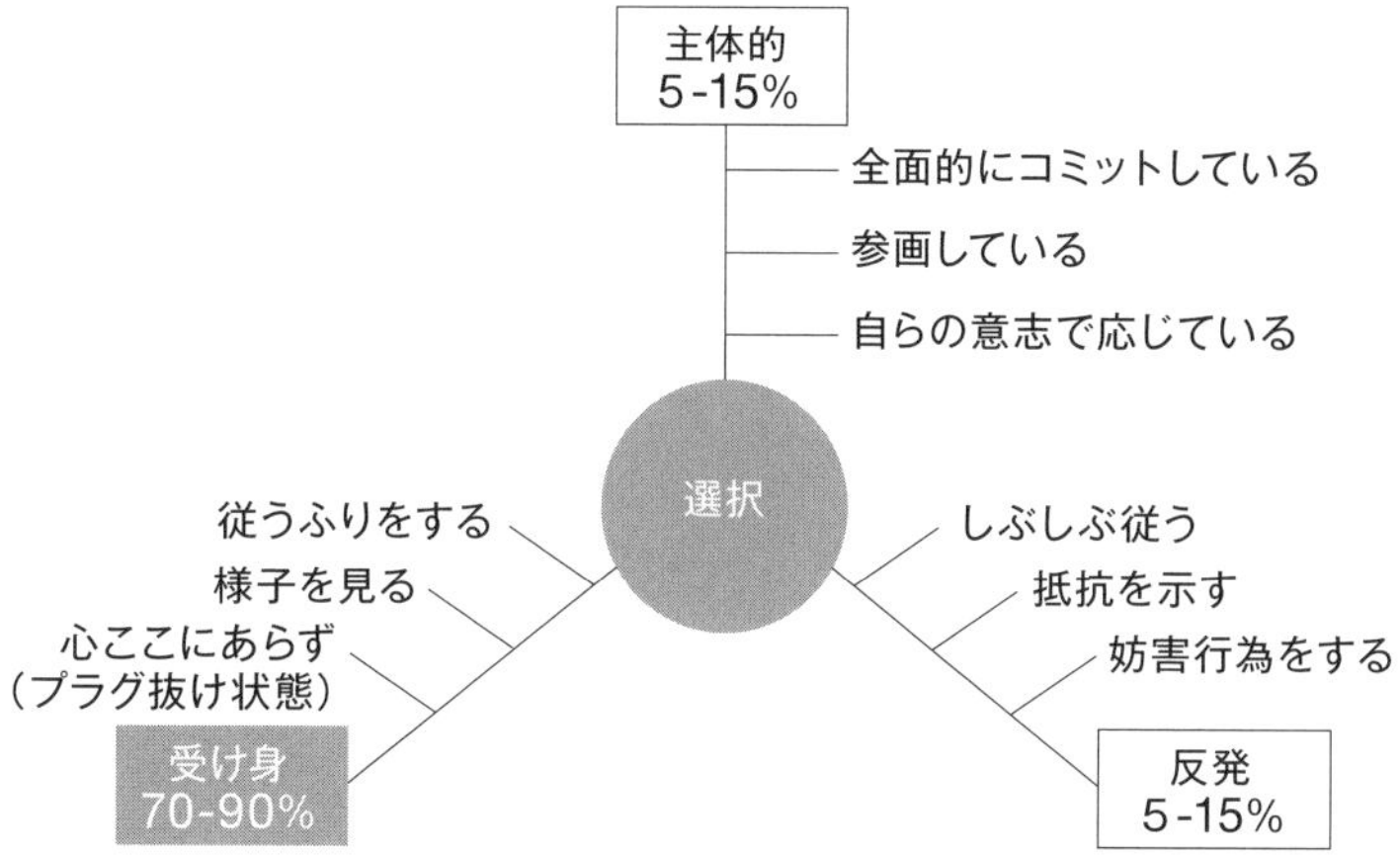

しも抵抗ではなく、実は変化に対する準備の問題だということが多い。

断続的な変化が続き、その間に、喪失体験を伴ったり、変化疲れの度合いが高かったり、あるいはその両方が生じた場合、70～90％もの従業員が「受け身」の選択のいずれかを経験する。これが調査からわかったことだ。「受け身」の選択とは、「仕事は一応している」「様子を見る」「次の変化で努力が無駄にならないよう、エネルギーを使わないようにする」「わが身を守るためにエネルギーを使う」「目立たないように身をひそめている」「在職しつつも、心ここにあらず（プラグ抜け状態）」「転職活動中」といった状態だ。

組織が大きな変化に取り組んでいるというのに、70～90％の従業員が身をひそめていたり、心ここにあらずでプラグが抜けたような状態だとしたら……、変化を遂行できる見込みはどうなってしまうのだろうか？

リーダーはよく、「従業員は変化に抵抗している」と言うが、実際には、この問題はたいてい「変化に対する準備の不足」である。

もう1つ、私たちの目を引いたことがある。リーダーがエネルギーに前向きな影響を及ぼせないなら（従業員を主体的に向かわせることができないなら）、組織は「エントロピー」の状態に陥りはじめ、エンゲージメントがどんどん低下し、さらに消極性が増し、持続的に機能する能力そのものが低下していく、ということである。

教訓5：エンゲージメントは、失うときは一瞬だが、取り戻すためには、長期間にわたる困難な取り組みが必要である

変化はときに、あっというまに働く人のエネルギーとエンゲージメントに影響を及ぼす。このことに私たちはいつも驚かされる。まさに、重要なエネルギー源からプラグを引き抜いてしまったような状態になるのだ。

それはどんな感じなのだろう？　どんな様子になるのだろうか？

アヴコーの事例では、従業員はたちまちエンゲージメントの低い状態になり、職場はひっそりとして陰気

な場所になった。仕事は何とか処理されていたが、かつてアヴコーの職場カルチャーの象徴であった「エネルギー」も「熱意」も、従業員が「様子見」態勢に入ると、どこかへ消えてしまった。

そのうち、以前は前向きでエネルギーに満ちていた従業員が、自主的に、あるいは解雇されて大量に会社を去った。エネルギーを回復しようという試みはいくつかあったものの、成果は限定的だった。もうエネルギーは消え去ってしまったのだ。

確かに、すべての組織がアヴコーほどの「激変」を経験するわけではない。しかし、現実には、ほとんどの組織で断続的な変化が進行しており、「同じ問題」を招いているのだ。そう、「エンゲージメントの低下した従業員たち」に関わる問題だ。

アヴコーの事例から明らかになったことがある。それは、残ったリーダーたちが、エネルギーや前向きな職場カルチャーを取り戻そうと努力したにもかかわらず、満足な結果が出なかったことに不満を募らせるようになった、ということだ。そうして、そのリーダーたちも、次に何をすべきかわからないままエネルギーを失い、熱意をもって積極的に行動することができなくなっていった。

組織のエンゲージメントは短期間のうちに低下することがあるが、その低下したエンゲージメントを取り戻すのは、長期にわたる苦しい取り組みになる――これが私たちの結論である。かつての高いエネルギーのレベルを二度と取り戻せない組織がほとんどなのだ。

「仕事の満足度」と「エンゲージメント」

ここまで、激しい変化が長く続いたアヴコー・テクノロジーズの事例から、学ぶべき教訓を取り上げてきた。アヴコーに直接関係しているわけではないが、もう1つ、重要なエンゲージメント低下の要因を議論する必要がある。

エネルギーが保留状態にされてしまうもう1つの理由は、「仕事の満足度が低いこと」だ。自分の仕事を好きになれない、上司との関係がうまくいかない、成果を認めてもらえない気がするといったときに、働くエネルギーを保持するのは難しい。

変化のせいで仕事の満足度が低下することもあれば、変化がなくても仕事の満足度が低いこともある。「仕事の満足度」は、自分の仕事を一部分でも肯定的にとらえていたり、仕事に関して肯定的な感情をもつことで高まる。

仕事の満足度を低下させ、ひいてはエンゲージメントを低下させる要因はいろいろある。たとえば、従業員が次のような状況に置かれている場合だ。

・やりがいのないルーチンワークに従事している
・指示された仕事を好きになれない
・絶えず変化にさらされている
・自分の強みを活かしていない
・仕事をこなすためのツールやスキルを与えられていない
・優秀な実績に対して表彰や報奨がない
・仕事のできない同僚ができないままで許されていると感じている
・関わっているという実感がない
・話を聞いてもらえないと感じている
・必要な情報を知らされていないと思っている
・専門能力が育成されていないと感じている
・サポートがないと感じている
・だめな経営者やリーダーのために働いていると思っている
・上司は有害だと感じている（自分のエネルギーが奪われる感じがする）
・上司の面倒見が悪いと思っている

これまでのエンゲージメントの測定は、ギャラップ社（訳注：アメリカの世論調査、およびコンサルティングを行う企業。その世論調査の精度には、厚い信頼が寄せられている）の調査のように、主に質問票を用いた仕事の満足度調査が主流であった。

たとえば、「上司にどんなことでも質問できると感じている」という文に対して、「そう思う」度合いを点数で答えてもらう。点数が低ければエンゲージメントも低く、点数が高ければエンゲージメントも高いという仮定に基づく評価方法である。


経営層やリーダーたちは通常、自分の組織に「エンゲージメントが低い」という調査結果が出されると、その結果そのものに反応し、点数の低い領域への対処に力を入れようとする。

たとえば、「優秀な実績に対する表彰・報奨」領域の点数が低かった組織は、よくできた仕事を表彰する頻度を増やすことに取り組み、「これでエンゲージメント低下の問題に対処できた」と考える。従業員が前より「認めてもらえる」と感じれば、エンゲージメントも改善するはずだ、と考えるのだ。


それはそれで結構だが、一方でギャラップ社は、「組織は長年にわたって、さまざまなエンゲージメント・プログラムを実施してきたにもかかわらず、エンゲージメントの点数はほとんど改善していない」と報告している。つまり、熱意を持って仕事に取り組んでいるアメリカ人は全体の3分の1に満たず、「この数字は2000年以来変わっていない」というのだ（Gallup Business Journal, 2015, vol. XX）。

2015年のこの調査に限らず、人材開発に関わる他の調査からも、エンゲージメントの低下は依然として世界的な問題であることが確認されている。

本書の焦点からは少しそれるが、従業員一人ひとりの仕事満足度を知ることは、組織の健全性にとって不可欠であると見て間違いないだろう。

多くのエンゲージメント調査において、仕事満足度の高低とエンゲージメントの度合いの間には、相関が認められている。

リーダーシップの役割

エンゲージメントの高い職場カルチャーを培うには、どうしたらよいのだろうか?

その必須の要素の1つは、現場のリーダーかそれ以上に力をもっている経営層が、「組織からエネルギーを奪うのではなく、組織にエネルギーを与えるとはどういうことか」を理解していることである。いくつもの調査結果や論文、書籍を見れば、「以前に比べて現在は、100%仕事に打ち込んでいる従業員の割合が低下し、その逆にエンゲージメントの低い従業員の割合が増加している」ことがわかる。これは今に始まった現象ではなく、むしろずっと続いている傾向だ。

さまざまな調査から、「組織のエンゲージメント水準を上げる方法を学ぶことが重要である」ということは間違いなく立証されているので、ここで詳しく論じる必要はなかろう。

とはいえ、重要な問いが残る。誰もが従業員のエンゲージメント改善の重要性を理解しているのならば、現実問題として、今、組織はそのために何をしているのだろうか? エンゲージメントのあった組織が〝プラグ抜け状態〟になってエネルギーを失ってしまったときに、どうしたらエンゲージメントを再び取り戻すことができるのだろうか？　どのような企業なら、エネルギーの連続線上で左右に流れてしまっているエネルギーを中心に戻す方法を見つけられるのだろうか？　どんなリーダーなら、社風を再構築して前より高いエンゲージメントを得られるだろうか？　さらに言えば、エンゲージメントの回復に効果のある戦略をリーダーが見出すには、どうしたらよいのだろうか？

リーダーにまず求められるのは、「変化によって混乱する時期に、従業員はどのような選択をするか」を理解することだ。従業員が１００％仕事に没頭していると感じられるためにリーダーや経営層に何を望むのか、従業員の視点から紹介しよう。さらに、組織がエンゲージメントを回復していく道のりに大きな影響を与える５つの実践（５要素）についても説明する。

リーダーシップが果たすべき役割は、「従業員が変化をどう認識し、自分のエネルギーをどう使うことを選択するか」に影響を及ぼすことである。

「組織が今、直面している変化は、自分にどのような影響を及ぼすか。それに対し、自分はどのようにエネルギーを使うか」

――従業員のこれらの認識と選択に影響を及ぼすことが、リーダーシップの本質的な役割である。

エネルギーを取り戻す――組織のエンゲージメントを回復させる方法

私たちが調査したのは、「従業員がどのようなエンゲージメント水準にあるか」だけではない。それよりも重視したのは、「エンゲージメントを取り戻すために、あるいはエンゲージメントを維持するために、従業員は何をリーダーや経営層に求めているか」である。これを知るために設けられた質問は、シンプルだ。

こうした変化の時期に、従業員はリーダーや経営層に何を求めたいと思うだろうか？

この問いへの回答は、6群に分けることができた。各テーマと従業員がリーダーに求めることの説明を表にまとめておこう。

エンゲージメントのために従業員が求めていること

未来に可能性があると感じられること	従業員は、「未来には何が待ち受けているか」を理解したいと思っている。希望を求めている。未来にどんなことが起きれば、従業員の胸が弾むだろうか？どんな未来が従業員に有益だろうか？「未来には前向きな可能性がある」と感じられなければ、従業員は喪失を切り抜けようと努力するのではなく、喪失の中に生きることになる。
明確な焦点と期待が示されること	従業員は、このような質問への答えを求めている。 「変化の結果、私たちに何を求めるのですか？」 「私たちはどんな責任を負うのですか？」 変化の時期には焦点を失ったり、方向がわからなくなったりすることがよくある。従業員は、変化が自分たちにどう影響するか、リーダーから何を求められているかを知りたいのだ。
チームの一員だと感じること	従業員は相互のつながりを感じたい。互いに支え合う協働的なチームの一員であると感じたい。
情報を知らされていると感じること	従業員は組織の情報の流れに関与していると感じたい。未来の創造に参加したい。コミュニケーションが増えること、情報を提供する機会や、問題を話し合い、問いを投げかける機会、話を聞いてもらい、関与する機会など、コミュニケーションのあらゆる面が意味をもつ。
リーダーが従業員を気にかけていることが示されること	従業員はリーダーに気にかけてもらいたい。組織の未来の重要な一部だと感じたい。支援、報奨、育成を欲している。
リーダーが変化の先頭に立つこと	リーダーが模範を示し、有言実行することを従業員は望んでいる。変化の先頭に立つリーダーを見たいのだ。

このような回答を、「変化の時期に、従業員が自問する問い」に言い換えるとすれば、次のようになる。

・なぜ期待や希望をもって仕事をしなくてはいけないのか？
・個人的にどんな責任を負うのだろう？
・どうやって互いにうまく仕事をするのか？
・今起きていることにどう意見を言えるのか？　重要な問題はどう知らされるのか？
・どんな支援を受けられるのか？
・リーダーはどのように模範を示すのか？

変化の時期に注目すべき5項目とリーダーの役割

私たちは、6群の回答とこれらの問いから、エンゲージメントの2つの次元（「変化に対する見方」と「エネルギーの発揮度合い」）に直接影響を及ぼす5つの要素を導き出した。この5要素が従業員の選択に影響を与え、高いエンゲージメントにつながると私たちは固く信じている。次のページの図に示すものは、2章以降に取り上げるテーマである。

・第2章：リーダーシップ

1つの明確なリーダーシップ像がある――私たちが「エッセンスに基づくリーダーシップ」と呼ぶ、エンゲージメントの5要素をはぐくむために必要なリーダーシップだ。

リーダーシップのもとに
「未来の可能性」「当事者責任」「つながり」「一体感」「存在価値」を持てたとき、
組織の成長スピードは加速する

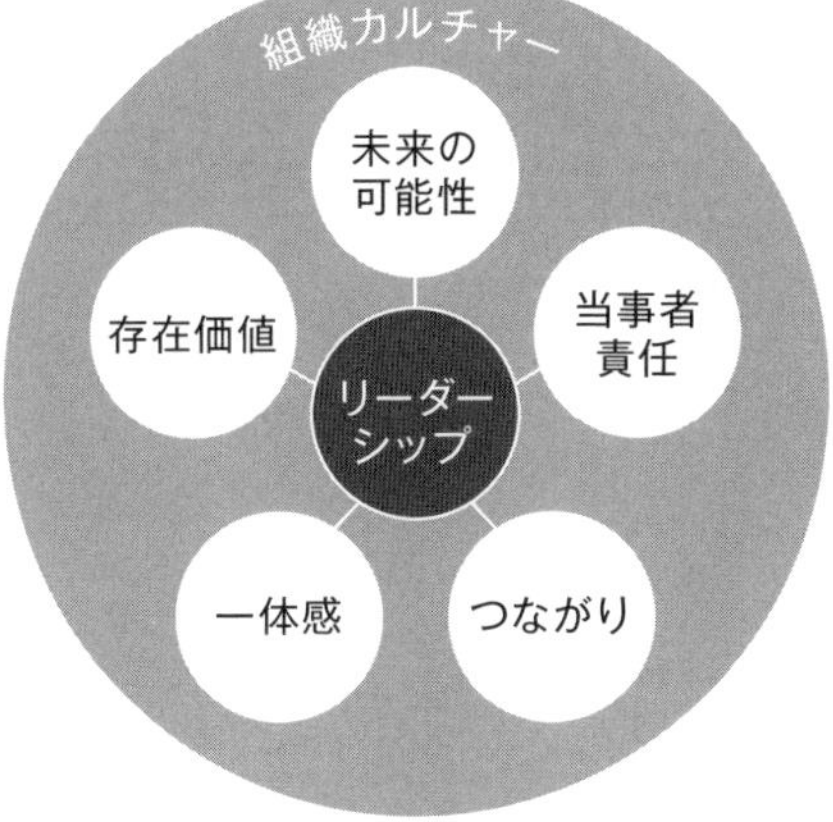

・第3章：未来の可能性

エンゲージメントは、従業員が「自分は重要なものの一部だ」と感じ、未来に信じる何かがあるときに生まれる。

・第4章：当事者責任

エンゲージメントは、従業員が求められていることを明確に理解し、なぜ自分はベストを尽くすことが大切なのかを知っているときに生まれる。そうなれば、それぞれの当事者としての責任意識が強まる。

・第5章：つながり

エンゲージメントは、従業員が互いのつながりを感じ、相互利益を重視し、責任を共有して仕事をするときに生まれる。従業員が協働を大切にするマインドセットをはぐくむのである。

- 第6章：一体感

エンゲージメントは、従業員が十分に情報を知らされ、決定プロセスに関与でき、自分の考えや気持ちをオープンに表す機会があるときに生まれる。つまり、コミュニケーションのあらゆるプロセスを含めて、人は物事に関わっていると感じたいものなのだ。

- 第7章：存在価値

エンゲージメントは、従業員が「自分には存在価値があり、組織には自分が輝ける居場所がある」と感じるときに生まれる。支援、報奨、育成が存在価値を認めることの3本柱である。

そして、これらの1（リーダーシップ）＋5つの要素をそれぞれの組織に取り入れるためのガイドとなるのが、第8章の役割だ。

- 第8章：「エンゲージメント」のカルチャーを確立する

この実践活動のガイドは、重点領域に的を絞るためのもので、既存のリーダーシップ・チームのためにも、あるいはリーダーがチームを結成して組織のエンゲージメントのニーズに取り組む必要がある場合にも、役立てることができる。

本章のまとめ

エンゲージメントの基本は、「従業員の自由裁量のエネルギーが、どのように使われているか」である。組織変革は、往々にしてエネルギーを分散させてしまう。

従業員は、変化の結果、自分のエネルギーに関してさまざまな反応をすることがある。つまり、エネルギーを使いすぎてしまったり（消耗、燃え尽き）、エネルギーを注がなくなったり（保留、錆びつき）という反応である。

変化を求められると、従業員は「主体的」「反発」「受け身」のいずれかを選択する。変化を喪失として体験したり、〝変化疲れ〟に陥っていると、従うふりをしたり、様子見したり、〝プラグ抜け状態〟になったりするなど、エンゲージメントを下げる選択をしがちだ。リーダーシップの役割は、こういった従業員の選択に影響を及ぼすことだ。従業員が変化を肯定的にとらえ、生産的なエネルギーを発揮することができれば、エンゲージメントが生まれる。

リーダーシップが負っている重要な責任は、分散したエネルギーを再び結集させ、従業員のエンゲージメントを取り戻すことだ。そのためには、リーダーが、従業員の視点から、エンゲージメントの回復に何が必要かを理解しなければならない。エンゲージメントを維持するにも、失ったエンゲージメントを取り戻すにも欠かせないのは、次の5要素である。

1 未来の可能性
2 当事者責任
3 つながり
4 一体感
5 存在価値

次章では、従業員のエンゲージメントを取り戻すために、組織のエネルギー供給源、抜けてしまったプラグを差し込み直すには、リーダーシップはどのような役割を果たすべきかを考察する。

第2章

リーダーシップが果たすべき「真の役割」とは?

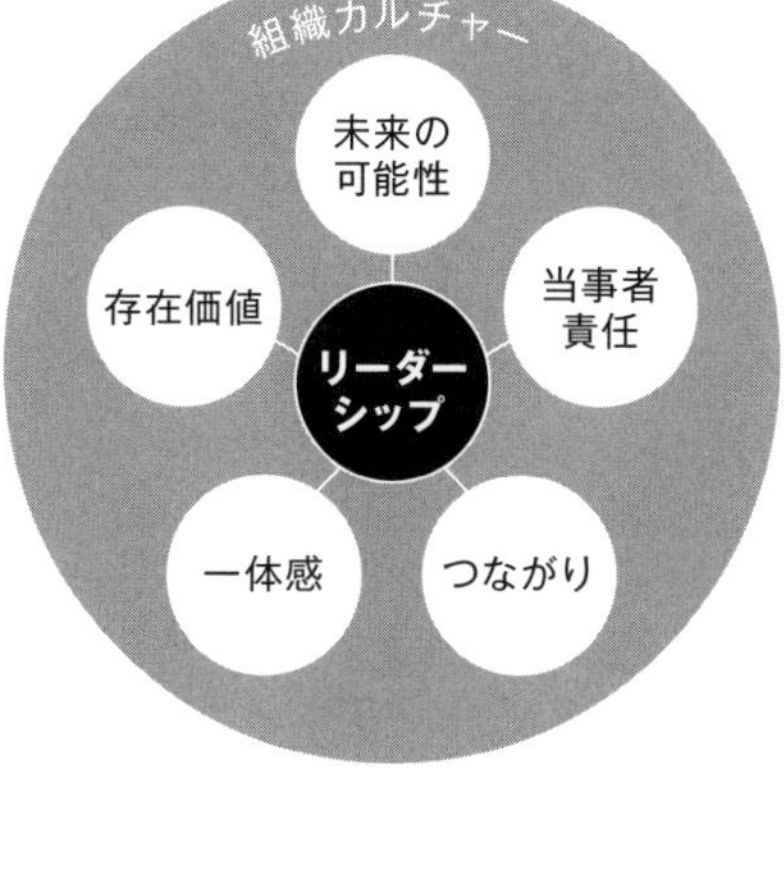

1つの明確なリーダーシップ像がある——私たちが「エッセンスに基づくリーダーシップ」と呼ぶ、エンゲージメントの5要素を体現し、強化するのに必要なリーダーシップだ。

「職場のエネルギーがリーダーによって決まる」理由

エンゲージメント低下の理由が、変化を喪失として体験したからであれ、絶え間ない変化に疲れたからであれ、従業員の仕事満足度が低下しているからであれ、肝心なのは、起きていることを従業員が認識するにあたってリーダーがどんな役割を果たし、いかに適切に対応をするかである。

再びアヴコー・テクノロジーズの事例を考えてみよう。権限ある立場のわずか1人の人間の存在が組織の方向性にどれほど影響を及ぼすかには驚きを覚える。

当初、アヴコーのビジョンにあふれるリーダー、ナンシーは組織にエネルギーを与えていた。従業員に力を与え、学習を何よりも重視し、成長を促し、やる気を引き出し、そして人を深く気づかった。ナンシーが去ったとき、アヴコーの従業員たちは深い喪失感を味わった。

一方、ナンシーの後任は組織からエネルギーを奪った。彼は効率を重視し、組織のパフォーマンスを高める工夫を見出すよりもコスト削減と人員削減に注力した。従業員が新しいソフトウェア製品の設計にクリエイティブな能力を発揮する機会をも制限した。リーダーシップ研究の第一人者であるウォーレン・ベニスの言うところの、「リーダー＝**正しいことを行う**」ではなく、むしろ「マネジャー＝決められたことを**正しく行う**」だったのだ。財務経験があったことで彼の目は数字に向かい、職務の人事面には向かなかった。彼にとっての支持者は従業員ではなく、株主だった。そして目標は、親会社を満足させる収支決算の好転だった。
直面したあらゆる問題に対処しようと、組織の業績改善をねらい、彼はさらなる変化の取り組みを導入した。しかし、これらの変化と〝変化疲れ〟が招いた従業員のエネルギー喪失には対応しなかったのだ。結果的に、誰も彼についていこうとはせず、そして組織のエネルギーも失われていった。

リーダーは、組織にエネルギーを与えるか、組織からエネルギーを奪うかどちらかだ。それを理解することが何よりも重要だ。エネルギーを与えれば高い水準のエンゲージメントにつながる。エネルギーを奪えばエンゲージメント低下につながる。
リーダーは往々にして、組織にエネルギーを与えるのに日々の努力がどれだけ必要かを過小評価している。

リーダーは、組織にエネルギーを与えるか、組織からエネルギーを奪うかどちらかである。

「ついていきたくなるリーダー」とはどんな存在か？

最終的に、リーダーの評価を決定づけるのは、「どれだけうまく人をリードするか」ではなく、「どれだけ人がついてくるか」である。

これまで、エンゲージメントの高い職場のカルチャーに必須の要素の1つは、「組織からエネルギーを奪うのではなく、組織にエネルギーを与えるとはどういうことかを現場リーダー、あるいは、それ以上に権限をもつ経営層が理解していることだ」と述べてきた。

この考えを受け入れたなら、次に、「どんなタイプのリーダーに人はついていきたくなるのか？」という当然の問いが浮かぶ。それこそが本章のテーマである。この問いに対して、まずは、あなた自身のすぐれたリーダーシップについての経験を振り返ることから始めてみよう。

あなたの「最高のリーダー」を振り返る

前章で述べたように、エンゲージメントが何であるかを定義するのは難しいが、それは見ればわかるものだ。すぐれたリーダーシップの定義にも同じことが言える。あなたはこれまでの人生で、エネルギーを与えてくれるリーダー、ついていきたくなるリーダーにおそらく出会っているはずだ。職場、家庭、友人づきあい、教育、市民生活、政治、宗教、スポーツなどのさまざまな状況で、あなたはそんなリーダーシップをすでに経験しているに違いない。

私たちは組織の経営層と仕事をするとき、しばしば2つの質問で構成される短い演習を行う。最初の質問は次の通りだ。

「これまでの人生であなたにとっての最高のリーダーだと思う人は誰ですか？」
（「最高のリーダー」が何を意味するかは自分で決めてください）

リーダーシップについて考えるとき、私たちは、「こんな上司がいまして」といった具合に組織の管理職の文脈で考えることが多い。ところが、たいへんおもしろいことに、

「あなたにとっての最高のリーダーは？」

とたずねると、かなりの人が仕事以外の誰か、たとえば、自分に影響を与えた家族（親）、教師、コーチなどを挙げるのだ。

この演習では、次に以下の質問について考えてもらう。

「その人をあなたにとっての最高のリーダーに選んだのは何が決め手ですか？　その人が見せた資質や特徴は何でしたか？」

この先を読む前に、少し時間をとって、あなたにとっての最高のリーダーについて考え、何がその人を選んだ理由なのか書き留めてみよう。

この演習は長年、世界中の多種多様な研修受講者にやってもらっているものだ。受講者の答えをみんなで見るためにフリップチャートに書き出すのだが、どんなグループでも、どんな場所でもリストアップされた特徴が似通っていることに驚かされる。サンプルとして代表的な最高のリーダーを形容する言葉を挙げておこう。

次のページのリストを見て、並んでいる言葉からどんなことに気づくだろう？「言行が一致している」「正直である」「思いやりがある」「勇気がある」「情がある」「自信がある」「私を信じてくれた」「人を信用する」「謙虚である」「公平である」「本物である」「人を尊重する」という言葉は、リーダーの〝人となり〟、すなわちリーダーは**どうあるべきか**を物語っている。

「最高のリーダー」の特徴

言行が一致している	よいフィードバックをくれた
正直である	私を信じてくれた
明確に方向性を決める	人を信用する
思いやりがある	謙虚である
勇気がある	やりがいのある目標を設定する
人の話をよく聴く	公平である
情がある	本物である
自信がある	人を尊重する

残りの「明確に方向性を決める」「人の話をよく聴く」「よいフィードバックをくれた」「やりがいのある目標を設定する」という特徴は、リーダーは**どうするべきか**を物語っている。

この演習をやるたびに、例外なく、ここに掲載したようなリストに〝人となり〟を表す言葉のほうがはるかに多く書き出される。

リーダーシップのエッセンスとフォーム

この〝人となり〟に基づくリーダーシップを私たちは「エッセンスに基づくリーダーシップ」と呼んでいる。それは、人のあり方を指し示し、内から外《インサイドアウト》へと向かう核心にある資質を意味している。「エッセンス」とは人の目的、価値観、信条、ビジョンである。エッセンスは、リーダーについていくフォロワーたちにとって、「リーダーは**こうあるべき**」というリーダーに示してもらいたい模範なのだ。

ビル・ジョージは、ピーター・シムズとの共著書『リーダーへの旅路――本当の自分、キャリア、価値観の探求』（生産性出版）で、リーダーとして生涯にわたって道を誤ることなく導く羅針盤を持つことについて説いている。その第一歩は、自分自身を理解すること、リーダーとして自分は**どうありたいか**を理解することだ。

それを裏づけるために、ジョージはスタンフォード大学経営大学院諮問委員会の委員75人に対する調査を引用している。リーダーが伸ばすべき最も重要な素質は何かを問われた委員たちは、ほぼ異口同音に「自己認識」だと答えている。ジョージによれば、自己認識とは自分の羅針盤、すなわちリーダーシップのエッセンスを見つけることだ。

一方、リーダーシップの「フォーム」とは、リーダーが**するべきこと**を示す。すなわち、リーダーシップ能力を指し示すふるまいや行動のことであり、しばしば組織の期待や規範によって突き動かされる。フォームは外から内へ《アウトサイドイン》と向かい、リーダーがその行為によって生み出すイメージや「ペルソナ（外的人格）」だ。

「言行一致」は、〝人となり〟と〝ふるまい〟、すなわちエッセンスとフォームの統合だ。どちらもリーダーシップにとって大切だが、肝要なのはエッセンスとフォームのバランスを保つことだ。

時としてエッセンスとフォームがバランスを失うことがある。あなたが出会ったリーダーのことを考えてみよう。フォーム志向でエッセンス軽視のリーダーの近くにいたことはないだろうか？　その経験をあなたはどう語るだろうか？

リーダーがエッセンスよりもフォームを重視していると、こんなふうに見られるだろう。「見た目は偉そうだが、リーダーの責務は果たさない」「然るべき人々に対して配慮して見せたり、上司を喜ばせるために上を見て仕事をするが、部下をリードすることはおろそかだ」。

あるとき、リーダーとは「スーツを脱いだら、何も残らない人」と言った従業員がいた。フォームが偏重されると、部下にはリーダーの〝人となり〟が見えないために信頼感の欠如に陥りやすい。部下には、本物のリーダーであると感じられないのだ。

リーダーが答えるべき問いは、「リーダーとしての自分を動かし、方向づける〝シグナル〟はどこにありますか？　内側（エッセンス）ですか、外側（フォーム）ですか？」である。

リーダーが答えるべき問いは、
「リーダーとしての自分を動かし、方向づける〝シグナル〟はどこにありますか？
内側（エッセンス）ですか、外側（フォーム）ですか？」である。

次のページのリストは、リーダーシップの指針として外面を見るか、内面を見るかの主な違いをまとめたものだ。

リーダーにとって大切なことは、自分を方向づけ、動かす〝シグナル〟が内側のエッセンスに基づくことだと理解して初めて、「組織変革にあたって、どのように従業員のエンゲージメントを回復するか」という課題に直面する準備が整う。

外面（フォーム重視）	内面（エッセンス重視）
・エッセンスである資質が欠如	・エッセンスである資質が明確
・体裁がより重要	・深さがより重要
・他者からのシグナルに反応	・価値観に反応
・外見、地位、肩書で成功を測る	・成果と他者への貢献によって成功を測る
・「（他者からの）承認」のために生きる	・「目的」のために生きる

〝人となり〟ではなくカリスマ性で、言行一致ではなく印象で、中身ではなく経歴でリーダーを選ぶ組織があまりにも多い。

「リーダーシップ」のとらえ方を転換する

経営者やリーダー――特に新任者に、

「すぐれたリーダーになるために必要なことは何ですか」

とたずねると、たいてい、**もつべき**だと思うものを挙げはじめる。力、権威、責任、予算管理力などの必要性を語るのだ。

「では、そういうものがあったとしたら、**何をする**のですか」

とたずねると、決定を下す、目標を設定する、成果をあげるための指導をする、といった答えが返ってくる。さらに続けて、そういうことができたとしたら、**どうなる**のですかとたずねる。たいてい、成功する、昇進する、高く評価されるといった答えが返ってくる。このようなリーダーシップのとらえ方を私たちは、

真のリーダーシップとは？

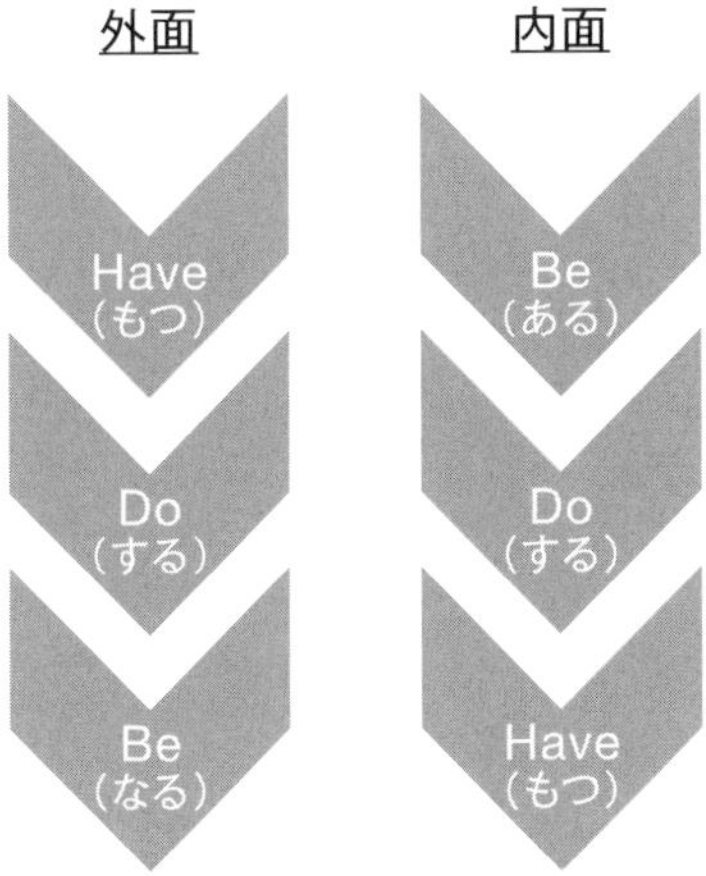

「もつ（having）—する（Doing）—なる（Being）」と呼んでいる。リーダーが**何をもつべきだと思っているか**に重点が置かれているとらえ方だ。

しかし、私たちが出会ったすぐれたリーダーたち（あなたが選んだ最高のリーダーときっと似ている人たち）は、これとは順番が逆になる。まず、彼／彼女らは、**どんなリーダーでありたいか**から出発する。自分の目的を見つけ、自分の価値観を確かめ、リーダーシップとは何かを深く考える。次に、**どんなリーダーでありたいか**から、**何をするべきか**、**何をもつべきか**が導かれる。すると、力や権威など、多くの人がリーダーにとって必要だと思っていたものの多くが、実はすぐれたリーダーになるにあたっては、**もつ必要がない**ことに気づく。

「ある（being）—する（doing）—もつ（having）」の枠組みからリーダーシップをとらえると、自分を方向づけ、動かす〝シグナル〟が内面（エッセンス）からくることがわかる。

重要なことなので、2つの方向性についてもう一度述べ、まとめておく。

外面志向でリーダーをめざすと、こういう論法になる。

「(力、影響力、コントロールを) 十分に**もつ**日がきたら、ずっとやりたかったこと (指揮する、築く、組織する) を**する**ことができ、(幸せな、報われた、成功した、認められた) 自分に**なる**だろう」

内面志向でリーダーをめざすと、こういう論法になる。

「自分は何者か? どんなリーダーで**ありたい**のか? 目的意識、信条、価値観、ビジョンがあれば、**するべきこと**がわかり、**もつべきもの**がわかるだろう」

「エッセンスに基づくリーダーシップ」とは?

エッセンスに基づくリーダーシップ、すなわち私たちが描写するような内面からのリーダーシップは、主に次の4つの理由から組織のエンゲージメント回復に不可欠だ。

1 エンゲージメント回復は、模範となるリーダーを必要とする。
2 エンゲージメント回復は、リーダーシップのレジリエンス (復元力) を必要とする。
3 エンゲージメント回復は、リーダーシップの勇気を必要とする。
4 エンゲージメント回復では、リーダーが〝相互影響〟を実践しなければならない。

これが、リーダーシップの真の役割だ

第1章の「選択モデル」（59ページ）を思い出してほしい。断続的な変化の時期には、「従うふりをする」から「様子を見る」、または悪くすれば「心ここにあらず（プラグ抜け状態）」まで受け身の態度を選択する従業員の割合が高いという調査結果を紹介した。そして、従業員にエンゲージメントを取り戻すには何が必要ですかとたずねたときには、回答の中心的なテーマの1つは「リーダーが変化の先頭に立って模範を示すこと」であった。そこで次は、リーダーシップのもつ模範の力を経営層が理解できていないと何が起こりうるのかという話をしよう。

トムは以前、成功している大手ハイテク企業で働く、精鋭ぞろいの営業部門幹部たちと仕事をしたことがある。この幹部たちは、エッセンスに基づいたリーダーとしての資質ではなく、結果を出したかどうかで成功を測っていた。そこでトムは、幹部たちに次のような課題を出した。

「あなたにとってのリーダーシップとは何か、そして、あなたがリーダーに必要だと思うことは何かを考え

てください。今、新しく採用された管理職のグループ向けオリエンテーションで、あなたのリーダーシップ哲学と信条を5分間話してほしいと頼まれたとしましょう。そのプレゼンの概要をまとめてください」

次に、トムは一人ひとりに同僚の前でスピーチをするよう求めた。それには、みな驚いたようだった。参加者15人のうち、リーダーシップについて真剣に考えたと思えるレベルで、自分の信条をはっきり話せたのは、わずか3人だった。残る12人は、リーダーシップとは何かなんておよそ考えたことがないレベルであることをトムは痛感した。とりとめのない、決まり文句ばかりのスピーチには、「私はこう信じる」という信条に基づいた熱意や説得力に欠け、「口先だけのこと」がむなしくこだましていた。幹部の地位にあっても、リーダーらしいものの考え方はまったくしていなかったのだ。

この話には後日談がある。ご多分にもれず、この企業の売上が低下しはじめた。そうすると、有能で高給を稼ぐ営業マネジャーたちの多くがやる気を失い、会社を去った。リーダーシップの欠如が離職の原因だったと言うのは単純化しすぎだが、トムはそれが一因であったと確信した。

経営層やリーダーが果たす最も重要な役割は、職場に前向きなエネルギーとエンゲージメントをもたらすことと言っても過言ではないだろう。ジム・レーヤーとトニー・シュワルツが、前述の共著書『成功と幸せのための4つのエネルギー管理術――メンタル・タフネス』で述べているところによれば、リーダーは組織のエネルギーを取り仕切る執事《スチュワード》である。レーヤーとシュワルツはエンゲージメントの高い状態を「高いパフォーマンスに焦点を当てたエネルギーの熟練した管理」と定義する。

ここで、リーダーシップの真の役割をよく理解していたリーダーの好例を紹介しよう。

以前、スティーブはモトローラ社と仕事をする機会を得て、同社のために『Leading From Within（内面からのリーダーシップ）』というリーダーシップの雑誌を発刊した。この雑誌の活用は、同社のごく一部から始まった。雑誌のコンセプトは、「あなたはリーダーとして**何者でありたいのか**」という問いだった。当時のモトローラ社は、「リーダーは**何をするべきか**」を重視していた。それに対してこの雑誌は、リーダーの資質、たとえば、目的、価値観、ビジョン、強み、人柄などを重視したのだ。当時のモトローラ社長ロバート・ガルビンは、エッセンスに基づくリーダーシップの資質と実践によって社内の大勢から大いに尊敬されていた人物であった。

この雑誌を読んだガルビンは、モトローラ社員の集まりに現れ、雑誌を手に掲げながら、「これはリーダーシップの本質をつくものです」と語った。言うまでもなく、雑誌の購読数は一気に増えた。ガルビンはリーダーシップについての考えや信条を話してくれた。ガルビンの洞察と影響を受けて、スティーブは周囲に「変容をもたらす」というリーダーの役割を念頭に、リーダーシップを次のように定義した。

リーダーシップとは、リーダーの地位によってではなく、リーダーの模範の力によって、人を自力では行けないであろう場所に連れていく能力である。

この定義をよく理解してもらうために、ここでかみくだいて説明しておきたい。

・「能力」とは、人をリードする知識と技能である。

・「人」とは、ある人物をリーダーと呼ぶ人たちである。ここでのリーダーシップの定義は地位や肩書に対してではなく、他者に影響を及ぼす立場にある人なら誰に対してでも当てはまる。

・「場所」とは、パフォーマンスのより高い水準、望ましい結果、何かを達成する新しい方法である。リーダーが変化を選ぶときはいつでも、部下を違う場所に連れていこうとしている。

・「リーダーの地位によってではなく、リーダーの模範の力によって」とは、権限、権力、支配を行使して組織を動員するのではなく、模範を示すことでリードする重要性の認識である。リーダーは肯定的であれ否定的であれ常に影響を及ぼしており、中立的であることはまずないと心得る。

社長、副社長、ディレクター、マネジャーという肩書を与えられた人は、権限と責任のある地位にいる。しかし、この肩書があればリーダーになれるわけではない。

権限のある地位に就けば、概して2つの恩恵がある。「服従」と「注目」だ。

権限や肩書があるという理由で、一般に部下は上司に頼まれたことをやる。部下は指示を受けたり、命令に従ったりすることが身についている。たいていの場合部下は進んで従うだろう。だが、そうでなければ、しぶしぶ従うことになる。服従はコミットメントとは異なる。服従は「やらなければならない」であり、コミットメントは「やりたい」なのだ。

権限のある地位にいれば、リーダーは注目される。リーダーは耳を傾けてもらえる。リーダーの支持者たちが絶えずリーダーを見守っている。部下は、リーダーが何者であるか、リーダーが何をするつもりかを理解する〝シグナル〟を探し出す。どう従うべきか、何をすべきか教えてくれる〝シグナル〟も見出す。

たとえば、リーダーが新しい取り組みに本腰を入れていないという〝シグナル〟を部下がキャッチすれば、往々にして部下も本腰を入れない選択をする。リーダーが変化に抵抗していれば、部下も変化に抵抗してよいと許しを得たと感じる。リーダーが本気なら、部下も本気になりやすい。

リーダーが望もうと望むまいと、リーダーはよく見られており、よって**常に模範を示している**ことになる。部下たちはその模範を話題にする。リーダーは、毎日自らに問わなければならない。

「どんな模範を示したいのか？」

リーダーとして、部下の選択に影響を及ぼしてエンゲージメントを取り戻したいなら、「どんな模範を示したいのか？」と自問しよう。

組織にエネルギーを与えるリーダーは、その影響力と模範の力で「コミットメントのある」フォロワーをつくるために、身を粉にして働く。

開拓者《パスファインダー》としてのリーダー・執事《スチュワード》としてのリーダー

リーダーに課せられた２つの役割

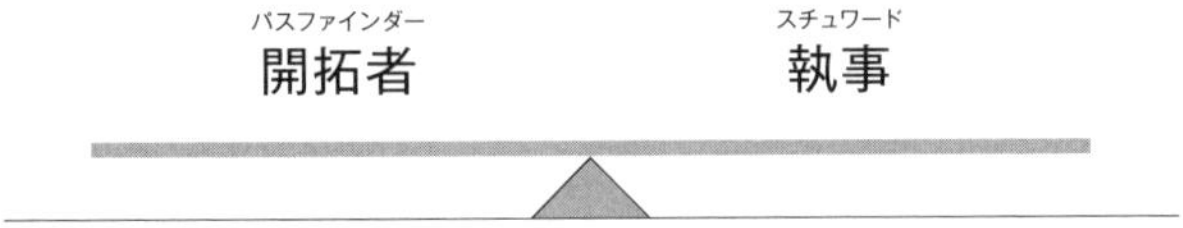

「レジリエンス（復元力）」のある布地といえば何が思い浮かぶだろう？　柔軟だが耐久性のあるもの？　弾力があるが丈夫なもの？

同様に、レジリエンスのあるリーダーになるには柔軟性と耐久性を両立させなければならない。言い換えれば、「開拓者《パスファインダー》」と「執事《スチュワード》」のバランスだ。

開拓者《パスファインダー》としてのリーダーは、組織の自分が責任を担っている部分を絶えず変えたり、刷新したりして、何かをよりよくする方法、より効果的にする方法、違うものにする方法を編み出すことを期待される。開拓者たるには、人を自力では行けないであろう場所に連れていくことが必要だ。部下は先導してくれるリーダーを望んでいる。

エンゲージメントが低下しやすい変化の時期こそ、後ろから指揮するのではなく、先頭に立って模範を示すリーダーの姿を見たいと部下は望んでいる。

一方、執事《スチュワード》としてのリーダーは、変えずにおくものを守ることを期待される。開拓者《パスファインダー》の何たるかが変化を生み出すことなら、執事の何たるかは変わるべきでない「不朽の信条」を守ることだ。不朽の信条にはリーダーの価値観、目的、ビジョンが含まれる。

ここに模範の力の本質がある。組織が変化で混乱しそうなとき、部下の意見を聴きながら、リーダーは次の重要な問いに答えねばならない。

「私たちが変えないものは何か？」

「変えてはいけない大切なものは何か？」

「変化をやり遂げて、私たちは何を得たいのか？」

強いリーダーはぶれない。毎日、毎週、毎月ジェットコースターのようにめまぐるしく変わるビジネスに翻弄されても道をはずすことはないのだ。

「変えなければならない」もの、「保全しなければならないもの（変えてはいけない大切なもの）」を知るには、常にバランス感覚と未来への洞察力が求められる。

「やり方なら、時流に乗れ。原理原則なら、岩のように動じるな」

――作者不詳

リーダーシップにおける「勇気」の意味

「よって立つものがなければ、どんな話にもだまされてしまうでしょう」

——ピーター・マーシャル、上院牧師、1947年4月18日

エンゲージメントを取り戻すために必要なことに関する、従業員を対象にした私たちの調査で、頻繁に耳にするテーマは「リーダーシップの模範の力」である。

では、「リーダーに何を求めていますか?」と質問すると、上位2つを占める答えは、「言行一致」と「勇気」である。「どんな勇気なのか」とたずねると、従業員が求めたのは、「行為としての勇気」というより、「あり方としての勇気」だった。

今日の複雑で急速に変化するグローバルなビジネス環境では、厳しい選択と難しい決断に迫られ、選択を誤れば、致命的な結果になりかねない。このような環境で、勇気あるリーダーシップを示すことはこれまで以上に重要になる。問題は「リードする勇気がどこから生じるか?」である。ここでもまた、「エッセンスに基づくリーダーシップ」がその答えになる。

辞書の『Oxford American Dictionary』によれば、勇気(courage)を「信じていることに基づいて行動する確信」と定義されている。必ずしも容易ではないこと、受けがよくはないことでも勇気をもって行動することがリーダーシップには必要だ。

どうすれば勇気をもてるのだろう? 自分が何によって立つのか、つまり、私たちが「エッセンスに基づいたリーダーの資質」と呼んできた価値観、哲学、信条をはっきりさせることだ。自分の価値観に応えて生きること、成果や他者への貢献で成功を測ること、目的に従って生きることは、勇気をもってリードする基盤になる。

外から〝シグナル〟を受信して行動すると、ちょっとした風に吹かれるとふらふらしがちであり、とかく人の承認を得るために何かをすることになるが、人の承認は移ろいやすい。外因に基づいてリーダーシップの行動を起こす場合、自分についてきてもらうには、「人の好意」と「承認」を得るしかないということだ。ところが、現実には、人がついていきたくなるリーダーは、自分の信じていることに忠実で、たとえ受けがよくなかろうと、その信条に基づいて一貫した行動をする人なのだ。原理原則なら、岩のように動じない人が求められる。

あなたはメンバーと「相互に影響を与え合っている」と言えますか？

数年前、私たちは『Managing for Excellence: The Guide to Developing High Performance in Contemporary Organizations』（未邦訳）の著者、デビッド・ブラッドフォードとアラン・R・コーエンと一緒に仕事をする機会に恵まれた。2人の仕事をベースにしたワークショップを開発するプロジェクトだった。

リーダーシップの分野で2人から学ばせてもらったことのなかでも特に説得力があったのは「相互影響」の概念だ。そのワークショップではそれを次のように定義した。

「相互影響とは、それぞれが互いの考えや行動に影響を及ぼしうるということである。相互に影響を与え合う関係とは、双方が自由に話し、反論し合い、相手の提供するものを聞いて受け入れることが奨励されるオープンな仕事の人間関係である」

相手に対する自分の影響力は、相手からの影響も受け入れようとする自分の意思に直結している。

この相互影響という考え方から学ばせてもらった大きな収穫は、相手に対する自分の影響力は、相手からの影響も受け入れようとする自分の意思に直結しているということだ。

第1章を思い起こしてほしい。エンゲージメントとは、従業員が求められていることを肯定的にとらえ、変化を起こすために大きな自由裁量のエネルギーを発揮することだと定義した。また従業員の「選択モデル」を紹介し、人には主体的に参加するか、しないか選択する権利があるということも説明した。

あなたはメンバーにエンゲージメントを強いることはできない。できるのはメンバーの選択に影響を及ぼすことだけだ。メンバーを動かしてエンゲージメントを取り戻そうとしているリーダーなら、何らかの重要な、そして直接的な対話をしなければならないのはほぼ確実だろう。組織で起きていることに対するメンバーのとらえ方と、メンバーが自発的に投入するエネルギーの水準についての対話である。リーダーがメンバーに対する影響力を高めてエンゲージメントを取り戻したいなら、相互影響の力——他者の影響を受け入れる意思——を理解しなければならない。

相互に影響を与え合う関係を築くには、リーダーとメンバーの双方が、次のページの図に示す3つの重要な問いを発すべきだ。

相互に影響を与え合う関係とは?—— 3つの重要な問い

・私たちは共通の目的や意図をもっているか?
　▲ほんとうに同じものを追求しているか?

・私たちは相手の利益を最優先に考えているか?
　▲相手が自分の利害にほんとうに配慮してくれるとそれぞれが信頼しているか?

・双方が望んでいることの達成に役立つ情報をそれぞれがもっているか?
　▲相手の成功に役立ちそうな異なる情報、異なる視点をそれぞれがもっているか?

エンゲージメント回復にとって重要な「相互に影響を与え合う関係」とは?

上記の3つの問いすべてに「はい」と答えることができるなら、相互に影響を与え合う関係を築く力がある。

メンバーの高いエンゲージメントを維持しようとしているリーダー、メンバーに再び熱意をもって仕事をする選択をしてもらおうとしているリーダーにとって相互に影響を与え合う関係がなぜ重要か? それには重要きわまりない理由がいくつかある。

リーダーは自分や組織の考えを押しつけても、メンバーにエンゲージメントを取り戻すように説得することはできない。そのためには対話が不可欠である。

リーダーは、今起きていることについて、メンバーが心を開いて正直に自分の認識を話せるようにしなければならない。今の変化がメンバーに及ぼす個人的な影響についても安心して話せるようにする必要があるのだ。メンバーがあなたと目的を共有していると思わなければ、あなたがメンバーのことを最優先に考えていなければ、メンバーが心を開いて、今の状況についての見方を正直に話してくれることはない。

メンバーが再びやる気を出すという選択をするために最も役に立つ情報は、メンバーのほんとうの考えを理解していないリーダーには、とうていもちえないものである。

強すぎる影響力と弱すぎる影響力の弊害

「相互影響」とは、その名のとおり、リーダーの他者に対する影響力であり、逆に他者からも影響を受け入れる意思である。

このバランスが崩れることがある。私たちはリーダーシップ・チームと仕事をしながら、その典型例を見てきた。

チームのリーダーが権限と地位を利用してチームに影響を及ぼしすぎると、そのうちチームはノーと言いたいときにもイエスと言うようになる。チームは仕方なく口をつぐむが、リーダーはそれを容認と解釈する。容認どころかチームはものを言えなくなっているというのに。リーダーの強い個性があるがためにチームは従う。チームのメンバーは首ふり人形になってしまうのだ。

会議が終われば、この首ふり人形のメンバーが内輪で意見を交わすだろう。「ほんとうはこのように言うべきだった」とか、「会議で決まったことに気乗りしない」とか、「あのリーダーには失望した」とか、そんな意見が出ているはずだ。一方、リーダーは「自分の言いたいことが伝わって、同意を得た」と思い込む。

チームがリーダーに影響を及ぼしすぎる場合もある。もしそうなら、リーダーはチーム・メンバーの望みに黙って従うしかないと感じ、そのうちノーと言うべきときにもイエスと言うようになる。この力関係が続くと、リーダーは決定するという役割を失い、ものを言えなくなる。

チームが成功する鍵は相互の影響力だ。チームをリードするときは、次の問いを考慮しよう。

・それぞれが相互利益を共有しているか？
・それぞれがよく話を聞いて互いを知り、理解しているか？
・リーダーのチームに対する影響力とチームのリーダーに対する影響力のバランスがとれているか？

10歳の息子が教えてくれた相互影響についての教訓

トムは「相互影響」の重要性をまったく思いもよらない形で痛感することになった——当時10歳だった息子に教えられて。トムの話を紹介しよう。

当時の私は全世界にくたくたにされているかのような日々を過ごしていた。そんなある日、私は仕事を終えて帰宅した。家にたどり着き、靴を脱ぎ、腰をおろし、犬をなで、くつろぐ。それ以外は何もしたくない状態だった。

しかし、まさか「お父さんが帰ったらお灸を据えてもらいます」といった状況が待ち受けていようとは思いもよらなかった。「あれをした、これをしなかった」と息子の行状をいろいろ聞かされ、しかも言うことを聞かないとあっては、私が息子に話をしないわけにはいかなくなった。そして、静かに廊下を歩いて、息子と一緒にベッドに座り、理想の父親もしくはコーチ風に息子の過ちを諭すのではなく、疲れ切った親がやりがちなことをやらかした（自慢しているわけではない）――キッチンに立って、「部屋から出てこい！」と息子を怒鳴りつけたのだ。そこから、「おまえの責任感のなさ、言うことを聞こうとしない態度にはがっかりだ」とまくしたてはじめた。

息子は廊下に立って、両手を腰に当て、「怒鳴る必要はないよ」と言って部屋に戻った。最初はピリピリしていた程度だったが、一連のやりとりで私はすっかり腹を立てていた。しかし、何と言っても私はこの道のエキスパートなのだから、すばやく状況を分析して、2つの結論を出した。「息子は明らかに私の話を聞いていない」し、「私が本気だと思っていない」と。もちろん、それに対する解決策は声を張り上げて嫌味を言うことだった。

そうして私は「なるほどね、おまえはこれをやらない、あれもやらない、父さんがそのことを話そうとすれば、まともにとりあわないってわけだな？」とわめきたてた。

さすがに今度はわかるだろうと確信していたら、息子はまた部屋から廊下に出てきて、こう言った。「とりあわないわけじゃないよ。怒鳴られるのが嫌なだけさ」。そしてまた部屋に戻った。

腹を立てていた、というのは控えめな表現だろう。私は改めて気を鎮めて、息子と話ができる状態になるまで、なぜ自分はこうも怒っているのかと考えはじめた。理性感情行動療法のトレーニングを思い出して、「自己対話」をチェックし、こういう強い感情的な反応の原因になっている私の信条は何なのか、こういうやり方で状況を処理するに至った私の意図は何なのか自問した。

私の信条の1つは「息子に行儀のよい子になってほしい」ことだと自覚したが、その時点で息子はそうではなかった。それに「父子の関係を悪くするのではなく、その絆をより強くする方法で息子を正すのが私の仕事だ」とも信じていた。そのことを考えれば考えるほど、自分が望むことを実現するのにはほど遠いふるまいをしていると悟った。そう気づいてようやく気持ちが落ち着き、自分のやり方を見直せるようになった。

さて、この話の結末を知りたいという読者のために申し上げると、トムはそれから気を鎮めて、息子との問題を解決した。

それはさておき、この父子のやりとりから、私たち2人は相互影響とは何かを考えるようになった。私たちが最初にしたことは、この一件でトムをあれほど憤慨させた信条を振り返ることだった。次に、当時のトムが息子の意図は何だと思っていたかを話し合った。トムが感じていたのは、「息子は失礼な態度をとっており、自分の行動に責任をもつのを避けている」ということだった。

やがて私たちの思考に突破口が開かれた。トムの息子について、別の見方で考えることもできるのではないかと思い至ったのだ。

「息子の意図が、失礼な態度をとり責任を避けることではなく、トムと同じだったと考えたらどうなるだろう？——父親によい父親になってもらいたかったが、その時点で父親はそうではなかった。それを父親にわからせるにはああするしかなかったと考えたら？」

私たちは10歳の子どもがそう考えるほど成熟しているとか、洞察力があると思っていたわけではない。だが、実はそうだったとしたらどうだろう?

相互影響の概念を理解し、受け入れると、地位、肩書、組織階層のレベルの違いは人間関係で最重要なことではないとすぐにわかる——多少の違いはあるにしても。こう自問してみよう。

「同じ目的を共有していると本気で思っているか?」

「心から互いを気遣っているか?」

「互いの助けになる情報をもっているか?」

3つの問いすべての答えが「はい」なら、その情報を双方が望むものを手に入れやすくする形で共有できるようになる。

相互に影響を与え合う関係を信じることは〝エッセンス〟の領域である。なお、相互影響の〝フォーム〟面を円滑にする協働を大切にするコミュニケーション・スキルはあとの章で紹介する。

本章のまとめ

人をやる気にさせるリーダーもいれば、人のやる気をそぐリーダーもいる。それは第1にリーダーが自らのエネルギーをいかにうまく管理するかにかかっており、第2に自分がリードする集団のエネルギーをいかにうまく総動員し、集中させ、注ぎ込み、補充するかにかかっている。

トムが率いるウィルソン・ラーニング ワールドワイドは、「リーダーシップの目的は、価値と成功を生み出すために、人を全力で打ち込ませることだ」と提唱している。そのための手段が、本書の3～7章を構成する5要素に組み込まれている実践である。組織をどう率いるかで成功が決まると言えるだろう。

組織のふるまいは、根本的には模範となるリーダーのふるまい次第である。

リーダーとして、あなたにはリーダーシップの道案内となる羅針盤が必要だ。その第一歩は、自分自身を理解すること、リーダーとして自分は**どうありたいか**を理解することだ。そして次は、**何をするべきか**――人を自力では行けないであろう場所に導けるふるまいや行動

らない。

次章以降の5つの章では、地位の力や権限によってではなく、リーダーのあり方を示すことによって何をするかに焦点を当てる。組織のエンゲージメントを取り戻すには、あなたが模範の力を示し、開拓者《パスファインダー》にも執事《スチュワード》にもなり、勇気を示し、相互影響を実践しなければならない。

サービスマスターズ社の元会長、C・ウィリアム・ポラードは、リーダーシップの役割をすばらしい言葉でまとめている。

「リーダーの方、お立ちいただけますか？　社長や一番立派な肩書きの人ではなく、手本になる人です。一番給料の高い人ではなく、リスクを負う人です。一番大きい車に乗っている人やオフィスが一番大きい人ではなく、奉仕者《サーヴァント》のように働く人です。自分を売り込む人ではなく、人のプロモーター役をする人です。管理者ではなく、先駆けとなる人です。奪う人ではなく、与える人です。話す人ではなく、聴く人です」

これこそが組織で働く人を引きつけるものだ。

次章では、エンゲージメントの5要素の1つ目、「未来の可能性」について探究する。

第3章

「未来の可能性」——組織と自分の未来に希望を抱かせる方法

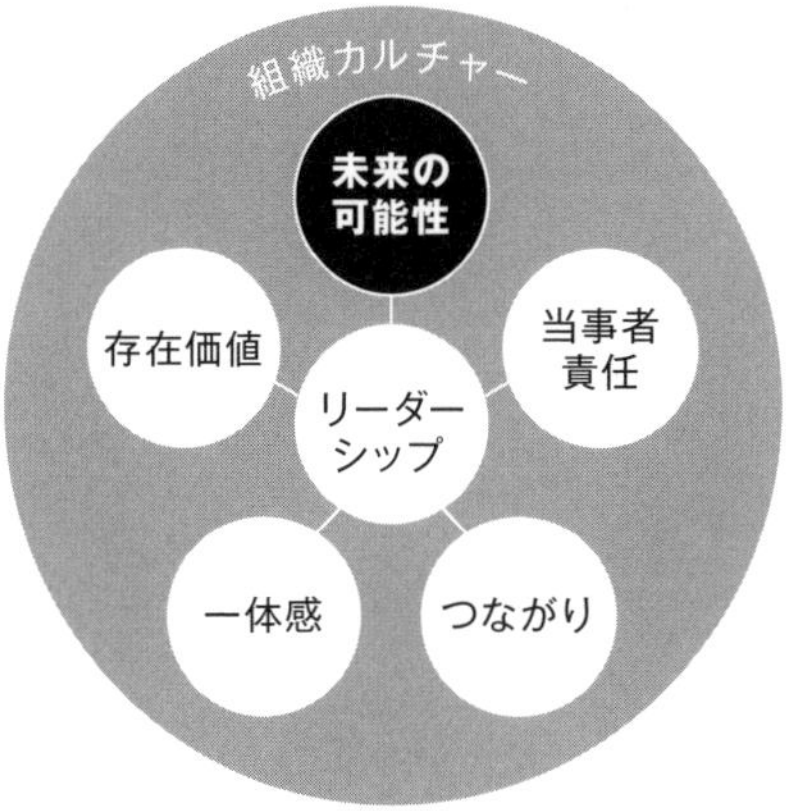

エンゲージメントは、従業員が何か重要なものの一部だと感じるとき、自分たちのしていることに目的があると感じるとき、自分たちの目的と組織の方向性をはっきり結びつけることができるときに生まれる。エンゲージメントは、従業員が何かを信じるときに始まる。

「未来の可能性」がなぜ、重要なのか？

第1章で企業事例としてアヴコー・テクノロジーズを紹介した。同社従業員の喪失体験のなかでも特に目立ったのが、未来の可能性にからむことだった。

ほとんどの従業員が以前の社風で生き生きと働いていた。それは自分たちの仕事に目的があり、前途有望だと感じられる社風だった。従業員はさまざまな機会に関与できることに張り切っていた。そんな未来への期待感が失われると、従業員のエネルギーも失われた。あの気持ちを他の組織でまた見つけようと、たくさんの従業員が去っていった。

何年か前、私たちはマサチューセッツ州の大手保険会社と仕事をする機会があった。コネチカット州の同業社を買収した企業だった。買収された側の企業は市場シェアが著しく低迷して廃業の危機に瀕しており、健全な企業による買収は理想的な解決策に思われた。

買収の結果、被買収側でかなりのリストラをすることになるのは両社ともよく承知していた。サービスの多くは買収側の既存のビジネスモデルに統合できるからだった。問題になったのは、差し迫った経営合理化のための最良の方法は何かということだった。

まず手厚い解雇手当を提示して、コネチカット在住の従業員が何人くらい自主退職するか把握するという決定がなされた。もし自主退職者数が十分集まらなかった場合は、買収側が正式なリストラに着手することになった。目標は約400人の労働力を削減することだ。

買収側は、買収前にコネチカット在住の従業員を取り巻いていた事情について把握していなかった。従業員たちは「会社に未来がない、倒産するのは時間の問題だ」という心情にあって、会社の未来への希望を失っていたのだ。買収のニュースに幾分はエネルギーを取り戻すようにも思えたが、彼らにとっての目下の現実は、多くの従業員が失業するだろうことだった。

買収側が解雇手当の条件を提示したとき、約600人が自主退職を選んだ。結果として会社は、当初の想定とは反対の問題に対処しなくてはいけなくなった。退職希望者が多すぎたのだ。残りたい従業員はわずかだった。両組織が受けたダメージは大きく、また、財務的にも高くついた。

従業員たちは、退職すれば手厚い解雇手当を受け取れるが、残っても希望はないに等しく思われた。そのため、多くの従業員は残るよりも退職を選ぶことに納得していた。あえて残ることを決めた従業員は、正しい決断をしたのかどうかわからなくなり混乱した状態となった。そして多くの場合、仕事に打ち込むよりも、会社と距離を置くことを選び、様子を見る態度をとった。さらに、残った従業員には、仕事量は増えているのに人員数は減るという〝見返り〟が追い打ちをかけた。

この事例から何を学べるだろう?

変化を推進しているリーダーが移行期をうまく乗り切るには、現実を伝え、自分の支持者たちに気を配らなければならない。その方法に関してはさまざまな考え方がある。

ジョン・コッターは、著書『企業変革力』(日経BP)で、組織がめざす変化について危機感やモチベーションを醸成するという話をしている。それを達成する手法は基本的に2つあって、「問題を語る」か、「希望を語る」かである。保険会社の事例では、ほとんどの従業員が「問題」しか聞いていなかった。

危機感とモチベーションを醸成する①:「問題」を語る

「問題を語る」というのは、主に組織の現状のうまくいっていない点に焦点を当てるということだ。たとえば、財務業績の不振、競争の激化、営業経費の高騰、迫り来る経営の悪化などを論点にすることになる。コッターは潜在的な脅威を特定し、事態の重大さと将来起こりそうなことを示すシナリオを作成せよと言っている。

また、ダリル・コナーは、著書『Managing at the Speed of Change: How Resilient Managers Succeed and Prosper Where Others Fail』(未邦訳)で、従業員をやる気にさせて必要な変化を受け入れてもらう手法の表現として「燃えるプラットフォームに立つ」という言葉を用いている。

この言葉の背景にあるエピソードは、死亡者数で史上最悪の海底油田事故とされる、1988年に北海のスコットランド沖で発生したパイパー石油プラットフォーム火災が基になっている。そのエピソードを紹介した目的は、差し迫った危機のため、現行路線を続ければビジネス環境が悪化する可能性が高いから、行動しようと従業員を激励する手法を示すことだった。組織の現状の問題をさらけ出せば従業員が発奮して変化を受け入れるだろうという考え方だ。

ノキアの前CEO、スティーブン・エロップはノキアの状況を説明するメモを書いたことがある。最近のエピソードではないが、燃えるプラットフォームの〝アナロジー（比喩）〟を用いて危機感や行動の緊急性を明確にする手法がよくわかる例だ。ノキア社員に向けたエロップのメモの一部をここに掲載する。

北海の石油プラットフォームで働いていた作業員にまつわる核心をつく話があります。ある晩、彼は大きな爆発音で目を覚ましました。その爆発で突如、石油プラットフォーム全体が火の海になりました。一瞬のうちに彼は炎に取り囲まれました。煙と熱に阻まれながら、どうにか混乱から脱出してプラットフォームの端にたどり着きました。そこから見下ろすと、見えるのは暗く、冷たい、不吉な大西洋だけでした。

炎が迫りくる状況で、決断に残された時間は数秒しかありません。プラットフォームにとどまり、必然的に燃えさかる炎に飲み込まれるか。それとも、30メートル下の凍てつく海に飛び込むか。彼は「燃えるプラットフォーム」の上に立っており、困難な選択を迫られたのです。結局、飛び込むことに決めました。

普通の状況なら、氷のように冷たい海に飛び込むなんて決して考えたりしないでしょう。しかし、これは普通の状況ではありませんでした。自分のいるプラットフォームが燃えているのですから。そして彼は、海に転落したにもかかわらず生き延びました。救出されてから、「燃えるプラットフォーム」のおかげで自分の行動に大転換が起きたと書き留めています。

わが社もまた「燃えるプラットフォーム」に立っています。どう行動を変えるか決断しなければなりません。この数か月、株主、オペレーター、デベロッパー、サプライヤー、そして従業員のみなさんから私が聞いたことを社内で共有してきました。今日これから、私が学んだこと、確信するようになったことを話すつもりです。

私たちは「燃えるプラットフォーム」に立っていることを私は学びました。しかも爆発は1回にとどまりません――わが社が巻き込まれた燃えさかる火をさらに煽っている、焼けつくような熱のスポットがいくつもあります。

たとえば競合他社から、予想よりはるかに急速に猛烈な熱が押し寄せています。アップルはスマートフォンの意味を問い直し、クローズドだが、きわめてパワフルなエコシステムにデベロッパーを引きつけることで市場を揺さぶりました。2008年、アップルの300ドル以上の価格帯の市場シェアは25％でした。2010年にはそれが61％に上昇しました。アップルは大いなる成長カーブの恩恵を受けて、2010年第4四半期には前年比78％の増収でした。デザインがよければ、消費者はユーザー・エクスペリエンスにすぐれた値段の高い携帯電話でも購入し、デベロッパーはアプリケーションを開発するということをアップルは立証しました。アップルはまさに、〝ゲームを変えた〟のです。現在アップルはハイエンド機種の市場を手中に納めています……。

競合他社がわが社の市場シェアに炎を浴びせたとき、ノキアに何が起きたでしょうか？　私たちは遅れをとり、大きなトレンドを見逃し、時間を浪費しました。当時、わが社は正しい判断をしていると私たちは考えていましたが、今となっては、もはや何年もの遅れをとっています。最初のiPhoneは2007年に出荷されたのに対して、わが社はいまだそれに匹敵する製品を出していません。アンドロイドが登場したのはわずか2年ほど前ですが、今週、スマートフォン売上額で首位だったわが社の地位がアンドロイドに奪われました。信じがたいことです。

エロップはノキア自身のイノベーションの例をいくつか挙げ、しかし、それらを市場に投入するタイミングが遅れ、2011年末までに市場に出す用意ができている製品は1つしかないと述べた。別の製品を開発したが競争力がないと判明したことにも触れた。エロップは後にこう述べている。

「わが社は市場シェアを失い、マインドシェア（消費者の認知度）を失い、時間を失いました」

エロップが次に指摘したのは、格付け機関であるムーディーズやスタンダード&プアーズがノキアの競争力に対する懸念から評価を大幅に下げる可能性があることだった。

「いったいどのようにして、わが社はここに至ったのか？」
「取り巻く世界が進化しているときに、なぜわが社は遅れをとったのか？」
これこそ私が理解しようとしてきたことです。少なくともその一部はノキア社内の私たちの姿勢が原因であると私は思います。私たちは足元の燃えているプラットフォームにガソリンを注ぎました。

私の考えでは、会社の方向性をそろえて波乱の時期を切り抜ける責任とリーダーシップが欠けていました。わが社は立て続けにミスを犯しました。イノベーションは遅きに失し、社内に協働があるとは言えませんでした。

ノキア、そう、私たちのプラットフォームが燃えているのです。

私たちは前進の道を探っています――市場のリーダーシップを再建する道です。2月11日に打ち出す新しい戦略は、わが社を変容させるための多大な努力が必要なものになるでしょう。しかし、私たちは一丸となって待ち受ける課題に立ち向かえると私は信じています。一丸となって自分たちの未来を決める選択ができるはずです。

燃えるプラットフォームの上にいることに気づいた作業員は、プラットフォームが燃えているからこそ、行動を変え、大胆かつ勇敢に未知の未来に踏み出しました。彼は生還して自分の体験を語ることができました。今、私たちは同じことをする大きなチャンスをつかんでいます。

あなたが聴衆としてエロップのスピーチを聞いているとしたら、どんなことが頭をよぎるだろう?

問題に焦点を当てることは従業員を引きつける方法だろうか? それは、状況次第だ。

第1に、「燃えるプラットフォーム」のシナリオを作成することは、現実味のある事実に基づく情報が根拠なら効果的な戦略だ。感情的な推測に基づくとか、操作された情報を利用して組織が今直面している現実の厳しさをでっちあげるなら、この〝アナロジー〟は効果的ではない。

第2に、「燃えるプラットフォーム」のシナリオは危機感を醸成するが、従業員に自分たちは解決策の一部ではなく問題点の一部だと思わせてしまう可能性もある。その結果、従業員がやる気を失うかもしれないし、あのシナリオは自分にとって何を意味するのかといぶかるかもしれない。

第3に、「燃えるプラットフォーム」が大げさなら、組織にとどまって組織の変化に貢献するより、もっとよい状況や機会を求めて離職する人が出るという結果を招くかもしれない。

私たちは、「燃えるプラットフォーム」のシナリオを使うことはお勧めしない。事例として挙げた保険会社は、手厚い解雇手当を提示したときに、図らずもそのシナリオを書いてしまった。一般に「燃えるプラットフォーム」のシナリオはかなり大きな、意図せぬ結果を招く。それは適切な状況ならばよい戦略だが、従業員がシナリオをどう読むかによって、リスクを伴う。問題に焦点を当てる手法は、従業員を引きつけるよりも、従業員の心が離れてしまうことが多い。

危機感とモチベーションを醸成する②：「希望」を語る

コッターは、変化を成功させるには、企業のマネジメント層の75％が変化に賛同する必要があると述べている（私たちなら、この割合は従業員にも当てはまると言うだろう）。問うべきは、「主として現在の問題ではなく将来の機会に焦点を当てることによって危機感を醸成できるか？」だ。その答えは「絶対できる」だと私たちは信じている。
ここに「未来の可能性」の要素が関わってくる。組織を対象にした私たちの調査から次のことが言える。

完全なエンゲージメントに最も寄与するマインドセットは、「現実的な楽観主義」――望ましい結果や解決策をめざして前向きに仕事をすること――である。

従業員は未来を信じ、その未来が自分に腑に落ちるものなのかを理解する必要がある。自分のエネルギーを組織に注ぐには組織の可能性を知る必要があるのだ。変化のそれぞれにはっきりした理由があれば、従業員がエンゲージメントの維持または回復を選択する見込みが高まる。

問題を正しく共有するための「現実的な楽観主義」とは

「現実的な楽観主義」とは、組織の今の現実に関連した問題を正直に共有することであり、何よりも重要なこととして、希望を感じる未来をどのように創造するかに焦点を移すことだ。

エンゲージメントを取り戻す鍵は、前向き、かつ現実的に未来の可能性を信じられるようにすることである。

組織の未来の可能性を強化するために、経営層は現実的な楽観主義のメッセージを発信しなければならない。現実的な楽観主義は、存在する問題を口当たりよくごまかすことではない。問題に焦点を当てるのをやめて、組織がどこへ向かうべきか、経営層が何を達成したいのかを楽観的にとらえる意識を醸成することだ。

ノキアの事例では、エロップがそれを行ったのは最後の締めくくりのみであった。

私たちは前進の道を探っています——市場のリーダーシップを再建する道です。2月11日に打ち出す新しい戦略は、わが社を変容させるための多大な努力が必要なものになるでしょう。しかし、私たちは一丸となって待ち受ける課題に立ち向かえると私は信じています。一丸となって自分たちの未来を決める選択ができるはずです。

燃えるプラットフォームの上にいることに気づいた作業員は、プラットフォームが燃えているからこそ、行動を変え、大胆かつ勇敢に未知の未来に踏み出しました。彼は生還して自分の体験を語ることができました。今、私たちは同じことをする大きなチャンスをつかんでいます。

この締めくくりを聞く頃までに、問題の詳細に圧倒されるノキア従業員もいることだろう。そうだとしたら、もはや未来の可能性のメッセージは聞き入れたかは疑わしい。

現実的な楽観主義のメッセージを準備する——「未来の可能性」を語る方法

現実的な楽観主義のメッセージを準備する最も基本的な方法は、次の問いに答えることだ。

・未来を見据えたとき、何が最も心配か？
・未来を見据えたとき、何が最もわくわくするか？

この２つの問いを逆にしないこと。第２の問いから始めてはいけない。２つの問いの内容のバランスをとり、特にこんなすばらしい未来があるという点を強調しよう。この２つの問いに対する答えから、現実的な楽観主義のシンプルなメッセージを書く。それは、あなたの特定の支持者にとっての肯定的な未来像を描くものだ。

メッセージは従業員にとって現実味のあるものにしなければならない。単に根性論でたきつけたり、「私たちは偉大な存在になるだろう」といった根拠ないメッセージでは意味が無い。経営層やリーダーは、従業員に対して彼らや会社が置かれている現実をはっきり述べる責任がある。リアルでなくてはならない。それこそ従業員が望むことだ。

問題があると誰もが知っているのに肯定的なイメージしか提示されていないと、経営層やリーダーが従業員たちを欺《あざむ》こうとしているかのような印象を与えかねない。

現実的な楽観主義がもつ力

あるサービス産業のグローバル企業と仕事をして、現実的な楽観主義の力を実感する機会があった。かつて同社は、広く認知された製品やサービスと強固な顧客基盤をもち、勤続年数の長い従業員も多く、業界の市場リーダーだった。何年も連続して成長と利益を享受した。

しかし、リーマン・ショック以降、同社の顧客は大幅に予算を削減するようになった。同社との契約は顧客にとって真っ先に削減する対象で、経済が持ち直しても、契約復活は一番後回しにされた。

同社経営陣は、ビジネスを成長させることから、失敗しないことに比重を移行してこの苦境に対応した。投資は縮小、従業員はリストラし、営業部隊にかかる成績のプレッシャーは増加した。収支決算も赤字に転じ、事業の発展に貢献してきた勤続年数の長い有能な従業員の多くが退職した。こうしたことが積み重なった結果、同社は〝プラグ抜け状態〟のエネルギーを失った組織になってしまった。私たちが本社に入っていくと、過去の大きなエネルギーは見る影もなく、オフィスは遺体安置所のような雰囲気だった。

私たちはすでに重役レベルより下のリーダーシップ・チームとの仕事には取りかかっており、組織のエンゲージメントを取り戻す方法を模索していた。しかし、そのリーダーたちに会ったとき、彼らこそ不満の震源地だということがわかった。本人たちはまだ会社を気にかけていると言うものの、とにかく欲求不満をため、疲れきっていた。リーダーたちが最初にやりたがったことは、経営陣が招いた損害に対する欲求不満のガス抜きだった。そしてリーダーたちはガス抜きを終えたら、会社再建のためにできることに集中すると合意した。

私たちは、リーダーたちに現実的な楽観主義に関連する次の2つの問いに答えてもらうことにした。

・未来を見据えたとき、何が最も心配か?

・未来を見据えたとき、何が最もわくわくするか?

第1の問いに対する答えは、リーダーたちの懸念、そして従業員全体の懸念と一致していた。それは、もし何も変わらなかったら、会社はあと数年で倒産するのではないかという不安だった。その真偽はともかく、彼らはそれが不安だったのだ。

第2の問いに対する答えから、さまざまな肯定的なことも進行中であり、発奮材料も少なくないことがわかった。しかし、「会社倒産の不安のせいで期待感もしぼんでしまう」とリーダーたちは打ち明けた。そこで、自分たちの足元にあるのは「燃えるプラットフォーム」だと感じるにしても、それに焦点を当てるのをやめようと決意し、「希望を語る」ことにした。

この2つの問いに答えることで、リーダーたちは「どうやって会社を救うか?」という大きな問題を、もっと小さい、もっと対処しやすい行動に分解して考えられるようになった。将来への懸念を部下と共有できるという自信、市場に変化を起こす可能性がある取り組みにもう一度部下のやる気を引き出せるという自信もついた。

リーダーはそれぞれに自分が持つ重要なピースを見つけ、そのアイディアを自分個人の領域で実行するアクションプランを作成した。その結果、リーダーたちは部下に再び活力を与え、ともに未来を創造していった。

未来志向をつくる「現実的な楽観主義」を実現するための4つのポイント

組織が未来に意識を向けるには、いくつか実践すべきことがある。未来への意識は、実感した希望への意識とも言える。実践すべきことの例を挙げておこう。

明確なビジョンをもつ

「ビジョン・ステートメント」は時に企業の未来像と呼ばれるが、それ以上のものだ。ビジョン・ステートメントは、リーダーシップのインスピレーションであり、望ましい未来の状態をめざして進むために必要な目標設定の枠組みになる。

リーダーがビジョン・ステートメントを作成するとき、組織に対する自分の夢や希望を明言することになる。そうすることで従業員に自分たちが何を築こうとしているのか、どうなろうとしているのかを思い出してもらうことができる。しっかりしたビジョンは賛同を得られるものだ。大手建設会社とのビジョン作成セッションで、会社のビジョンを作成する第一歩として、私たちは経営幹部チームとゼネラル・マネジャーたちにこう問いかけた。

「5年後の自分たちを想像して、次の問いに答えてください」
・業界でどんな評価を得ているか?
・どんな顧客を得ているか?
・顧客にどんな会社だと認識してもらっているか?
・顧客とどんな関係を築いているか?
・その仕事をなぜするのかと問われたら、私たちはどんなふうに答えているか?
・顧客はどんな製品やサービスを使っているか?
・従業員の質はどうなっているか?
・従業員は仕事にどう取り組んでいるか?
・「スマートワーク」という働き方はどんなものか?
・どんなイノベーションが起きているか?
・会社の財務報告書はどうなっているか?

私たちは、経営幹部チームとゼネラル・マネジャーたちの答えをビジョン・ステートメント作成の枠組みとして利用した。結果的に、この方法はとても効果的だとわかった。第1に、1人の経営者だけでなく複数のリーダーやマネジャーが関与した。第2に、小グループ単独で出す意見より何人もの意見が集まったほうが洞察に富んでいた。第3に、個人それぞれの責任意識とエンゲージメントが高く、参加者は未来づくりに貢献したような気持ちになった。

ビジョン・ステートメントが従業員の情熱をくみ取り、従業員に自分たちも未来の一部だと感じさせるものであることが大切だ。

使命感を醸成する

「ミッション・ステートメント」とは、組織の目的の宣言――何をするために存在する企業なのかを世の中に広く発表するものだ。従業員は自分の仕事の意味を知りたいと思うものだ。

たとえば、コートヤード・バイ・マリオット社のミッション・ステートメントは、「経済性と質を求める旅行者に一流ながら手頃な料金の宿泊施設を提供することであり、宿泊施設は清潔で快適、メンテナンスが行き届き、魅力的、そして親しみやすく、気配りがあり、有能なスタッフが配置されていると一貫して認められるものであること」である。

このミッション・ステートメントは効果的と言えるだろう。

なぜなら、コートヤード・バイ・マリオットの主な顧客層を特定し（経済性と質を求める旅行者）、どんなホテル・チェーンかを説明し（一流ながら手頃な料金の宿泊施設）、何を提供するかを明言しているからだ（清潔で快適、メンテナンスが行き届き、魅力的、そして親しみやすく、気配りがあり、有能なスタッフが配置されている宿泊施設）。

個人の目的意識を醸成する

『ときどき思い出したい大事なこと』（サンマーク出版）の著者、ディック・ライダーは、目的を人の「存在理由、人生の目標」と定義している。ライダーは、目的をもつことは意義ある人生の基盤だと考えている。目的意識をもてば、従業員はわが事として責任をもって仕事に取り組める。目的意識によって、「何か持続的な価値を創造している」こと、言い換えれば、「何か世の中に付加価値を生み出していると実感する」ことを体験する。

個人の目的意識を確立する大切さについて、もっと説得力のある理由を知りたければ、サイモン・シネックが書いた『WHYから始めよ！　インスパイア型リーダーはここが違う』（日本経済新聞出版）を読んでみるといい。世の中に大きな影響を与えたリーダーたちを調査したシネックは、みながまったく同じように考え、行動し、コミュニケーションをとっていることに気づいた。しかも、そのコミュニケーションの方法は、他の人たちがしていることとは正反対なのだ。

シネックの見解では、リーダーが組織の存在理由ではなく、組織が「何を」「どうするか」にばかり重点を置くと、情熱が減り、ストレスは増える。「なぜ」を伝えることが、信念でつながりあうためには必要なのだとシネックは主張する。「なぜ」を伝えることが「存在の目的」の意識を醸成するのだ。

組織の目標を設定する

組織の目標は、ビジョン、ミッション、戦略を達成する方法を示すものだ。また、誰でも組織の現状を評価できるように、より具体的な評価基準を提供するものでもある。さらに、従業員の「私たちは何を求められているのか？」という問いに答える場合にも目標が役に立つ。目標については第4章で詳しく述べることにする。

現実的な楽観主義と戦略開発

企業を前進させるための戦略を探るとき、「現実的な楽観主義」は一定の条件を満たさなければならない。従業員の視点からは、次の3つが条件になる。

1　その戦略はよい考えか?
2　その戦略を現場は実行できるか?
3　その戦略はリソース面で実現できるか?

従業員もマネジメント層も、自分が求められていることを信じる必要がある。従業員の大多数がよい考えであると思う戦略でなければ、その戦略は何らかの抵抗か様子を見る姿勢によって、その実施が阻まれる可能性が高い。

時には、従業員が戦略を「よい考えだが、実行できない」と内心思うことがある。時間、必要な専門能力、複雑さなどの理由で戦略が達成されるとは思えない場合、従業員はその実行可能性を疑問視する。組織内の十分な割合の人たちが実行できる戦略だと思わないと、エンゲージメントはせいぜい服従まで、すなわち、進んで従うか、しぶしぶ従うか、従うふりをするかのいずれかになる。

時には、よい考えだし、実行できる戦略だが、実現不可能なことがある。お金やリソースがなくて実行が妨げられる場合、マネジメント層や従業員はその実現可能性を疑問視する。

3つの問いのうち、どれか1つに答えが出ないか、どれか1つが懸念材料として残ると、従業員がエネルギーを保留することを選ぶか、しぶしぶ従うのがせいぜいという状況に陥りやすい。

私たちが参加した薬学関係の会議の話をしよう。その会議で、あるリーダーが新しいサプライチェーン・プロセスを管理職たちに紹介した。

プロセスのプレゼンテーションは、参加者にとってはあまりに詳細で込み入っていたようだ。リーダーが提案するプロセスのプレゼンテーションを終えたとき、部屋の従業員たちのエネルギーはわずかしかなかった。

私たちは参加者に対して簡単なアンケートを実施することを申し出て、3つの評価項目に1から5までの点数をつけるアンケートを作成した。1が低評価、5が高評価だ。第1の評価項目は「この戦略がよい考えだと思いますか?」、第2の評価項目は「この戦略を現場は実行できると思いますか?」、第3の評価項目は「この戦略はリソース面で実現可能だと思いますか?」である。

おもしろい結果になった。参加者の大多数が「よい考え」に3~4点、「実現できる」に4~5点をつけた。そして「実行できる」には、1~2点をつけた。プレゼンテーションを聞いた従業員は複雑さに当惑していたのだ。

もしこのリーダーが、「プレゼンを聞いたのだから、これでもう全員が同じ方向に向けて動き出してくれるだろう」と思ったとしたら、プロジェクトはあっさり失敗していただろう。なにしろプロセスを実行しなければならない当人たちのエネルギー発揮度合いが「ない」も同然なのだから。

私たちはアンケートの結果をチーム全体と共有した。従業員の協働によって、提案されたサプライチェーン・プロセスは現場にとって、もっと実行可能なものになった。リーダーと参加者が詳細をつめると、エンゲージメントは大幅に向上した。

現実的な楽観主義のカギを握る「コミュニケーション」のとり方

先に述べた実践すべきこと（ビジョン、使命感、個人の目的意識、組織の目標）に注力することが現実的な楽観主義の意識を醸成するのに不可欠ではあるが、エンゲージメントを高めるには、それで十分というわけではない。リーダーが、醸成したものをどう伝え、どう使うか。それが醸成したものそのものと同じくらい重要だ。私たちがその重要性を痛感した事例を紹介しよう。

マイクロチップ製造市場をリードするハイテク分野の大手グローバル企業と仕事をしたときのことだ。同社は、コンシューマー・エレクトロニクス市場に向けてまったく新しいテクノロジーを創造するというミッション（使命）を掲げて新部門を立ち上げた。

そのトラブルが発生したとき、新部門はまだ研究開発の段階だった。新部門は、きわめて重要な付加価値の高いエンジニアの離職率が高まるという経験をした。社内カウンセラーが職場のカルチャーの調査を実施したところ、職場内の〝ざわつき〟度合いが高く、仕事の満足度が低いことがわかった。私たちは協力を請われ、リーダーシップ開発イニシアチブと呼ぶ案件について社長（ボブ）と経営幹部チームの相談に乗った。私たちが最初にしたことの1つは、多面評価の実施だった。その結果、従業員の最大の懸念は「具体的なビジョンを抱くこと」に関連していることがわかった。この結果にボブは悩んだ。というのも、ボブは時間をかけて新部門のビジョン、ミッション、目標の伝達に努めてきたし、どれも明確で説得力があると思っていたからだ。議論を重ねた後、ボブはこう結論を出した。

「どれほどコミュニケーションをとってきたかにかかわらず、とにかく従業員たちはわかっていないようです」

ご想像の通り、ボブはそれを自分のせいだと受け止めていた。

「ビジョン、ミッション、目標のどれかが不明瞭である」「従業員の支持がない」とボブが推論の前提を置きそうな状況ではあったが、さらに調査するとそうではないことが判明した。

新部門の方向性について説明するのはボブばかりで、彼のコミュニケーションはひたすら「新たな試みが組織にとっていかに重要か」という点に集中していた。

プレゼンテーションは基本的に一方通行で双方向の話し合いはなかった。エンジニアたちはビジョンが正しいも正しくないも反応しようがなく、自分が適応できるものか測りかねていた。新しい特別プロジェクトのメンバーに選ばれるのかどうか、利益の多い主流事業からはずされるのかどうか不確かな状態に置かれていたのだ。

ボブがメッセージを繰り返すほど、従業員は耳を傾けなくなった。そのビジョンを「ボブのビジョン」と呼んで揶揄《やゆ》していたほどだ。

この新部門にとって、ビジョン、ミッション、戦略はまさに必要なものだったが、エンジニアたちを新しい方向に導く努力は何もなされていなかった。「一人ひとりの貢献が戦略推進に不可欠だ」とも、「未来を担うのは君たちだ」とも、「閑職をあてがわれるわけではない」ともエンジニアたちに話す経営層は皆無だった。ボブと経営幹部チームは、新ビジョンの力さえあれば従業員はやる気になるだろうと思い込んでいたのだ。

私たちはボブがビジョンの唯一のスポークスマンであることをやめる計画をまとめた。そしてビジョン、ミッション、戦略のコミュニケーションには経営幹部チームにもっと関わってもらうことにした。

上席副社長たちが部門会議を開くようになり、そこで各部門の役目が戦略推進にきわめて重要であることを説明した。上席副社長たちは部下の管理職とともに全従業員との1対1の面談も実施し、それぞれが新計画で果たす役割と、各自の貴重なスキルが組織の成功に貢献することをもれなく理解できるようにした。

その後、こうしたコミュニケーションこそが重要な抜けであったことが明らかになった。組織のビジョン、ミッション、戦略が誤っているわけではなかったのだ。

問題は、従業員にエネルギーと高揚感を与えるのに必要なコミュニケーションの量を、ボブと経営幹部のチームが少なく見積もっていたことだった。従業員は自分も未来の可能性の一部であり、自分の適所があると感じる必要があった。エンジニアたちの離職率はゼロになり、社内カウンセラーからは組織内の〝ざわつき〟が消え、従業員のやる気度が改善したと報告された。

結論を言うと、ボブたちは従業員の支持をとりつけ、組織のエンゲージメントを取り戻したのだ。

先に述べた実践すべきことに加えて、未来の可能性を発展させるためにあと2つ、付け加えておきたい。

次の通り、まだ詳しく書いていなかった基本的なことだ。

・「組織のストーリー」を語る

・「組織化の原則」を確立する

「組織のストーリー」の語り方――めざすべき「タイプ3」とは?

組織との仕事をするとき、最初の打ち合わせが最も興味深いものであることが多い。たいてい時間は限られているが、リーダーシップ・チームのメンバーは私たちにそれぞれのストーリーを語る。つまり、組織内で今起きていることを説明しようとするのだ。私たちが耳にする話は、概ね次のページの図の3タイプのいずれかのバリエーションだ。

タイプ1:危機的状況

経営層がこのストーリーを語るときは、総じて何らかの危機に関心が集中している。その原因はたいてい売上や利益の低下、市場シェアの喪失、希望のない先行きだ。従業員の心に浮かぶ問いは、「わが社は生き残れるのか?」となるだろう。従業員は「燃えるプラットフォーム」に立っていると考え、会社が倒産するか、売却もしくは解体されるかするのも時間の問題のように感じている。このストーリーでは未来の可能性

3つの「組織のストーリー」の語り方

	タイプ1：危機的状況	**タイプ2：次なる組織変革**	**タイプ3：わが社の潜在可能性は？**
従業員の心に浮かぶ問い：	わが社は生き残れるのか？	今度の変革はうまくいくのか？	どこまで成果を伸ばせるだろうか？
心境：	……の問題にすぎない	一時しのぎ	チャンス
戦略の焦点：	経営合理化 営業経費削減 代替シナリオ	プロセス改善 構造改革 「リ（Re）」を冠した変革	成長 遂行 有効性
達成したいこと：	安定	効率改善による競争力の維持	持続可能性 ベストを期待
仕事満足度：	低下	予測できなくなる	健全なまま
人材：	喪失感 退職 心理的な退職	燃え尽き（バーンアウト） エネルギーの保留	完全なエンゲージメント成功

はほとんど語られない。

タイプ1に最も多い戦略は経営合理化、営業経費の削減、現在の戦略が失敗したときに備えた代替シナリオの作成で、どれも主眼は組織の安定、当座の応急処置、マイナス傾向の逆転に置かれている。その目的は日の目を見るまで生き延びることだ。

この戦略は組織にエネルギーをもたらすことはない。安定を図るための行動は「喪失」と認識される可能性が高いからだ。

従業員はおそらくこんなふうに自問するだろう。

・「自分にはどんな影響がふりかかるだろう？」
・「失業しないだろうか？」
・「解雇されたら、どうしよう？」
・「どうやりくりしていけばいいのか？」
・「どこで新しい仕事を探そう？」

従業員は、積極的に関与して下降傾向を逆転させようとするよりも、エンゲージメントを失う可能性が大きい。

喪失体験のせいで仕事の満足度は低下する。従業員は笑顔を失い、そして多くの場合、有能な従業員は退職を決意し、それ以外の従業員は、さらに大きな損害と言えるだろうが、心ここにあらずのまま在職する。組織にエンゲージメントは期待できない。未来への楽観主義をつくり出すのが難しいからだ。長期的な戦略に焦点が当たることはほとんどない。

このストーリーには対処するのが難しい。十中八九、コンサルタントである私たちは協力を要請されない。助言にお金を払うなんてとんでもないと経営層が考えるからだ。本来最も支援が必要な時期ではあるが、「そんな余裕はない」となってしまいがちなのだ。


タイプ1のストーリーに似た状況に身を置いたことはあるだろうか？

ある場合、その組織のエネルギーはどれくらい発揮されていただろうか？

タイプ2：次なる組織変革

タイプ2のストーリーは私たちが最もよく聞く話だ。

企業の経営層との話は、「次なる組織変革について」で始まることが多い。経営層は予想される変化や、すでに起きている変化について話をしたがる。彼らにとって変化は日常茶飯事である。比較的安定した時期が続くことはもうない。そして「不変なのは常に変化することだけ」という考えに落ち着いていく。

このストーリーでは、ほとんどの従業員の心に浮かぶ問いは、「今度の組織変革はうまくいくのか？」である。おそらく大した改善には至らず、不安定さが増すだけの変革をさんざん見てきたのだから、そう疑うのは無理もない。

従業員からすれば、また移行期を迎える。すべてが宙に浮いていて、安定性はないに等しい。取り組みを始めるのは得意だが、やり遂げるとはかぎらないリーダーが多い。リーダーの役目は何かを始めることだと考えるリーダーもいて、取り組みが発表されると、彼らの役目は終わる。

さらに変化が必要な理由はしばしば、既存の変化がきちんと実行されなかったからか、その成果が出るまでの十分な期間が与えられないうちにまた変化が発表されるからだ。こういうシナリオは、〝変化疲れ〟によるエンゲージメント低下が生じる理由の筆頭だ。

取り組みを始めるのは得意だが、やり遂げるとはかぎらないリーダーが多い。

タイプ2のストーリーに最も多い戦略は、プロセスを改善すること、余剰を排除すること、組織構造をいじることに主眼を置いたものだ。こうした効率改善の努力は市場での競争力を維持するか、タイプ1のような危機シナリオに戻らないことが目的だ。

タイプ2の状態にあることを「〝リ（Re）〟の国に住んでいる」と表現した人がいた。どういう意味かわからなくて聞き返すと、彼はこう答えた。

「組織がいつも〝リなんとか〟しているから、〝リ〟の国に住んでいるような気がするんですよ。リストラクチャリング、リプライオリタイジング（優先順位の見直し）、リエンジニアリング、リインベンティング（再発明）……とね。もう聞き飽きました」

このような果てしない取り組みは、先に述べたように、従業員の〝プラグ抜け状態〟やエンゲージメント低下につながる疲労感の一種である。

第1章で述べたように、この波乱のストーリーでは個人のエネルギーが分散する。やることが多すぎるのに、持ち時間が不足して、圧倒され「消耗」してしまうのだ。多くの場合、従業員はエネルギーを「保留」し、「様子見」を選ぶ。変化が頻繁だと、エンゲージメントが長期にわたって失われていく。

タイプ2のストーリーにおける仕事満足度は予測できない。変化を「得ること」と見て受け入れる従業員は、おそらく積極的に仕事をすることを選ぶだろう。それ以外の、変化を「失うこと」として体験する従業員は不満を抱え、おそらく仕事への熱意を失うだろう。

タイプ3：わが社の潜在可能性をどう発揮するか？

タイプ3のストーリーを語るリーダーたちは、組織の可能性や肯定的な未来につながる機会について話をしたがる。経営層のリーダーたちが焦点を当てるのは「どこまで成果を伸ばせるだろうか？」という問いである。そこから可能性や潜在力に関するメッセージが導かれる。

戦略の主眼はビジネスを成長させること、戦略上の取り組みを遂行することに置かれる。効率性よりも、どうすれば組織の有効性が向上するかが焦点になる。利益が堅調で、結果的に組織の存在意義を高めることがさらに重視される。

一般的にもう1つの焦点は持続可能な成功、すなわち激動の時期にも成長し続ける方法である。リーダーたちは従業員がベストを尽くすことを期待し、従業員に〝オールイン（全額勝負）〟を望む。

物事を正しく行う（タイプ2）には効率性が重視されるが、正しいことを行う（タイプ3）には有効性が重視される。

タイプ3では、従業員が個人としても機会を見出せるため、仕事の満足度は高まる傾向がある。人材の定着率は高い。従業員の関心が問題に向かうのではなく機会に向かうため、理想的なエンゲージメントのカルチャーになる。

大手製薬会社の依頼で従業員が離職せずに勤続する理由を調べたことがある。私たちが実施したのは、後に「ステイ・インタビュー」と呼ばれるようになった調査である。

従業員が会社を辞めない理由は、まず「3つのP」、すなわち「プライド（pride）」「プロフィット（profit）」「ポシビリティ（possibility）」だった。従業員が勤続するのは、誰のために働くのかを誇りに思い、健全かつ利益を上げている組織だと見なすからだった。そして、両者がそろうことで従業員の心の中で個人の成長やキャリアアップのさまざまな可能性が広がっていたからだった。従業員が勤続する理由は他にもあるが、「3つのP」は未来の可能性を強化する一例だ。従業員のエンゲージメントが維持されるのは、従業員が可能性と何らかの自分の適所を見出せるからなのだ。

次の問いを考えてみよう。

・あなたの組織はどのストーリーを語っていると思うか?
・そのストーリーはエネルギーやエンゲージメントの水準にどんな影響を及ぼしてきたか?
・あなたの組織はタイプ2のストーリーの永遠の住人だと思うか、それともタイプ3のストーリーを実現するために変わろうとしているか?
・あなたの組織の経営層は、従業員が誇りをもち、組織の成功と収益性を感じ、可能性を感じるように「3つのP」を語れるか?
・あなたならどのストーリーを語りたいか?

3つのストーリーの要点

組織のリーダーシップがタイプ1を避けるためにタイプ2ばかりに傾注したものになると、おそらく組織はそのうちに〝プラグ抜け〟のエネルギーを失った状態になってしまうだろう。

タイプ1と2は、問題解決、現状への対峙、現状を変える試みが中心だ。行動は事後対応になる傾向があり、その結果は何かを修復する域を出ない。肝心なのは、経営層が、変わらなければならないことにばかり集中するのをやめて、創造したいことにも焦点を当てていくことだ。

タイプ2はエンゲージメントのプロセスとして始まることが多いが、長引いたり、繰り返されたりすると、たちまちエネルギーを「消耗」させる原因となる。少しずつ、エネルギーが分散しがちで、従業員が「燃え尽き（バーンアウト）」に陥るか、エネルギーを「保留」するようになり、ついには意欲の消滅に至る。

ほんとうの意味で従業員のエンゲージメントを引き出せるのは、タイプ3だけだ。それは可能性のストーリー、「どこまで成果を伸ばせるだろうか?」のストーリーだ。もし、あなたの組織が今、タイプ2にいるなら、タイプ3に至る手段としては、変革を利用することが重要だ。タイプ2から抜け出せなくなってしまう組織があまりにも多い。それでは従業員は、ピーター・バイルの言うところの「終わりのない急流」の状態に陥ってしまう。

組織としてはタイプ3に移行中か、すでにタイプ3にいる場合でも、その従業員は未だタイプ2にいる、ということもあるだろう。たとえば、組織内の一部の部門が新しいプロセスや従来と異なるプロセスを実施しなければならない場合だ。それはタイプ2のストーリーだが、未来を構想しており、タイプ3の戦略の一環と言える。

組織がすでにタイプ3にいるなら、それを伝え、維持することが重要である。
組織がタイプ3にいないなら、そこに至るために必要なことに集中すべきである。

リーダーがタイプ3のストーリーを語ることができればその分だけ、「現実的な楽観主義」に基づくメッセージが、より高い水準のエンゲージメントとして実を結ぶ可能性は高くなる。

一方、タイプ1かタイプ2のストーリーのせいで従業員がエネルギーを失っているならば、まずは、望ましい結果として現実的なタイプ3のメッセージを伝えることから始めることだ。2つの問い、「何が不安か?」と「何がわくわくするか?」についての考えを話す。次に、タイプ3の主なテーマ、機会、有効性、潜在可能性、持続可能性、「どこまで成果を伸ばせるだろうか?」という問いに集中しよう。

「どこまで成果を伸ばせるだろうか?」と問うだけで、従業員はその答えの探求に向かう。

〝組織化の原則〟を確立する

ボブ・ビュフォードは、著書『Half Time: Moving from Success to Significance』（未邦訳）で、「あなたの箱には何が入っているか？」と問いかけた。ビュフォードによれば、意識しているかいないかはともかく、人は誰でも比喩的な意味で、自分が箱に入れたものを中心に生き方を組み立てているのだ。

私たちは同様の趣旨で「あなたの中心円（サークル）に何がありますか？」と問いかける。たとえば、自分のサークルに成功を入れている人は、成功を達成することを中心に生き方を組み立てている。成功を望めば、まず人が何を決定し、どんな抱負をもつかが変わり、時間の使い方、優先順位、価値観の表明が左右される。

ビジネスにおいても、自らのサークルに何を入れるかを考える必要がある。意識的にせよ、無意識にせよ、サークル内にあるものが組織のエネルギーの原動力になるからだ。

〝組織化の原則〟とは、組織のサークル内に何があるかという意味だ。サークル内には、たいてい、組織が自らを評価する〝モノサシ〟、組織が注意を払うこと、組織が最も話題にすること、組織の行動に最大の影響を与えることを反映することが書き出される。

あなたの組織は、何について最も考え、何に最も注意を払い、何を話題にし、何を成功の主要な〝モノサシ〟にしていると思うか？

たとえば、法律事務所の多くは、〝組織化の原則〟として意識的に稼働率、すなわち支払請求可能な業務時間を選んでいる。その結果、稼働率が評価の対象になり、話題になり、従業員の行動に強い影響を及ぼすことになる。

弁護士に何らかの活動に従事するよう求めたとき、それが支払請求可能な業務時間を稼ぐ妨げになると当人が見ている活動なら、すんなり受け入れてもらえないし、おそらくろくにエネルギーを注いでもらえないだろう。稼働率が、彼らのサークル内にあるものであり、組織のメンバーの行動を左右するものなのだ。

〝組織化の原則〟には、無意識に出現するものもあるが、それでも組織の行動に及ぼす影響は意識的に選択されたものと同じである。コロンビアのボゴタにいる私たちの同僚、アルベルト・ペレス博士が、南米では大手の家族経営レストラン・チェーンと仕事をしたときのことを紹介しよう。アメリカンスタイルの食事が定着していない南米のカルチャーにおいて、いち早くハンバーガー・レストランを展開した企業だった。利用客の大半は家族連れで、すべての客にユニークで楽しい食事をしてもらうことを全従業員に徹底すべく同社は大いに努力した。ハンバーガーはおいしく、いわゆる「カスタマー・エクスペリエンス」はほんとうにユニークで特別だった。そのおかげでリピーターが増えていった。

やがてオーナーたちは拡大成長の戦略を追求することに決めた。戦略の決め手は全レストランをもっと効率的にすることだとオーナーたちは信じて疑わなかった。その結果、「効率性」が組織の運営原則となった。効率性向上のために新しい業務プロセスと基準が作成され、効率重視の人材育成のために全従業員が受けるトレーニングが改定された。地域担当マネジャーと店舗マネジャーの評価基準も効率性の高い者に報酬を与えるよう全面的に見直された。

さてその結末は？　利用客の満足はもはや仕事の中心ではなくなり、従業員は働く意味を失った。やがて利用客が減りはじめ、結果的に減収減益となった。レストランを拡大するどころか、閉店を余儀なくされる店舗も出てきた。

このレストラン・チェーンのサークルで、かつて〝組織化の原則〟であったものは何か、またその後、その原則はどうなったか。どちらも意識的に選んだものではなかったが、ペレス博士はオーナーたちと一緒に解き明かした。

すぐにわかったのは、もとのサークルにあったのは「カスタマー・エクスペリエンス」であったのに対し、今や「効率性」がそれにとって代わっているということだ。かつてビジネスの焦点は特別なカスタマー・エクスペリエンスにあり、同社はそれゆえにそのブランドが知れ渡ったが、その後はそこから離れて業務プロセスとコスト削減にとりつかれていたのだ。

オーナーたちはリーダーたちを一堂に集め、ペレス博士の助言を受けながら、効率向上による強みも失わずに組織の焦点をカスタマー・エクスペリエンスに戻す計画を立てた。

法律事務所とレストランの事例に共通点はあるだろうか？

・企業にとって、〝組織化の原則〟は、意識して選んだか、無意識のうちに選んだかにかかわらず、組織内でのエネルギーの使われ方に大きな影響を及ぼしうる。

・〝組織化の原則〟は、組織のビジョン、ミッション、戦略の代わりにはならない。法律事務所のビジョンは稼働率が高いことではないし、レストランのミッションは効率的であることではなかった。

・組織が〝プラグ抜け〟のエネルギーを失った状態になったとき、〝組織化の原則〟が焦点を未来に当て直し、従業員のエンゲージメントを取り戻す手段になることがある。

〝組織化の原則〟の目的

「未来の可能性」の要素を強化するための主要な対策は、まず〝組織化の原則〟に合意し、次にそれを中心に組織を構築することだ。

たとえば、鉱業用の粉砕媒体を製造するMEGlobal社は、1年間の組織化の原則としてサークルに入れる言葉に「クオリティ（質）」という一語を選んだ。そして、サークル内のクオリティという原則に基づいて、

MEGlobal社の"組織化の原則"

車輪のスポークのようにサークルを支える柱として、テーマ別の目標を立てた。

これらの目標は、クオリティという原則を推進し、その原則を中心に組織を築き、その原則を基準に評価するために経営層が選んだ手段も表していた。上の図はそれを図式化したものだ。

MEGlobal社の経営層は、組織が6つのテーマ別目標に集中すること、そして組織のより広い範囲に向けて伝達するときはその目標を強調することを指示した。各目標はMEGlobal社を質の高い組織にすることをめざしたベンチマークになった。

質の高い基準、質の高いサービス、質の高い製品などのベンチマークは、ビジネスにおける技術面での重要事項として推進され、それ以外の質の高いリーダーシップ、質の高い人材、質の高い顧客との関係は、組織のカルチャーの一端として尊重されるべきものを明確にした。

このテーマ別目標は、MEGlobal社が潜在可能性（「どこまで成果を伸ばせるだろうか?」）に着目して、タイプ3のシナリオを作成し、組織のストーリーを語るために欠かせない要素の1つとなった。従業員は、あらゆる面でクオリティを重視するという方針を支持し、組織化の原則を通して自分たちのエネルギーを集中させることを選んだ。

〝組織化の原則〟を宣言すると、その組織のめざす方向がはっきりする。〝組織化の原則〟が従業員の記憶に残り、日常言語の一部となるようにすれば、従業員の意識は組織を前進させるほうに向かう。

経営層が望むビジネスの行き先を視覚化するタイプ3のシナリオを提示する方法を学ぶことは、〝組織化の原則〟を確立することと併せて、「未来の可能性」の要素を強化するのに役に立つ。これが従業員エンゲージメント、あるいはその回復につながるのだ。

〝組織化の原則〟をつくるには

〝組織化の原則〟のうち、どれをサークルに入れるべきかを明らかにするために、リーダーは次の4つの問いを発するとよい。

・従業員が高揚し、意欲的に関与するものは何か?
・従業員に信じる対象を与えるものは何か?
・組織がビジョン、ミッション、戦略を推進するために不可欠なものは何か?
・経営層が従業員に考えてほしいこと、語ってほしいこと、評価の基準にしてほしいことは何か?

〝組織化の原則〟を明確にすれば、従業員に活力を与え、そのエンゲージメントを引き出すさまざまなテーマ別の目標も明確になる。

本章のまとめ

リーダーは望むもの——組織と従業員の可能性——を創造することに集中しなければならない。そうすれば従業員は未来を信じ、組織の可能性に目を向けることができる。

組織が「未来の可能性」の要素を強化する方法はいろいろある。たとえば、次の方法だ。

・「何が可能か」について説得力のあるビジョンの形で未来を描く。

・力強いミッション・ステートメントをもち、従業員が自分自身よりも大きなものに貢献していると感じられるようにする。

・従業員にとって実感のわく目的意識を醸成する。それは組織のミッションや、従業員がなぜその仕事をするのかに対する答えと結びつくものであること。

・組織の未来と「どこまで成果を伸ばせるだろうか?」という問いに重点を置いたストーリーを作成する。

・ストーリーを一貫して語る手段として、〝組織化の原則〟やテーマ別の目標を用いる。

次章では、エンゲージメントの5要素の2つ目、「当事者責任」を探究する。

第4章

「当事者責任」
――主体的なやる気を起動する方法

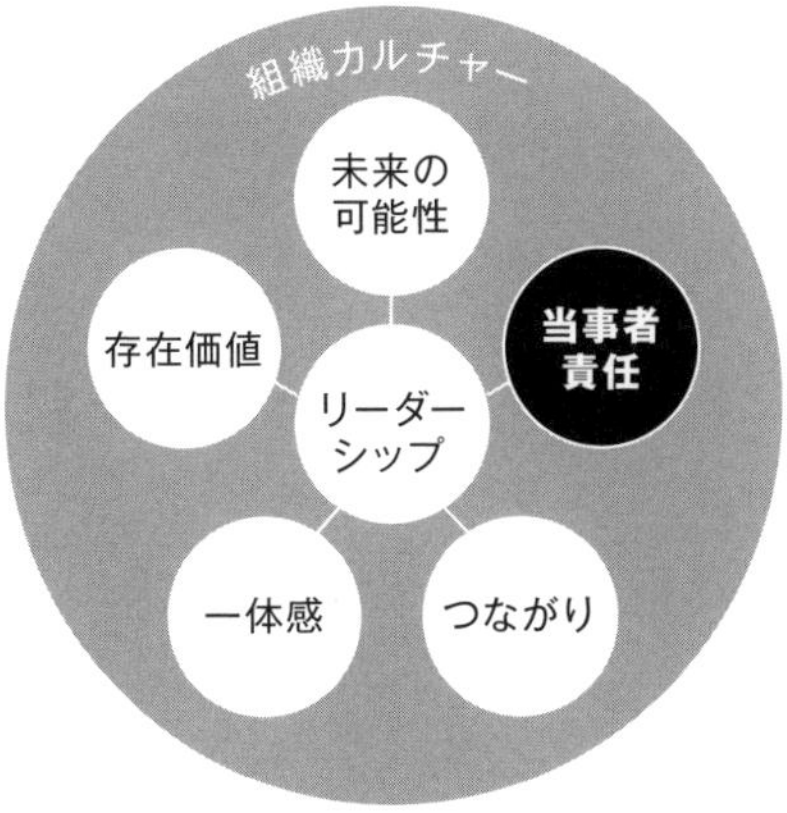

エンゲージメントは、従業員がベストを尽くすことを期待され、何に対して責任を負っているかわかっているときに生まれる。これができているとき、それぞれの当事者としての責任意識が強まる。

働く人一人ひとりに「当事者」としての責任意識をはぐくむ

アヴコー・テクノロジーズの事例と似たような状況で、エンゲージメントが低下する第一の理由は、変化の混乱によって明瞭さが失われることだ。従業員は、「会社がどこへ向かっているのか」「新しい目標は何なのか」「組織の進化のなかで次に何が起こりそうなのか」がわからなくなってしまうのだ。

個人のレベルでも、方向性がわからなくなる。第1章で、混乱の程度がひどい場合や、変化によって今起きていることを的確に把握できなくなった場合に、「方向性を喪失」すると述べた。このとき、従業員は概して、「答え」よりも「問い」のほうがずっと多い状態になってしまっている。自分が置かれている現状が宙に浮いている、カオスに陥っている、はっきりしない、むなしい、混乱している――そんなふうに感じているかもしれない。

そして前に進もうと苦戦しながら、新しい現実に向き合えないでいる。途方に暮れ、〝プラグ抜け状態〟に陥る。往々にして今後の成り行きを〝様子見〟することを選び、自分の役割を明瞭に知りたいと願う。

このような従業員のエンゲージメントを取り戻すために、リーダーに求められるのは以下の点だ。まず、従業員が新しい現実と向き合い、新しい方向性を見出せるように、組織または部門の方向性をはっきりさせなければならない。また各従業員の役割を定義し、明確な目標と期待される行動を示すことに注力すべきだ。

本章が焦点を当てるテーマは、「それぞれの当事者としての責任意識をはぐくむにはどうすればよいのか」「現在エンゲージメントが高い場合は、それぞれの当事者としての責任意識を保つにはどうするか」である。本章の取り組みを通して、従業員は、自分たちは組織から何を求められているか、どのような目標を達成する必要があるか、どうやって自分たちのエネルギーを前方へと向けたらよいかを知ることができる。

従業員はみな、心の奥底で「自分に何を求めているかをはっきりさせてほしい」と願っている

私たちは前述のように、従業員がエンゲージメントのために経営層に何を望むかをたずねる調査を行った。その、

「エンゲージメントを取り戻すには、経営層に何をしてもらう必要がありますか？」

という質問に対して、最も多かった回答は「私に求めていることを明確にしてほしい」だった。従業員は、「何に注力すべきなのか」「経営層は自分たちに何を求めているのか」など、今後についての答えを求めているのだ。

「自分は何に対して責任を負っているか」を従業員がはっきり理解しているときには、エンゲージメントを取り戻せる可能性が高くなる。責任意識が従業員に方向感覚を与えるのだ。だからリーダーは、従業員が自身の時間とエネルギーをどこに、どのように集中させるべきかを明確に示さなければならない。

この「エンゲージメントを取り戻すために必要な要素は何か」という研究において、私たちはさまざまな

組織のリーダーたちに次のような質問をした。あなたならどう答えるだろう？

・あなたの組織では、一人ひとりが当事者責任を負う状態に導くことを強いリーダーシップの能力として求められているか？
・当事者責任をどう定義するか？
・あなたの見方では、〝業績目標〟と〝期待される行動〟の違いは何か？
・あなたは何を見たときに、ある部下が将来のあなたの後継者候補だと考えるのか？
・あなたの部下が昇進できないとすれば、その理由は何か？
・従業員が何を求められているかをわかっていない場合、あなたの職場のカルチャーはどうなっているか？

リーダーたちの回答から、興味深い考え方がたくさんあることがわかった。

1つ目の質問に対する答えは、全体的に「まあ、そうでもありません」だった。公正を期して言うならば、ほとんどのリーダーは、責任の概念も部下が自らのパフォーマンスに対して責任を持つことの重要性も理解している。しかし、リーダーたちから聞いた話によれば、責任について語る人は多くても、本来あるべきほど頻繁に、あるいは一貫してそれに従って行動することはないという。

そうなる理由はたくさんあるだろうが、ここでは2つ取り上げる。

「明確な指示を与えれば、部下は要求されたことを実行するはずだ」と、多くのリーダーが述べている。この信条には問題がある。1つ目の理由は、指示を与え、目標を伝えることは、ひとまず相手から望ましいパフォーマンスを引き出すには大いに役立つが、そのあともずっとパフォーマンスを維持するには、それだけでは到底足りないことだ。リーダーが指示を出し、部下がその指示を実行しようとしたあとも、リーダーはフィードバックを与え、部下の仕事ぶりを補い強めて、部下に指示どおり遂行し続ける責任を課す必要がある。

2つ目の理由も1つ目と関連がある。多くのリーダーが「部下に求めることを、もっとはっきり述べる必要がある」と言及している。リーダーは、部下が自分は何をすべきかを知っていると思い込みがちだ。しかし、実際にはそうではない。部下は自分のエネルギーをどこに集中させるのがベストかがわからず、望ましい優先順位を認識していない。

とはいえ問題は、コスト削減や経営合理化にはしばしば断続的な変化が伴い、結果的に明瞭さが失われることだ。しかも、この環境では、「焦点を見失った」とか「求められていることがわからない」と部下が打ち明けるのはとりわけ難しい。部下が焦点を定め直し、優先順位を決め、新しい業績目標や期待される行動を定めることができるように支援するのは、リーダーの責務なのだ。

次のメールは、ある企業の社長から著者のスティーブが受け取ったものだ。読んで考えてみよう。

スティーブへ

お変わりなくお過ごしのことと思います。

私が気になっていることをお話しし、お考えを伺いたくメールしています。全体的に見て、当社は収益、利益、売上、予約の観点から目標に及ばない状態です。経営幹部それぞれと話すと、みな懸念しており、何とかしようとしていると言いますし、問題点の調査検討を行います。しかし、事態は改善していません。それどころか、ＫＰＩ（重要業績評価指標）のどれを見ても、後退する一方です。従業員が自分の目標に集中しておらず、問題から目をそらして、他の問題に関わりすぎているのではないか、と私もある程度は察しています。こうした懸念に対応する戦略を電話で話せるでしょうか。

私たちが勧めたのは、社長である彼が経営幹部に課す責任をもっと明確にし、その責任を従業員と一緒にもっと頻繁に精査することだった。さらに、経営幹部が新しい取り組みの立ち上げに注ぐべき力を減らしてしまっていて、従業員が自分の目標に集中するのを妨げているなら、何かをやめる決定をする必要があると助言した。

１６１ページで箇条書きにした質問の２つ目、「当事者責任をどう定義するか？」に対する答えは、ほとんどが一般論だった。「自分が何に責任を負うか知っていること」「何かに責任を取ること」「責任を課せられること」「何かを担当していること」といった答えだ。

こういう答えではあまりに概括的で漠然としていたので、当事者責任とは正確に何なのか、私たちは明確に定義することにした。

活力につながる「当事者責任」とは何か?

「当事者責任」は、従業員が〝業績目標〟と〝期待される行動〟の両面から、自分は何を求められているかをはっきり理解している場合に生じる。

当事者責任 = 業績目標 × 期待される行動

「リーダーから自分は何を求められているかがはっきりわかっていると、従業員は責任意識をもつ」という傾向がある。〝業績目標〟と〝期待される行動〟の両面がはっきりすれば、すぐ何をすべきかわかり、上司が肩越しに細かいことまで指示する必要はない。これは、仕事に意欲的なパフォーマンスの高い何人もの従業員たちの証言だ。

従業員が、当事者責任が何を意味するかをはっきり理解しているなら、次のように言い表すだろう。

> 自分が何を求められているかわかっている。私には〝業績目標〟があるから、どう評価されるかに納得している。この組織の価値観が何であるかはっきり知っているから、自分に〝期待される行動〟もわかる。〝業績目標〟と〝期待される行動〟の両方があることで、責任を負うのも、自分自身のパフォーマンスをモニタリングするのも格段に容易になる。その明瞭さとリーダーからの信頼のおかげで、自分はエネルギーに満ちて仕事に打ち込める。

当事者責任が明確なら、従業員は自分自身の視点から「自分は今うまく行動できているか？」がわかる。求められている〝業績目標〟と〝期待される行動〟が何かを知っているから、それに照らし合わせて自身のパフォーマンスを評価することができるのだ。

リーダーに「人に責任を課す役割はもう果たさなくてよい」と言っているのではない。しかし、責任の主たる源がリーダーにあるとき、「統制の所在《ローカス・オブ・コントロール》」（誰が責任を与えることを統制しているか）は、従業員の外側にある外的な源になる。従業員が当事者責任を自らもっと認識するようになり、統制の所在《ローカス・オブ・コントロール》が従業員自身の内的な源に移行する状況をリーダーがつくるほうが、はるかに効果的だ。

第2章で述べたように、すぐれたリーダーは、自らの行動を導くシグナルを、内的な源から見出す。同じ原則がここでも当てはまる。

従業員のエンゲージメントを取り戻すうえで、より強力な要因は、責任とパフォーマンスに対するフィードバックが上司のような外因からくるのではなく、本人が、自分に責任を課し、自分自身のパフォーマンスをモニタリングする能力をもつことである。

161ページの箇条書きの問いの3つ目は、「〝業績目標〟と〝期待される行動〟の違いは何か？」だ。これに対しては、違いを明確に説明できないリーダーがほとんどだった。というより、〝業績目標〟と〝期待される行動〟は、大なり小なり、同じだと答えた人が多かった。

そういう人は、「このプロジェクトを時間どおり、予算どおりに完了させてくれると期待している」とか「今年度の予算でコストを5％削減してくれると期待している」のような言い方をする。〝業績目標〟と〝期待される行動〟を別のものだと考えず、〝期待される行動〟は〝業績目標〟の伝え方の1つだと見ていた。両方まとめて「これが君に求めることだ」となっているのだ。

最近のことだが、スティーブとウィルソン・ラーニング メキシコのチームが、グローバル・コングロマリットのリーダーシップ・チームと同社のメキシコシティのオフィスで仕事をした。

この会社では、組織を一段上のレベルに導くべく新CEOが就任したところだった。製品の多くが成熟市場にあり、同社は新興市場に軸足を移す必要に迫られていた。経営幹部チームはさまざまな改革に乗り出し、新戦略や果敢な成長目標を導入した。

スティーブは「当事者責任」というテーマで重役レベルのグループが話し合う場に同席したが、重役たちは「自分たちは、達成すべき成長と〝目標〟に関して組織に〝期待〟されていることがはっきりわかっている」と言い張った。

一方、社内調査からは、最大の懸念領域の1つは「〝期待〟に関して明瞭さが欠けている」ことだという結果が出ていた。そのことについて重役たちが中間管理層と話し合ったとき、中間管理層はなぜ自分たちは「〝期待〟に関して明瞭さが欠けていることが問題だと思っているか」を説明した。中間管理層の言い分はこうだ。

「自分たちが達成を期待されている〝目標〟については、重役たちからはっきり聞いているが、その目標を達成するために〝どのような行動をとること〟が期待されているか、また、〝なぜその行動をとることが重要なのか〟については、重役たちから何の指導もない」

どの変化に対しても、新戦略に対しても、中間管理層は〝どんな行動をとるべきか〟という自信がなく、何をすることを上司から求められているのか、確信がもてなかった。したがって、直属の部下に対しても、どうやって期待を再設定すればよいのかがよくわかっていなかった。成長に向けた新しいねらいに活気づくのではなく、多くの従業員は不満をためていた。新戦略の推進につながるようなやり方で仕事をするどころか、〝プラグ抜け状態〟になりかけていたのだ。

「中間管理層に遂行を求める〝目標〟が何であるかは、明確に伝えてきた」という点では、重役たちの主張は正しかった。しかし、従業員に自らのパフォーマンスの責任を負ってほしいなら、重役たちは〝業績目標〟と〝期待される行動〟のかけ算の片一方にしか対処していなかったことになる。それぞれの当事者としての責任意識を強めることが目的なら、〝業績目標〟と〝期待される行動〟を必ず区別することだ。

次の説明を読めば、私たちが定義する〝業績目標〟と〝期待される行動〟の違いがはっきりするだろう。〝業績目標〟の重点は、「望ましいビジネスの結果を達成すること」だ。きちんと明文化された業績目標は通常、期限を設定し（例：「6月1日までに」）、それに測定可能な結果（例：「対面営業を週5件に」）が続き、「〜すること」で終わる（例：「増やすこと」）。次の2つの例を確認してほしい。

・6月1日までに対面営業を週5件に増やすこと。
・3月1日までに機械のダウンタイムを10％削減すること。

業績目標があれば、従業員は何を達成することに責任を負うことになるかを明確に理解できる。言うまでもなく、業績目標は目新しいものではなく、たいていの組織が標準的に行っていることだ。業績目標の設定は、フォーマルな経営計画の継続的なプロセスの一環であり、評価の土台になる。リーダーは概して、業績目標を設定することは得意だ。実際、「業績目標をどう設定し、伝えるか」は、入門レベルのマネジメント研修の重要なテーマになっていることが多い。

より効果的な目標設定のやり方をリーダーに教えることが本書の目的ではないが、次の点を理解するには、効果的な目標を設定することが大切だ。

一人ひとりが当事者責任を負うカルチャーを築くには、〝業績目標〟をもつだけでは十分ではない。

当事者責任のもう1つの重要な側面は、〝期待される行動〟を伝えることだ。こちらは組織を挙げて仕組み立てて実施されることはあまりない。

〝期待される行動〟は行動面に重点を置いている。〝期待される行動〟を明確にする場合は、2つの領域、すなわち、「パフォーマンスに焦点を当てた行動」と「価値観に焦点を当てた行動」に着目しよう。

「パフォーマンスに焦点を当てた行動」とは何か？

リーダーは期待をさまざまなパフォーマンス関連の活動に結びつける必要がある。たとえば、次のような活動だ。理解しやすいようにそれぞれ具体例も添えた。

- **企業戦略**（例：ターゲットとした垂直市場に集中する）
- **主要な企業構想**（例：顧客との親密性（カスタマー・インティマシー）を高める）
- **企業目標**（例：収益を5％増やす）

リーダーは組織全体のレベル（戦略、構想、目標）で部下に集中してもらいたいことを決めたら、次は、

パフォーマンスに焦点を当てた行動の例

企業戦略：ターゲットとした垂直市場に集中する
・重点を置く市場を分析する基準を設ける。 ・Hoover'sやZoomInfoなど、すでに利用している有料ビジネス情報サービスを活用して潜在顧客を調査する。
主要な企業構想：顧客との親密性（カスタマー・インティマシー）を高める
・問題を解決する場合、顧客の立場を考慮する。 ・満足度を確認するために顧客にフィードバックをもらう。
企業目標：収益を5％増やす
・ターゲットとした垂直市場内で可能性の高いターゲット顧客を見きわめる。 ・潜在顧客トップ3の顧客計画を作成する。

その取り組みを推進するために部下がどう行動すべきかについて一点の曇りもないほど明瞭に示さなければならない。だからと言って、部下を過剰にコントロールするとか、部下に権限を与えないという意味ではない。

目的は、達成しなければならないことの明確化である。リーダーは自分の期待を伝えることで、部下のパフォーマンスに指針を与えることができる。

さらに、部下に権限を与えるときに重要なのは、リーダーが部下と対話することだ。そして部下が何に責任を負うかを明確にし、目標達成のためにどう行動する必要があるかについて、部下から意見を聞く。

期待される行動と先に述べた業績目標の結びつけ方の具体例は、上の表に示したとおりだ。

部下が責任を負えるようにするには、リーダーが自分の期待する行動を提示するか、それを部下と話し合ってから、部下の意見を聞いて、その期待に対する部下の理解と同意を得ることが重要だ。先のグローバル・コングロマリットの事例は、「〝業績目標〟に対しての期待が明確であることの重要性は認識されていても、目標達成に必要となる〝行動〟に対しての期待は明確ではなかった」という典型である。

「価値観に焦点を当てた行動」とは何か？

〝期待される行動〟の焦点の第2の領域は、企業の価値観と関係がある。昨今はほとんどの組織が、組織にとって最も大切な価値観を確認し、伝えることに力を入れている。たとえば、創造性、言行一致の実践、安全性などの価値観だ。

リーダーは、企業の価値観が何であるかを特定したら、部下に対してその価値観をどう運用し、矛盾なく行動すべきかという期待を明確に示す必要がある。

ウィルソン・ラーニングには、一連の信条と「コアバリュー（中核となる価値観）」がある。そして、コアバリューのそれぞれに、従業員がそのコアバリューに矛盾することなく行動する指針となる期待を列挙したリストがある。

次のページに示すのはコアバリューと期待される行動の一例である。両者のつながりがわかるはずだ。

価値観に焦点を当てた行動の例

私たちは、顧客との協働とチームワークに、
またグローバルな組織全体の協働とチームワークに価値を置く。

・私たちはいったん決まったらチームの決定を受け入れ、支援する。
・私たちはチームのメンバー全員の貢献に価値を認める。
・私たちは自己の利益ではなく、事業の利益に基づいて決定する。

私たちは、同僚に対するときも、
顧客に対するときも多様な能力とウィンウィンの姿勢に価値を置く。

・私たちは人と接するとき、対人関係の緊張を減らす策を講じる。
・私たちは解決するだけでなく、私たちの関係強化にもなる方法で問題に取り組む。
・私たちは問題に対して、関係者全員の要求を満たす解決策を探す。

私たちは、インテグリティをもつこと、当事者責任を負うこと、
自分のワークライフに責任を取ることに価値を置く。

・私たちは自らに約束したことと他者に約束したことを守る。
・私たちは人の依頼に速やかに応え、相手にその進捗がわかるようにする。
・私たちは自分の行動に対する責任を受け入れて、自分の過ちを認め、自分の失敗の責任を取り、そのどちらからも学ぶ。

組織の価値観を体現するとはどういうことか、またどのような言動をすべきか。リーダーにとって重要なことは、それらの期待をはっきりさせることである。その際、リーダーは部下に〝期待される行動〟が何であるかをきっぱり伝える必要がある。部下がリーダーの期待に疑いをさしはさむ余地がないほど、曖昧さのないものでなければならない。

リーダーは、部下一人ひとりが当事者責任をより負えるように、〝業績目標〟と〝期待される行動〟の明瞭さのバランスを保つ必要がある。

一般に、リーダーは〝業績目標〟を明確にする方法は身につけている。バランスを改善する機会は、かけ算の〝期待される行動〟側にあることが多い。

あなたの組織は、あなたが部下に望む「ふるまいとして期待される行動」を定めているだろうか?

〝期待される行動〟を定めることは、部下が、自分はどう行動すべきかを理解する助けになるだけではない。部下の〝業績目標〟や〝期待される行動〟が達成されたとき、あるいは未達だったときに、その結果を活用して奨励や改善につなげる能力と効果を高めることにもつながる。

〝業績目標〟と〝期待される行動〟が具体的であるほど、結果は効果的になる。なぜなら、部下が何をしたか／しないかによって、奨励を受け、あるいは、行動が改善されたかを正確に知ることになるからだ。その具体性がないと、部下はリーダーが全体として喜んでいる／いないということを知ることはできるだろうが、どの行動を継続する必要があるのか、どの行動を変える必要があるのかが正確にはわからない。

〝業績目標〟と〝期待される行動〟の双方に焦点を当てるためにリーダーができることについては、本章でもっと詳しく後述する。

161ページの箇条書きの質問の4つ目、「あなたは何を見たときに、ある部下が将来のあなたの後継者候補だと考えるのか？」に対するリーダーたちの答えは、主に資質の面に集中していた。たとえば、「信頼できること」「忠実さ」「洞察力」「人間志向」「天性のリーダー」「仕事熱心」「協力的」「積極的に攻めること」などである。

こうした資質や特性に次いで多かった答えのタイプは、過去の実績に照らしたものだった。「彼女のグループは顧客満足度スコアが部署で一番高い」とか「彼は革新的なプロセスの再設計を導入して強いリーダーであることを証明した」という類いだ。

第1のタイプ（資質）の答えはどちらかと言えば〝期待される行動〟を反映しており、第2のタイプ（過去の実績）の答えはどちらかと言えば〝業績目標〟を反映していることに注目してほしい。

161ページの質問4の答えに質問5「あなたの部下が昇進できないとすれば、その理由は何か？」の答えを加えてみよう。リーダーが答えた理由で最も多かったのは、〝行動〟にまつわることだった。「すぐにイライラする」「非協力的」「人の話をよく聞かない」「人の要求を満たすことに興味がない」などである。

リーダーが昇進の候補者を判断する基準は主観的で、人によって大きく異なることは興味深い。ほとんどの組織が正式な人事考課制度を設けて、従業員があらかじめ定められた〝業績目標〟を達成したかどうか客観的に評価する方法をとってはいるものの、総じて言えば、誰かを昇進させる、させないの根拠としてそれが言及されることはまずなかった。リーダーたちは人物の〝資質〟〝行動〟〝能力〟に比重を置いて人物を評価すると述べている。

もっと興味深いのは、リーダーはたいてい候補者の履歴書に書かれた過去の〝実績〟に基づいて人を雇うが、解雇するときは〝行動〟が理由になるということだ。

有能な従業員だが、その〝行動〟が原因で解雇せざるをえなかったという経験はないだろうか？

161ページで箇条書きにした質問の6つ目は、「従業員が何を求められているかをわかっていない場合、あなたの職場のカルチャーはどうなっているか？」だった。〝業績目標〟と〝期待される行動〟がある場合、ない場合の結果がどうなるかというシナリオをいろいろ作成して、この問題を詳しく考えてみよう。

当事者責任モデル

組織における〝業績目標（何を達成すべきか）〟と〝期待される行動（どう行動すべきか）〟の実践状況のパターンは、次の4つが考えられる。

・領域1：この領域は、〝業績目標〟も〝期待される行動〟も不明確で、従業員の「焦点が定まらない」状態を指す。そうなると、ウェンク・エンバイロメンタル・エンジニアズの元社長、ジョー・グラボウスキーが、従業員は「大海に浮いている」「ただ揺れ動いている」と表現したようなカルチャーになる。

・領域2：この領域は、〝業績目標〟は明確だが、〝期待される行動〟は不明確な状態を指す。従業員は主に業績に焦点を当てる（〝業績目標〟は重視するが、〝期待される行動〟には注意を払わない）。その結果、このカルチャーでは、従業員が、許容される行動の限界をないがしろにして結果を志向することになる。

当事者責任モデル

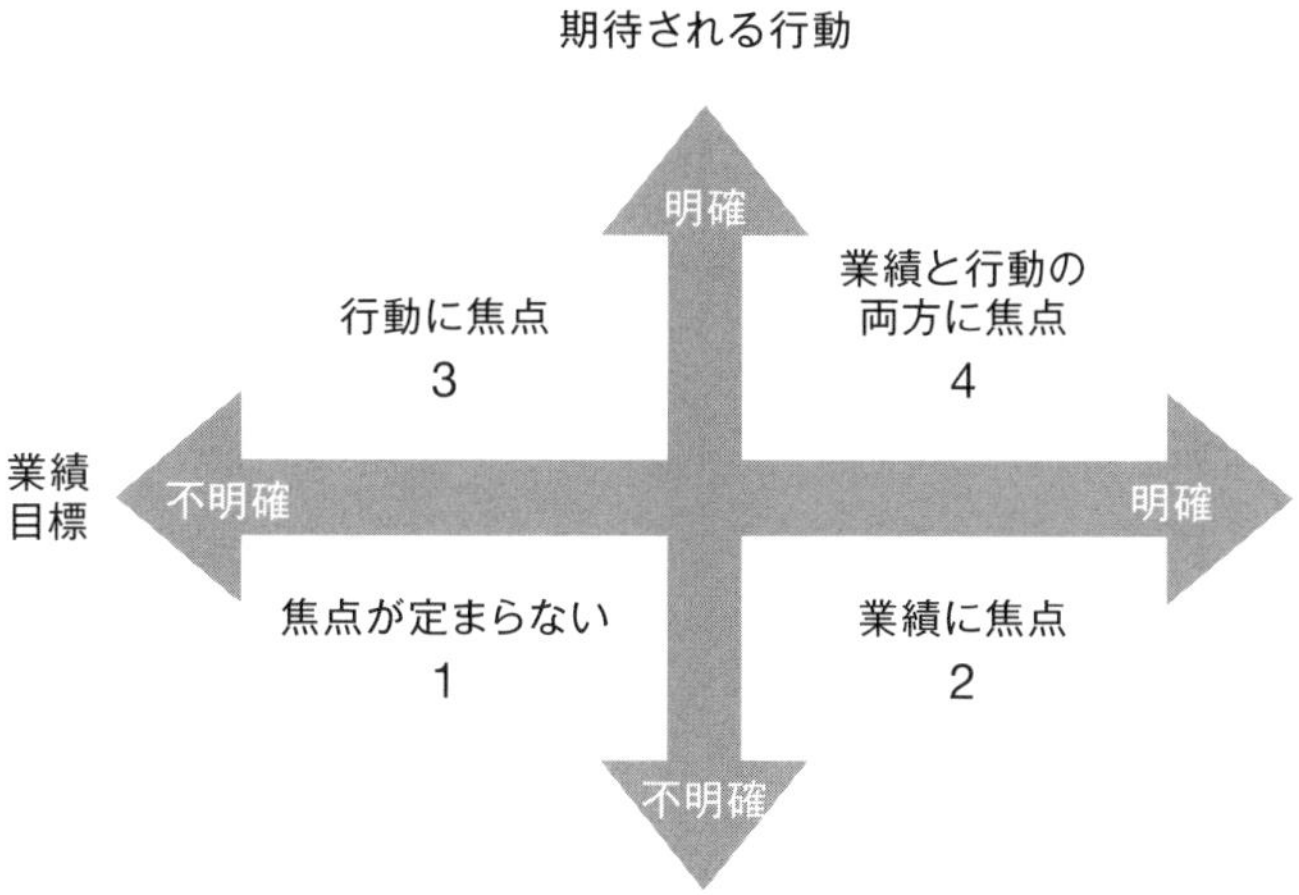

・領域3：この領域は、〝期待される行動〟は明確だが、〝業績目標〟は不明確な状態を指す。従業員は主に行動に焦点を当てる（〝期待される行動〟は重視するが、〝業績目標〟には意識が向けられない）。その結果、このカルチャーでは、従業員は結果ではなく活動を志向することになる。

・領域4：この領域は、〝業績目標〟も〝期待される行動〟も明確な状態を指す。従業員は業績と行動の両方に焦点を当てる（〝業績目標〟と〝期待される行動〟の両方に注意を向ける）。その結果生まれるカルチャーでは、従業員が〝業績目標〟と〝期待される行動〟の両方を達成することに対して、自分自身で責任を負うようになる。

ここからは、4領域をそれぞれ探究し、考えられるシナリオを解説してみたい。

領域1：焦点が定まらない

組織の従業員が自分の〝業績目標〟も、〝期待される行動〟もよくわからなかったら、どうなるだろう？その場合、従業員は第1章でエネルギーの変化を視覚化したときに「錆びつき《ラストアウト》」と呼んだ状態に移行することがよくある。刺激になる高いパフォーマンスの基準がなく、従業員のエネルギーが徐々に減退するからだ。

考えられる「方向性の喪失」のシナリオは次の3つだ。

第1のシナリオでは、従業員は方向性がわからないままに仕事をする。「正しいことをしているといいが」と思いながら、とりあえず先に進む。スティーブは最近、ある企業に勤める人が、飛び抜けて優秀な従業員であるにもかかわらず、こんなことを言うのを聞いた。

「自分がこの会社の従業員だとは思いません。6年以上、上司から評価を受けたことがありません。勤務時間の半分は必要に迫られた仕事をやるだけで、残りの半分はどうにかやることをつくっています」

従業員が方向性の喪失状態になった場合の**第2のシナリオ**は、トムが幼い頃、ミシガン州に住んでいたときに言い聞かされたことに似ている。

「森で道に迷ったら、動き回らずに、そこにじっとしていなさい。私たちがあなたを見つけてあげるから」

これを従業員に当てはめると、誰かが現れて正しい方向を教えてくれないかなと思いながら、自分では何もしない選択をするということだ。方向を示されなければ、従業員は在職はしていても心ここにあらずで、目立たないようにすることにエネルギーを使うことを選ぶかもしれない。

第3のシナリオは、従業員は自分の仕事ぶりへのフィードバックを求めるものだ。業績目標に照らして自己評価できなければ、従業員は人が評価してくれるのに頼るしかない。フィードバックをもらえないと、自分のパフォーマンスをあれこれ推測して、自分は間違っていないと望みをもつことになりがちだ。よくあることだが、パフォーマンスが高く、仕事熱心な部下だと、リーダーは「この部下にはフィードバックは必要ない」と考えてしまう。それは実質的に「私から何も言われないなら、よくやっているということだ」というメッセージを送っているようなものだ。

優秀な従業員は、自分の仕事ぶりを知りたいと思う。しばしば見受けられることとして、そういう人は「フィードバックがなければ、会社を辞める」とさえ言い出す。そうでもしないと、自分がいかに貴重な人材か、リーダーがなかなか言ってくれないからだ。

領域2：業績に焦点を当てる

組織の従業員が〝業績目標〟については明確に把握しているが、〝期待される行動〟については曖昧だったらどうなるだろう？　その場合、「目的は手段を正当化する」とか、「結果さえ出せれば、やり方はどうでもいい」という姿勢を従業員が身につけることが多い。たとえば、営業担当者が、サポート・スタッフをぞんざいに扱ったり、販売実績を理由に自分の不適切な行為を正当化したりするのが典型例だ。領域2の従業員はしばしば「組織の一員としてふさわしくない」とレッテルを貼られる。

時々、私たちは経営トップの会議に同席し、リーダーたちが直面しているさまざまな問題や課題を話し合うのを聞く機会がある。そういう席で、ある従業員の名前が出て、その人の行動が議論の的になったことが一度ならずある。あるとき、業績の観点からは申し分のない、優秀な営業マンのことが議題になった。彼は個人の営業目標をすべて達成していたが、倫理的行動の範囲を軽視していた。

リーダーたちによれば、彼の提出した経費報告書には、社費を不適切に使って贅沢すぎる食事をし、既存客や見込み客の接待用にとんでもなく高級なワインを購入していることが記載されていた。挙句の果てに、ニューヨーク市郊外在住だというのに、ニューヨーク都心の高級ホテルに宿泊までしていたという。

許容される経費の範囲を超えており、同じオフィスの他の営業担当者にとって悪い見本になっているのだから、彼を解雇すべきだとチームの大多数は感じていた。しかし、彼の達成した数字を指摘して弁護に回る人たちもいた。常識はずれの経費を使ったからこそ、あれほどの実績をあげられたというのも事実だった。組織の収益に大きく貢献していることから、チームが彼を解雇するのは難しかった。この話し合いでチームは分裂した。緊張が高まるだけで、会議が終わるまでに誰も結論を出せなかった。

結局、その1年後、その営業マンは経費の水増し請求で解雇されたという。許容範囲の線引きは難しいものだ。

業績に免じて不適切な行動を許容するか、
それとも、誰であれ業績と行動のどちらにも責任も課すか？

この領域で組織はジレンマに直面する。よく「どんな犠牲を払ってでも勝つ」と表現されるが、「勝つためには、他の従業員を犠牲にしても、組織の価値観を犠牲にしても、フェアプレーを望む人を犠牲にしても、それはそれでしかたない」というジレンマだ。「彼は結果を出すが、人に厳しい」とか「彼女は優秀だが、協調性がない」という類いのコメントこそが、この領域2のジレンマの実例といえる。〝期待される行動〟と〝行動の許容範囲〟を設定することは、当事者責任という意識をはぐくむうえで重要となる。

どのように行動すれば、従業員が自分たちの価値観を体現し、組織の顔となれるのか、リーダーは、その範囲を決定しなければならない。

領域3：行動に焦点を当てる

組織の従業員が、〝期待される行動〟については明確だが、〝業績目標〟については曖昧だったらどうなるだろう？　その場合、従業員は何らかの行動をすることには関心を向けるが、上司から達成を求められていることには関心が向かないことが多い。行動重視の場合、たいてい気まずい評価面談になる。部下は「自分は期待された通りに行動したと思っている」と説明するが、上司は「業績目標が満たされていない」と反論するからだ。

このシナリオでは、従業員の行動は組織の価値観と一致している。従業員は人との接し方や会社にとっての重要なものを強く意識している。よき組織の一員になる可能性が高く、どうふるまうべきかについては明確だ。だが、どう業績目標を達成すべきかについては曖昧である。

業績目標に関する方向性が欠けているとすれば、従業員は職務規定を頼りに、こうしたほうがいいと考えて仕事をするしかなくなるだろう。そうなると「自分の理解に従って仕事をしよう。そのうちにそうしろと言われるか、他の指示が与えられるまでは」という仮定の下、とりあえず前に進むかもしれない。そして多くのエネルギーを費やして自分が正しい活動をしているのかどうか、自分の仕事ぶりはどうか、あれこれ思案することになる。

評価の時期になると、上司は部下の仕事ぶりについては漠然とした全般的なことしか話せない。評価面談は、おそらく部下の資質が中心になり、業績目標の達成度が中心になることはないだろう。めざす業績目標がないなら、仕事に打ち込む従業員になりようがないではないか。

この領域のシナリオはいささか特殊に聞こえるだろうか？　いや、特殊ではない。どんな業績目標に対してどういう責任を負っているかが具体的にはよくわからない世界に生きている従業員を抱える組織はたくさんある。悲しいことに、そういう従業員は往々にして、自分の仕事ぶりについての評価を他人に依存している。このシナリオも、統制の所在《ローカス・オブ・コントロール》が従業員本人ではなく、外因にある一例だ。これでは、従業員のエンゲージメントは減退してしまう。

このシナリオでは、評価のときに、部下が期待を達成できなかった領域を上司が指摘したところ、「そんな領域で評価されているとは知らなかった」と部下が驚き、腹を立てるという事態にもなりかねない。

領域４：業績と行動の両方に焦点を当てる

従業員が、〝期待される行動〟についても、自分の〝業績目標〟についても明確に把握していたらどうなるだろうか？　この場合には、従業員は手段も目的も理解しており、上司の期待以上であることも少なくない。物事を正しく行う模範として、同僚のリーダーと目されることも多い。

この領域の従業員はたいていこういうマインドセットをもっている。

「私が何を達成すべきか（業績目標）、私にどんな行動を求めるか（期待される行動）を明確にしてください。その後は、私のじゃまをせず、好きに取りかからせてください。つきっきりで指図され監督されるのはご免です。そこからは私にお任せください」

このシナリオで最も重要な成果は、従業員が「私の仕事ぶりは?」という問いに自分で答えを出せることだ。従業員が〝業績目標〟と〝期待される行動〟の両方についてを明確に期待しているなら、リーダーに頼らなくてもこの問いに答えられるのだ。〝明確な業績目標〟と〝期待される行動〟が根づいている組織のカルチャーなら、評価は、その他の組織とはまったく違う意味をもつ。その場合の評価は、共同作業の対話といった意味合いが強くなる。

上司が部下の仕事ぶりを話し、評価するのと同じくらい、部下も上司に自分の仕事ぶりを話すという双方向のレビューになるのだ。それは、決まっている〝業績目標〟と〝期待される行動〟に照らして自分自身をモニタリングする能力が、部下にあるからだ。

仕事に打ち込む従業員が当事者責任を負うとき、期待に応えるのみならず、期待を超えてくることがしばしばある。こういう従業員は「自覚せる有能」の段階にある。つまり、自分がなぜ上手くできるのかを自分自身が理解できている状態だ。だから、仕事を遂行しながら自分のパフォーマンスを批評できる。その結果、時間を経てもパフォーマンスを保ちやすくなり、同時に、変化する状況に応じて調整もできるようになる。

従業員がこの点を納得するには、「設定されている〝業績目標〟と〝期待される行動〟にエネルギーを割いたら、自分にどんなチャンスがおとずれるのか」を知る必要がある。それが自分に何をもたらすかを知りたいのだ。これについては、第7章でもっと詳しく述べる。

「ベストを期待する」——すると従業員はどう変わるのか？

本章の前提は、「エンゲージメントは、従業員がベストを尽くすことを期待され、何に対して責任を負っているかをわかっているときに生まれる」である。この前提が成り立つとき、従業員それぞれの当事者責任が高まり、そしてエンゲージメント回復も目に見えて強まる。

リーダーの責任は、メンバー一人ひとりの当事者責任がたいへんに重要な要素であるというカルチャーを築くことである。混乱をきたすような変化の結果、メンバーが方向性を喪失してしまったら、〝業績目標〟と〝期待される行動〟という形で「メンバーが何に責任を負うのか」を明確にすることが、メンバーのエンゲージメントを取り戻す方策である。

マネジメントの「ピグマリオン効果」を研究したハーバード・ビジネス・スクールの教授、J・スターリング・リビングストンによれば、「リーダーが部下に求めること」と「部下がどう扱われるか」が部下のエンゲージメントとパフォーマンス水準の大半を決めるという（Harvard Business Review, September/October 1988）。

リビングストンは「上位の経営層だけがもつ特性は、部下に高いパフォーマンスを達成することを求めるカルチャーを創り出す力である」と述べている。さらに「人は誰でもイライザ・ドゥーリトルのようなもの。私たちは扱われるようにふるまうものなのだ」と付け加えている。

ジョージ・バーナード・ショーの戯曲『ピグマリオン』（後に『マイ・フェア・レディ』としてミュージカルや映画になった）の「ピグマリオン効果」を思い出してほしい。『ピグマリオン』は、よくも悪くも「相手に何を求めるかが、相手自身を大きく変える」ということを教えるストーリーだ。『ピグマリオン』でイライザ・ドゥーリトルがこう語るシーンがある。

誰でもすぐわかるもの、たとえば服装や、上品な話し方などを完全に脇に置いたとすれば、レディと花売り娘との差は、彼女がどうふるまうかではなく、彼女がどう扱われるかで決まるのです。ヒギンズ教授にとって私はずっと花売り娘です。なぜなら、教授は私をずっと花売り娘として扱い、これからもずっとそうだからです。でも、私はあなたの前ではレディになれます。あなたがいつも私をレディとして扱い、これからもずっとそうしてくれるからです。

ベストを望むなら、ベストを期待しよう。

組織の場合、これは〝業績目標〟を与え、〝期待される行動〟を定め、従業員を激励し、全従業員の可能性を引き出すことを意味する。

本章のまとめ

リーダーが次のことを尊重し、理解することが重要である。

・リーダーはたいてい、〝業績目標〟にのみ重点を置きがちである。しかし真のエンゲージメントが生まれるのは、〝業績目標〟と〝期待される行動〟の両方が明確な場合である。

・リーダーは部下に対する期待を公然と明言し、その期待を達成する責任を部下に課さなければならない。

・リーダーは明文化された〝業績目標〟と、明言された〝期待される行動〟のつながりを、部下全員に理解させなければならない。

・〝業績目標〟と〝期待される行動〟に関して部下がどのような責任を課されるか――それをリーダーが明確にすれば、部下は自分事として責任を担える。そして、部下が責任を担ったら、それは報われるべきである。

次章では、エンゲージメントの5要素の3つ目、「つながり」を探求する。

第5章

「つながり」
——価値観を共有し、協働を促進する方法

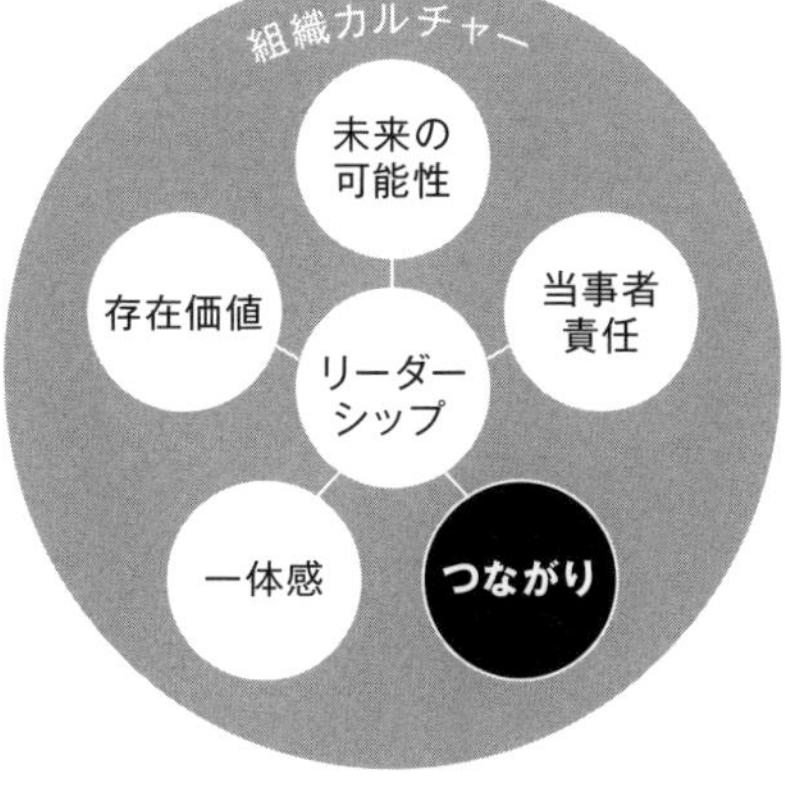

エンゲージメントは、従業員が互いのつながりを感じ、相互利益を重視し、責任を共有するときに生まれる。

「つながりを保つ」というシンプルなことに、なぜ多くの組織は失敗するのか？

「つながりを感じること」「他者の支えを経験すること」「結果に対する責任を共有すること」はすべて、エンゲージメントを取り戻すことにつながる。残念ながら、つながりを保つことはさまざまな理由で難しい。再びアヴコー・テクノロジーズの事例に戻り、何が起こりうるのかを考えてみよう。

アヴコーは、機能別に大きく分けて2つの事業部門で編成されていた。

1つは、ソフトウェアのニーズがある程度共通している大多数の顧客をユーザーとした、汎用アプリケーションの開発とマーケティングを担う部門だ。もう1つの部門は、特殊な状況に対するソリューションを提供する役割を担い、カスタマイズされたアプリケーションが必要な顧客を担当していた。汎用製品グループは新製品関連の仕事が中心だったが、カスタマイズ製品グループは顧客に対するコンサルティング業務の比重が高かった。アヴコー社長直属の上席副社長が各グループのトップだった。

前社長のナンシーは最善を尽くして両部門の重要性を認め、両部門間の協力と情報交換の活性化を重視した。ナンシーのチームは、2つの事業部門の混成チームで、そこに財務、法務、人事など専門的なサポート・グループも加わっていた。頻繁に顔を合わせ、時間の大半を費やしてビジネスをリードすることに注力していた。

ナンシーの後任の新社長が就任すると、事業部門のリーダーたちの調和が崩れはじめた。経営層が変わる前から、2人の上席副社長はすでに互いをライバルだと考えていた。顧客の多くは、汎用アプリケーションを使うか、カスタマイズされたアプリケーションを使うかを選択する余地があったため、両グループは共通の顧客に対し、自分たちの部門の製品やサービスを選んでもらおうと懸命に働きかけた。新社長が経営縮小とコスト削減に力を入れると、2人の上席副社長もじきに営業資金、新規雇用者、投資額の獲得を競い合うようになっていた。

そんな折、新社長は、

「汎用製品の時代はまもなく衰退しはじめ、将来性があるのはカスタマイズ・サービスだと思う」

と言明した。カスタマイズ製品グループのトップは、たちまち社長の側近となり、その立場を利用し、汎用製品グループをないがしろにして自分の大義を推し進めた。上席副社長は二人とも、自身のグループの利益を最優先に考えて、バリアを築くようになった。

まず情報が共有されなくなった。そして信頼と前向きな緊張感も疑わしくなった。どちらのグループも他方が何をしているのか知らなかった。社長はこの状況を健全な競争と見ていたが、現実には、組織は分裂し、生産性も低下し、特に汎用製品グループの中心的存在だった従業員が転職先を探すという結果を招いた。アヴコーはつながりを感じられる場所ではなくなってしまったのだ。

組織の「分断」

創業まもなくして成功している企業は、自然につながりを感じられることが多い――「スモール・カンパニー」とか「家族のようなカルチャー」と呼ばれるように。全員が顔見知りの関係で、面と向かってのコミュニケーションがあり、会議もいわゆる段取りされた形式ばったものではなく、気軽に話し合える企業のことだ。

こういう組織では、従業員に活気があり、従業員どうしの絆が堅く、支え合いと仲間意識の気持ちが強い。さらに、このタイプの組織なら、おそらく同じ価値観や信条の人を雇うだろう。

しかし、組織が成長するにつれて、真のつながりを保つのは難しくなる。何が起こるのだろう？

「地理」がもたらす断絶

私たちのクライアントの1つは、現在、健全な成長を遂げている。その企業では、これまでの成長の結果、組織のつながりが希薄になっており、関係者全員の心配の種となっている。

2年間で同社の従業員数は3倍になった。その影響で、それまでのように全員が1つの建物で一緒に働くことができなくなり、20キロメートルほど離れたところに第2拠点が設けられた。2つの建物は比較的近いのだが、それでも従業員の多くは、今や2つの組織があると感じている。

「この移転によって、まさか組織が分断されようとは」

と同社の経営層は驚いた。切り離された従業員の最大の喪失感は、おそらく個人と個人の交流の喪失だろう。組織の雰囲気というものは、ささいなことで決まることが多い。

つまり、廊下での立ち話、必要なときにすぐ問題解決できる打ち合わせ、ランチタイムに社員食堂でトランプをして過ごす時間などである。

さらに、より広域に対するプレゼンスとサービスを拡大する手段として、同社は州外のあちこちで従業員数10～12人の小企業の買収を進めていた。これら小企業には独自の仕事のやり方があり、買収側の大手企業名を名乗るよりそれぞれが確立したブランドにアイデンティティをもちつづけていた。

結果的に、買収された企業で働く人たちのつながりとアイデンティティは〝われらが地元企業〟とともにあり、それが〝私たち対彼ら〟という心理状態を生み出す可能性につながっていた。

あるいは、離れた事業所にいる従業員たちは、日々の情報共有に必要な支援を受けることができないとの疎外感をもつこともよくある。このように、地理的な断絶は感じられやすいものなのだ。

「職務」がもたらす分断

アヴコーの事例のように、組織内での職務機能の違いによってリーダーの考えや行動が左右されるようになると、組織の機能が分かれていく「機能分化」が生じる。

たとえば、組織が事業部門を切り離したり、専門的な職務機能をもつ部署（財務、ＩＴ、人事、オペレーション）を設けたりすると、たちまち機能分化が始まる。「あなたはこれを処理する。私はそれを処理する」「あなたはカスタマイズ・アプリケーションの責任を負う。私は汎用アプリケーションの責任を負う」というように。

このシナリオでは、従業員がより専門化し、職務の差異が大きくなる。各自の特定の職務部門にはアイデンティティを感じるが、他の職務部門には感じなくなる。従業員が同じ船に乗って同じ方向に進んでいるという意識を失うことにもなりかねない。

各部門のリーダーたちは、「自分の一義的な役割は、同社のビジネス全体のうちの自分が担う部分を代表することであって、ビジネス全体を代表することではない」と考えるようになる。効率性のため、ひいてはビジネスの成功のためにも、機能を分けることはきわめて重要だが、専門ごとに分かれた組織の中で従業員が身動きをとれなくなることも十分に考えられる。ここで何が起こりうるのか図式化してみよう。

次のページの図を中規模の企業の経営者と、直属のリーダーが率いるチームの会議だと考えてみよう。中心円の「リーダー」は経営者を表している。切り分けたパイはさまざまな部門や職務機能を表す。小さ

職務機能の分化で「つながり」が消えていく

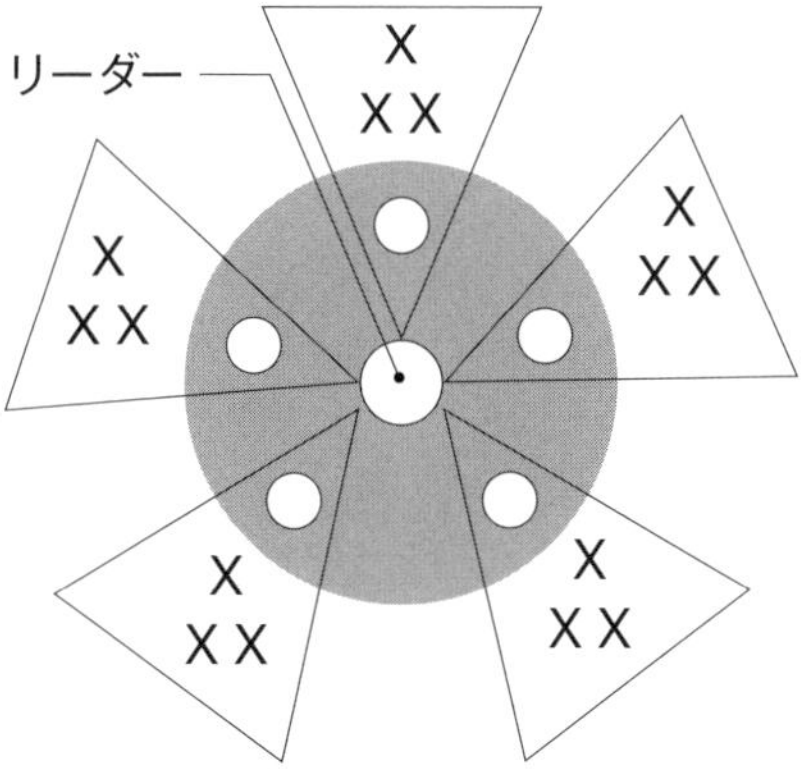

い丸は各部門の長を表し、チームを構成する。×は各部門の長に直属する部下を表す。

テーブルを囲む部門リーダーたち（人事、マーケティング、財務、製造など）が、「自分がここにいるのは、主として、ビジネスを切り分けた各自のパイを代表するためだ」と考えるなら、職務による組織の機能分化が生じる。

リーダーたちのマインドセットは、各自の職務のニーズを擁護するもの、各自のすることやそれをする理由を弁護するものになる。これでは、バリー・オシュリーが著書『Seeing Systems: Unlocking the Mysteries of Organizational Life』（未邦訳）で「空間的な盲目」と呼んだ状態、すなわち全体を見ないで部分を見ている状態になってしまう。その場合、職務機能が分かれることによって、パフォーマンスの高いチームや足並みのそろった経営チームとなれる機会が失われるような類いの行動が促されることとなる。

職務による〝機能分化〟がチームの行動の大部分に影響

を与える場合には、組織のダイナミクスが次のような症状を呈する可能性が高くなる。

・経営者だけ（ここが要点）が円全体（ビジネス）を自分のものとしてとらえ、大きなエネルギーを費やして各部門リーダーと一対一で仕事をする。各部門リーダーは円を切り分けた自分の持ち分（職務）にしか関心がない。

・各部門リーダーは、自分が望むことを得るにはそれがベストな方策だと信じて、経営者と取引しようとする。経営者は各部門リーダーたちとの認識の相違と全社としてのニーズとの調整にひたすら時間を費やす。

・目標や計画は、横断的にではなく、部門ごとに立てられる。組織全体の将来に言及する戦略的な計画があったとしても、エネルギーのほとんどは、職務ごと（部門内）の目標達成に特化した戦略に費やされる。

たとえば、私たちのクライアントの1つに、全米に広がる組織がある。より効果的に機能するよう、この組織は地理によって、北東部、南東部、中央部、西部という地域区分を設けた。担当地域ごとの業績に責任をもつCOO（最高執行責任者）たちが、かなり大きな自主性をもって各地域をリードしているが、このような分化は多くの場合、目標や慣行、プロセス、ねらいの、地域ごとの大きな差につながる。

その結果、次のページの図に示すような「小さな矢があちこちへ飛び交う会社」と呼ばれる状態に陥ってしまう。

各部門が別々に動いても……

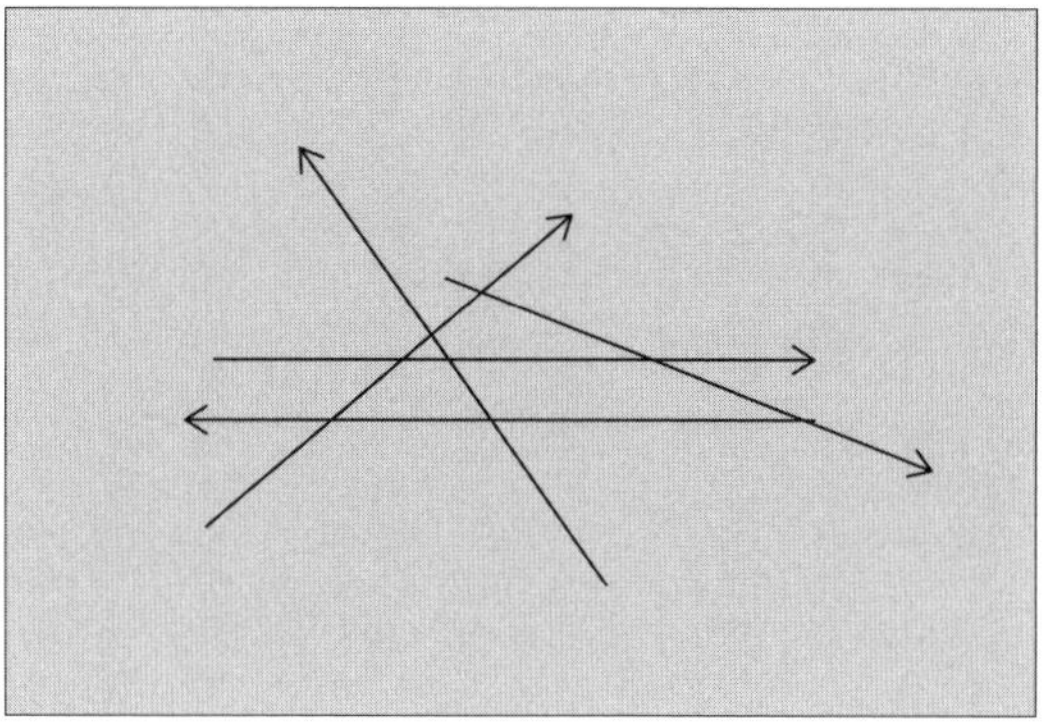

この図の〝小さな矢〟のそれぞれは、地域または専門職務による部門（マーケティング、人事、法務、財務）のいずれかだ。矢のそれぞれが事業計画を作成し、方向を定めており、それぞれの矢の内部では、すべてが一直線にそろっているように見える。しかし、組織全体を見れば、矢の向きはばらばらだ。

つながりの希薄さは歴然としており、各部門は戦略を好き勝手に解釈している。解釈は互いに異なることが多く、組織の下位の従業員は矛盾に混乱するようになる。複数の矢にまたがって一緒に働く機会があると、戦略を立てるのが難しくなるだろう。組織が統一された全体ではなく、小さな会社の連合体のように行動するからだ。

分断の徴候は〝ここ〟に出る

この会社は力強く成長しているが、各部門のつながりの希薄さから生じる多くの問題を解決するために、組織のかなりのエネルギーが社内調整に費やされてしまっている。

境界を越えたプロジェクトがあると、プロジェクトの作業とコストをどう分配するかを把握することに多くのエネルギーが割かれる。会社が問題に対処する解決策や境界を越える機会を導入したいと考えても、地域ごとに別のやり方をするため、抵抗が起こる。「どう見ても、自分たちのしていることは会社が導入しようとしていることと同等か、それよりすぐれている」と信じているからだ。全社横断の取り組みを実施することが、地域の自主性への侵害だと見なされることもたびたびある。

機能が分かれた組織に発生する症状のリストを続けて確認しよう。

- 職務や役割の境界が防御されている。

おそらく口先だけは協力的な取り組みに賛同するが、さまざまな地域や職務部門は、互いに連携するのではなく、自身の境界を守るためにエネルギーを費やす。また相手から自身を守る必要があると感じている。

- 「ビジネスにとって重要なことは何か」について、地域ごと、職務ごとのマインドセットに基づいた、凝り固まった考え方になる。

ある1つの企業を見る場合でも、財務や人事や営業は、それぞれが違うレンズで見る。財務部門は、利益、ＥＢＩＴ（利払前・税引前利益）、コストなど財務の問題を重視する。人事部門は、研修、後継者計画、人材、リーダーシップなど人の問題を重視する。営業部門は、顧客やプレゼンテーション、マーケティングを重視する。結果的に、互いに断絶し、協働がさらに難しくなる。

・ある部門にいる人は、他の部門で何が起きているかを知らされない。

組織が機能で分かれているために、コミュニケーションの問題が多数生じる。ある一定の職務内では情報共有が比較的活発でも、職務の異なるリーダーや従業員の間では情報共有に向けるエネルギーが乏しい。結果的に、互いに支えたり、代わりにやってあげたりする方法がない。

・情報が権力そのものになる。

一部の部門や職務がコミュニケーションを見張り、どの情報をどう共有するか決定する。「会社は何を知る必要があるか?」「他の部門は何を知る必要があるか?」という具合だ。情報共有の欠如は誤解を招く。経営層が、ある地域に危機が起きてから驚かされることもよく起こる。危機が起きるまで何も知らされていなかったからだ。

・部門どうしが必要以上に競い合い、よって「勝つか、負けるか」の感情が生まれる。

ある部門が他の部門よりうまくやっているという場合もある。会社は成功した部門の努力を認める。一方、苦戦している部門があると、会社はその部門を支援するより批判する傾向がある。

・信頼と前向きな意図がしばしば疑われる。

組織の機能が分かれる度合いが強く、部門間の信頼が薄いと、互いに緊張関係になり、各部門は関係を育てるより維持するのにエネルギーを使う。

これまでの組織の〝機能分化〟についての説明を踏まえて、考えてほしい。
あなたの組織にはどんな徴候が出ているだろうか？
あなたの組織のチームにどんな影響があるだろうか？

機能が分かれることによって組織内がさまざまな面で断絶すると、チームの一員であるという喜びが奪われ、無関心が生まれ、やがては従業員が「時間は費やすが、エネルギーは発揮しない」というカルチャーになってしまう恐れがある。

「信条」や「価値観」がもたらす分断

組織が小さいうちは、同じような価値観や信条を共有しているかどうかが、人を雇うときの第一関門だ。従業員は「何をするか」を共有するだけでなく、もっと重要なことだが、「なぜそれをするのか」、すなわち共通の目的を共有している。サイモン・シネックの著書『ＷＨＹから始めよ！　インスパイア型リーダーはここが違う』によれば、組織が成長するにつれ、信条を同じくする人を求めてではなくポジションのために人を雇いはじめると、組織に分裂が生じるようになるという。共通する価値観や信条より、候補者の書類上の人物像が採用の基準になる。

こうして採用された新しい従業員は、専門能力にすぐれ、自分の仕事が何であるかも理解しているが、組織の存在理由――その仕事をなぜするのか、何を信じ、尊重しているのか――は理解していないかもしれない。そのような従業員が増えていくことによって、ストレスが高まり、情熱はしぼみ、「昔とは違う」という声が出る。そして組織からは大義や目的が失われ、つながりが希薄になる。

要するに、「つながりを保つ」ことは組織が成長するにつれて大きな課題になるのだ。昨今の現代的な働き方では、小規模のビジネスであっても、つながりが希薄になる可能性がある。組織内のつながりが希薄になるほど、従業員が〝プラグ抜け状態〟やエンゲージメントの低下した状態になりやすい。

私たちの調査からは、従業員はつながりを欲し、人の支えを感じたいと望み、協力して働き、責任を共有していると感じたいと望んでいることがわかっている。エンゲージメントを取り戻す要素の1つは、「つながりのあるカルチャーを築くこと」だ。次のセクションでは、どうすればそれができるのかに焦点を当てる。

あなたの組織につながりを築く方法

従業員が相互に、また会社に対しても誠実に責任を果たすエンゲージメントのある場所になるように、企業は自らをつくり直さなければならない。そうするための最良の方法は、「つながり」という要素を強化することだ。組織のつながりが希薄になる本質的な原因のそれぞれには、つながりを取り戻す方法も含まれている。

人間関係を築く

これから組織内のさまざまな断絶に対処するために考慮すべきことを提案したい。詳しく述べるまでもないことは要点のみにとどめ、それ以外はより詳しく説明する。

あなたの組織は「横のつながり」がどれだけあるだろう？

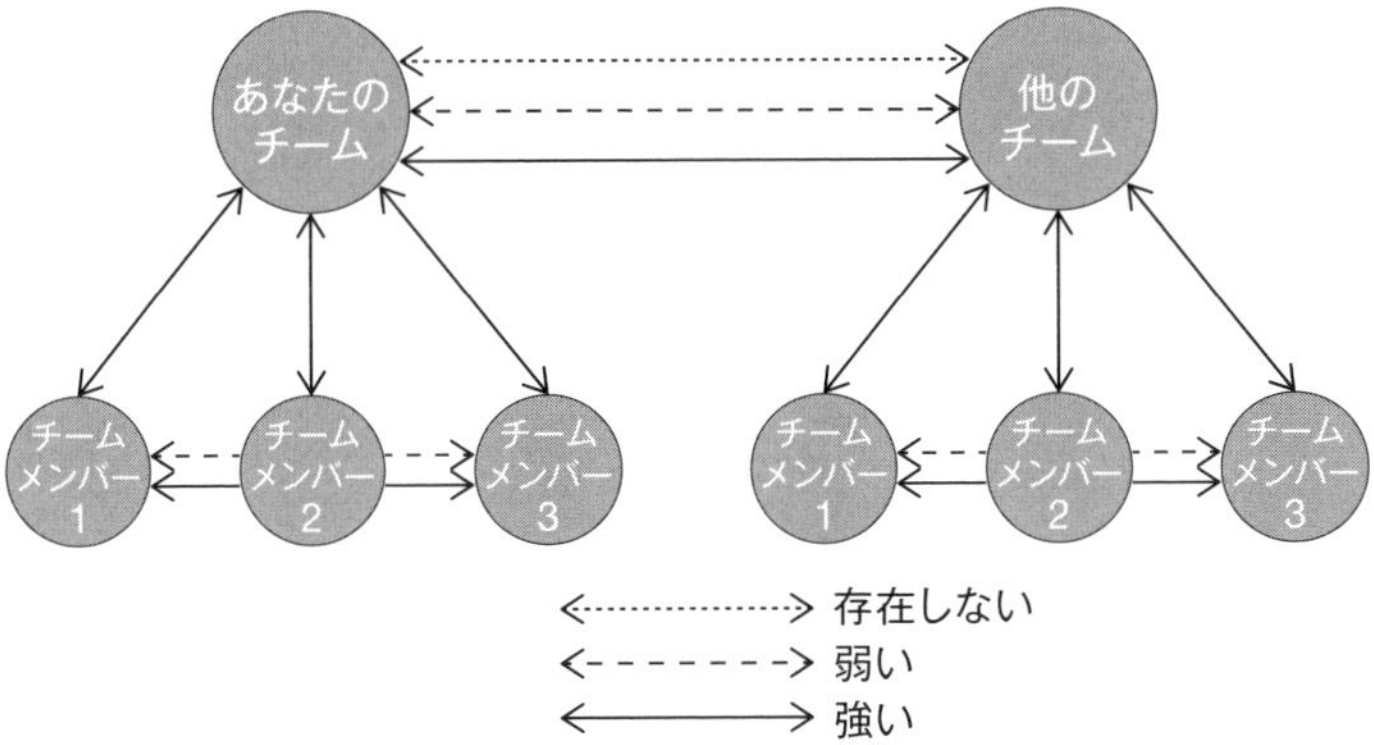

経営層の重要な責任の1つは、人間関係を築き、適切な人どうしがつながるようにすることである。

これは、距離のせいで切り離された従業員にも、職務によって切り離された従業員にも当てはまる。

上のモデルを参考にして、あなたが置かれている状況を確認し、つながりを強める方法を考えてみよう。

このモデルは職務内または拠点内、あるいは職務や拠点にまたがるつながりのレベルを表している。上の円はリーダーとそのチーム・職務・拠点を表す。この図にさまざまな職務を当てはめて考えてみてほしい。下の3つの円は、2つの職務のどちらかに従事する3人のチーム・メンバーを表す。このメンバーたちは直属の部下としよう。

それぞれの線は、図中の個人間のつながりのレベルを表す。つながりのレベルは、ある組織のカルチャーにおいて

「存在しない」から「弱い」「強い」までの幅が考えられる。

ある部門のリーダーと同僚のリーダーたちとのつながりのレベルは、3つのレベルすべてが当てはまりうる。この部門のリーダーと他のリーダーとの関係は、相手によって強いこともあれば、弱いか存在しないこともあるということだ。たとえば、マーケティング・チームと営業チームの関係はおそらく強いだろうが、マーケティング・チームとITチームの関係は、一緒に仕事をする時間がさほど多くないので、おそらく弱いだろう。

あなたの同僚である部門リーダー、チーム・リーダー、拠点リーダーについて考えてほしい。少し時間をとって、それぞれとのつながりの強弱を評価してみよう。

理想を言えば、リーダーとチーム・メンバーとの間に、あるいは異なるチーム・部門・拠点の直属の部下との間に強いつながりがあるべきだ。チーム・メンバーどうしにも強いつながりがあってほしい。

しかしチーム・メンバーが地理的に分散して職務に従事している場合、「強い」から「弱い」まで、チームにはさまざまなレベルのつながりが存在するのはやむをえない。

あなたの部門・拠点・チームのメンバーたちについて考えてほしい。少し時間をとって、メンバーそれぞれとのつながり、メンバーどうしのつながりの強弱を評価してみよう。

多くの組織では、あるリーダーの部門・拠点・チームのメンバーと他の部門・拠点・チームのメンバーとのつながりはたいてい弱い。異なる部門・拠点・チームのリーダーどうしのつながりはあったとしても、メンバーどうしのつながりはないに等しい。次のシナリオが発生するなら、それが組織の実情ということになる。

あなたのチームのメンバーの1人が、他のチームのメンバーとの間にトラブルを抱えている場合、その人は解決を求めてどこに行くだろう？

再び職務の分化を例にしよう。あなたの部下が他部署の従業員との間にトラブルを抱えているとしよう。その部下は、問題解決にはあなたが適任だと考えている。あなたと他部署のリーダーとの関係が良好なら、そのリーダーは協力してくれるだろう。トラブルの相手方である部下のところに行って、何らかの解決を求

そのトラブルを、当事者間で解決するのに足りないものは？

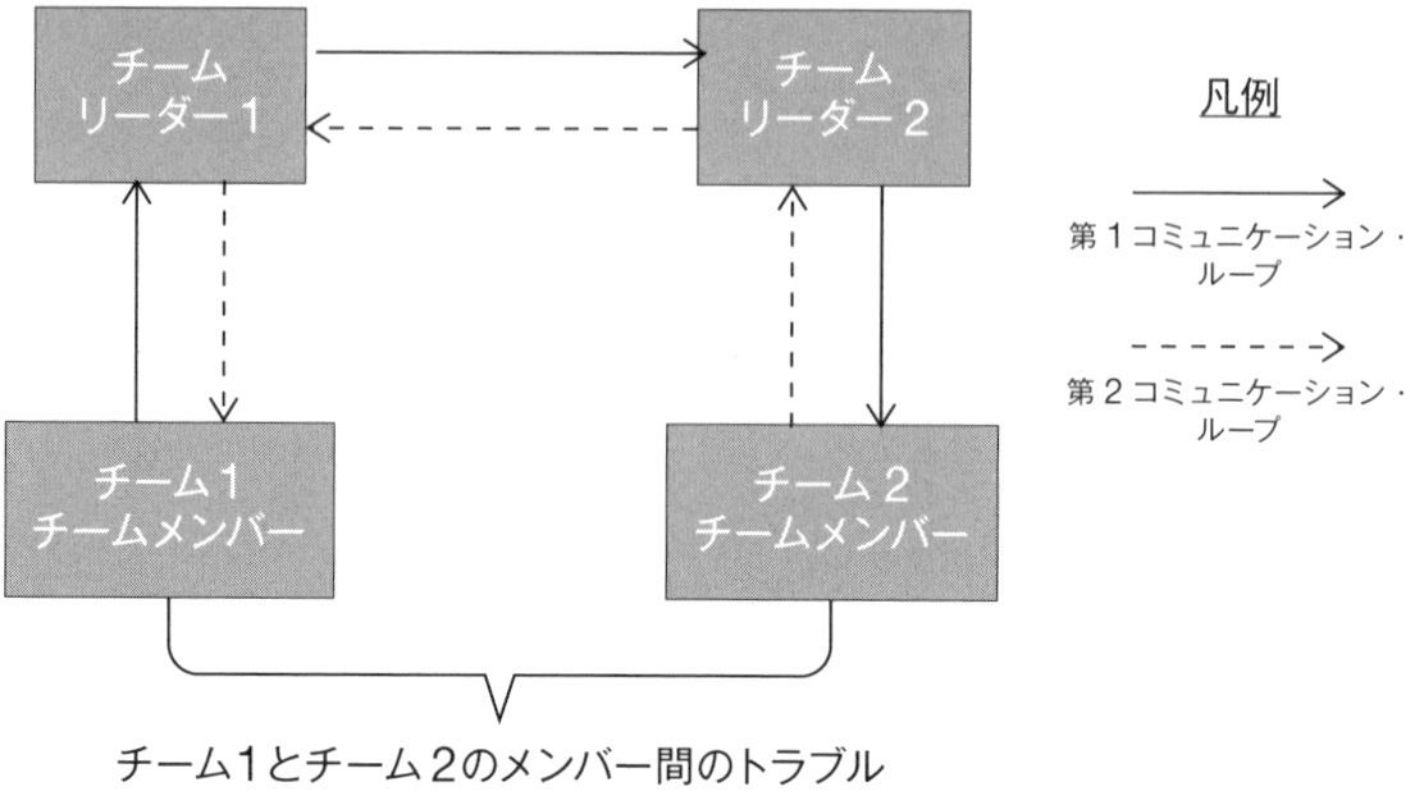

めるはずだ。それから、そのリーダーはあなたに結果を報告し、あなたはそれを部下に伝える。もし解決しなかったら、問題はあなたと他部署のリーダーとの間を行ったり来たりし、かなりの時間とエネルギーを奪うことになる。

リーダーシップの重要な役割の1つは、適正な関係を築くこと——ふさわしいメンバーどうしをまとめて、当人たちの生産性とエンゲージメントを高めることだ。今の例なら、2つの部署のメンバーどうしにつながりがあってしっかりした仕事上の関係が築かれていて、メンバーどうしで互いに交渉できれば、リーダーの介入なしに問題を解決できただろう。そうすれば、リーダーのエネルギーも時間も節約できたはずだ。

地理的な分断や職務の分断がある場合、つながりを取り戻す第一歩は、いずれ交流が必要となりそうなメンバーどうしの人間関係を築くことだ。関係ができれば、これから順次述べる対策の提案を当人たちが応用していける。

地理的な分断を乗り越える

ファイザー・ワールドワイド・リサーチ・アンド・デベロップメント社の低分子薬学のトップ、サラ・ケリーから聞いた話を紹介しよう。チームを構築して適正な人間関係を築き、協働を促進する模範的な事例だ。

製薬業界では、新薬に関する仕事は企業の研究部門で行われるのが通例です。新薬が開発段階に進み、臨床試験も成功すると、製造部門が量産体制に入り、新薬は商用化されます。このプロセスのモデルは数々ありますが、屈指の優良事例はファイザーです。新薬が臨床試験のフェーズⅡからフェーズⅢに入ると（開始から3〜5年）、両部門の代表者たちによる合同チームが結成されます。この合同チームは、時差が大きく、地理的にも分散しているという条件のなかで協力して、新薬のいわゆる「共同開発」に従事します。合同チームは、研究、品質、薬事規制、製造部門の各代表者たちと意思決定者が全員で共通の成果をめざして一体となり管理します。専門的な問題が発生すると、チームが連携して解決します。このモデルは何十年と変わっていません。その中核は強固な人間関係と協力です。両方がそろわないと共同で新薬を世に送り出すことはできません。

・親交

地理的な一体感を生み出す方法として一般的なのが親交を深めることだ。

メンバーどうしが親しいほど、地理的には互いに離れていたとしても、コミュニケーションをとり、協働する可能性が高い。

一方、相手の名前や評判しか知らなかったら、つながりができる可能性は低い。親交を築くために必要なのは、関係をつくるべきメンバーどうしが互いに知り合うという目的で直に会い、コミュニケーションをとる最良の方法を考える機会をもてるようにすることだ。直に会うのが容易でなければ、ビデオ会議や電話で時間を過ごし、互いを知り、つながりを保つ方法を確立してもらう。

・クロスポリネーション（異種交流）

先に紹介した地理的な断絶の事例――より広域のプレゼンスとサービスを拡大する手段として、州外のあちこちにある従業員数10～12人の小企業の買収を進めている企業の場合、クロスポリネーション（異種交流）が断絶解消の決め手となった。本社の従業員に小さい拠点へ異動する機会を与えたり、小さい拠点のメンバーを一定期間本社で働かせたりすることが有効だったのだ。そうしてメンバーどうしが親しくなれたことが、相互影響の顕著な例になった。子会社側と本社側のメンバーが相手の仕事のやり方を学び、小さい会社と大きい会社の経営というものを経験し、価値観や信条を共有し、相手を知ることができたからだ。

・バーチャル・チーム

地理的には分かれているが、他の拠点のメンバーと似通ったサービスや職務に従事しているなら、「バーチャル・チーム」という意識をもたせると、つながりが生まれやすくなる。

バーチャル・チーム（「地理的に分散したチーム」「分散チーム」「リモート・チーム」とも呼ばれる）とは、各種コミュニケーション・テクノロジーによって、時間、空間、組織を超えて強く結びついて働く人々の集団を指す。このつながり形成の開始に際しては、親交がきわめて重要だ。初会合は、可能なら直に顔を合わせて行うと、チーム・メンバーどうしが知り合い、それぞれがチームにどんな貢献ができると考えているかを知ることができる。この「チャータリング」（後述）の集まりは、チームへの期待を設定し、共通の目的を定め、チームの交流の方針をつくり、チームとして注力すべき仕事の枠を決めるために必要だ。メンバーに互いに知り合う機会を与え、メンバーをチームのアイデンティティづくりに参加させることは、バーチャル・チームとして機能するための土台となる。

バーチャル・チームの活用を成功させるには、あと2つ必要な要素がある。「プロセスをリードする人の強さ」と「視覚・聴覚的な交流を容易にする強力なテクノロジー」だ。

職務による分断を乗り越える

組織が断絶する理由の2つ目は職務によって部門を分けることだ。職務は仕事と仕事を区別するものだが、「縦割りのサイロ志向を促す」「協力の障壁となる」「全体の中の自分の部分だけ守ればいい」といった弊害を生むこともある。つながりを築くには、企業がこの職務による〝機能分化〟の弊害を補わなければならない。具体的な対策を紹介しよう。

脱分化

「脱分化」とは、組織をグループ分けしている機能分化した思考――たくさんの帽子――をいったん脇に置いて、「ワン・ハット（1つの帽子）」と呼ばれるものをかぶる行為を指す（訳注：hatは「役目」「職業」も意味する）。

うまくつながりを築くには、異なる職務を代表するリーダーや従業員が個々の帽子（職務のアイデンティティ）を脱いで、全員を束ねている全体を論じる1つの帽子をかぶれるようになる必要がある。たとえば、人事、財務、事業開発、製造のメンバーから成る幹部チームなら、「ワン・ハット」が意味するのは、「部門を代表してそこにいる」という考えを全員が一時的に脇に置き、メンバーのマインドセットを変えて、全体、すなわち「社業に責任を負うとは何を意味するか」に焦点を絞るための1つの帽子をかぶるということだ。チームがこの〝全体〟というアイデンティティを受け入れて、心からのつながりを感じなければならない。

自分の職務というパイの1切れを支持・弁護することが妥当な時間も確かにあるだろうが、チームはより多くの時間を、通常考えたり行動したりしているレベルより一段上のレベルに集中しなければならない。「ワン・ハット」を〝経営陣〟や企業名と解釈すれば、それは企業の指揮に共同責任を負う部門リーダーたちを意味することとなる。同じことが1つの職務部門内にも当てはまる。担当職務の指揮に共同責任を負うメンバーが集まったチームとして見るなら、職務チームはどのような存在と言えるだろう？

サウスカロライナ州スパータンバーグを本拠とする大手繊維会社、ミリカン社出身の私たちの友人は、脱分化を「高度を上げたヘリコプターの法則」と呼んだ。彼は次のページの上の図のように地面に接近したヘリコプターの絵を描いて見せてくれた。

ヘリコプターが低空を飛行するほど、パイロットが眼下に見るものは限定される。パイロットはそれぞれ地形の異なる絵を見ている。結果的に、パイロットは他の地域を見ようとすれば自分の地域が見えず、自分の地域を見ようとすると自分の地域が見えず、ましてその両方を見るのは至難の業となる。

低空飛行では狭い範囲しか見えないが、高度を上げると全体を見渡せる

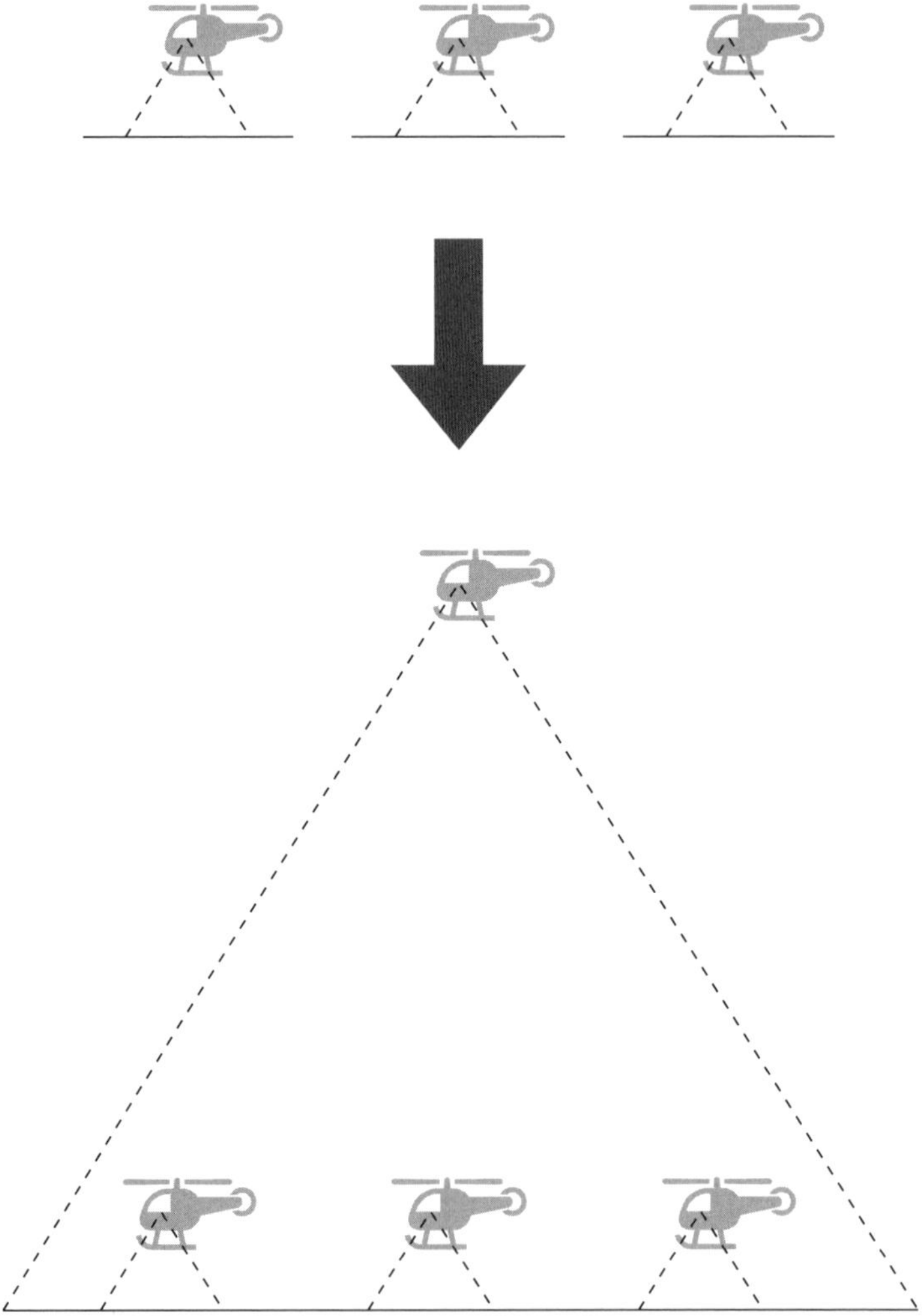

異なる職務をつなげようとする場合、決め手は下の図のように高度を上げて飛ぶことだ。そうすると、風景を見る視点が変わり、パイロット全員が自分の部分だけでなく全体を見ることができる。

何年か前、スカンスカ・USA・ビルディング社が、地域COO（最高執行責任者）と専門サービス・グループ（法務、財務、プロジェクト管理など）から成るリーダー・チームを結成したことがあった。全員がこうした職務の線引きによって分けられ、ヘリコプターを低空飛行させていた。メンバーは機能ごとに分かれていて、チーム全体として機能不全であると評するメンバーもいた。経営層が変わり、ビル・フレミングがチームのトップに就いた。彼が最初に行ったのは、配下の幹部リーダー・チームを集めて、いくつかの価値観をはっきりさせたことだ。その1つが「ワン・ハット（1つの帽子）」と呼ばれる価値観だ。それは、「私たちは、個々の課題や単純な情報共有ではなく、この組織をいかに指揮するかに集中してともに時間を過ごす」ということであった。

フレミングは、自分だけがリーダーになるのではなく、責任を共有するチームをつくった。今や全員がほとんどの時間を協力して過ごし、ビジネスに集中し、また1つのチームとして組織を指揮する意味に集中している。

協働を大切にするマインドセットを養う

つながりを強める2つ目の方法は、組織のカルチャーに「協働を大切にするマインドセット」を養うことだ。

あらゆるレベルの協働が増せば、つながりも増し、そしてエンゲージメントも増す。

パフォーマンスの高い組織は、その成功の背景として、協働を大切にするカルチャーとそれが生産性に及ぼす影響を挙げることが多いだろう。協働を大切にするカルチャーの実現に寄与する2つの要因がある。

・第1の要因は、「信頼し合い、支え合う同僚、自分の成功だけでなく、仲間の成功にも関心を示す同僚と働いている」という気持ちである。従業員が「仕事仲間とのつながりが希薄だ」と感じている場合や支え合いが乏しい場合は、エンゲージメントを維持するのは難しい。

組織内のマインドセットを測ってみよう

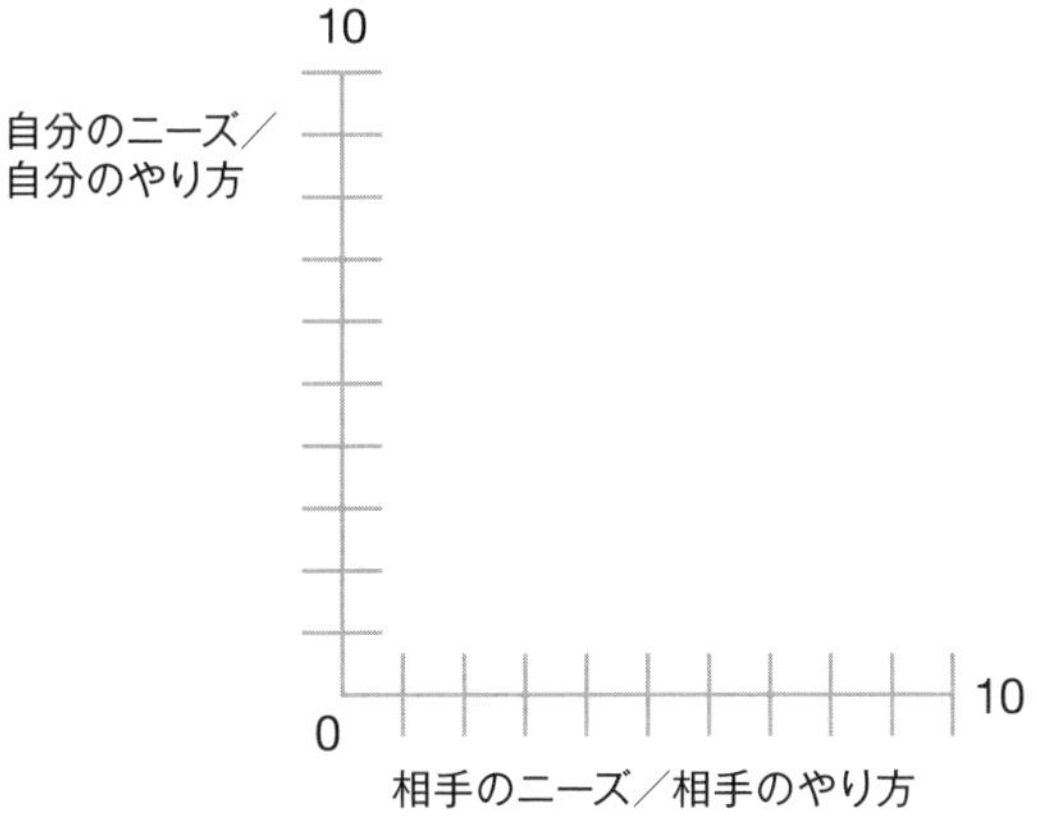

・第2の要因は、協働を大切にするマインドセットで仕事をすること、つまり、異なる職務や個々の視点を統合して、共通の成果を達成するプロセスである。

組織内には、「競争」「妥協」「協働」という3つのマインドセットが存在すると考えられる。目盛りの0（ゼロ）は、その人の思い通りになっていないことを表し、10は思い通りになっていることを表す。

各職務部署の長がそろった席にあなたもいるとしよう。社長がフルタイムの従業員を新たに4人雇うために予算の増額を発表したばかりだ。これはよい知らせではあったが、現実には、増員を要請しているすべての部署のニーズを満たすには不十分だった。各部署とも4人の新規採用を要請していたからだ。あなたも部署のリーダーの1人であり、全体として、「各部署が何人獲得するか」について、合意を形成しなければならない。

各リーダーは可能なら4人とも欲しいので、自分のニーズを主張する。つまり、このモデルで言えば、できるだけ

組織内のマインドセット①「競争」

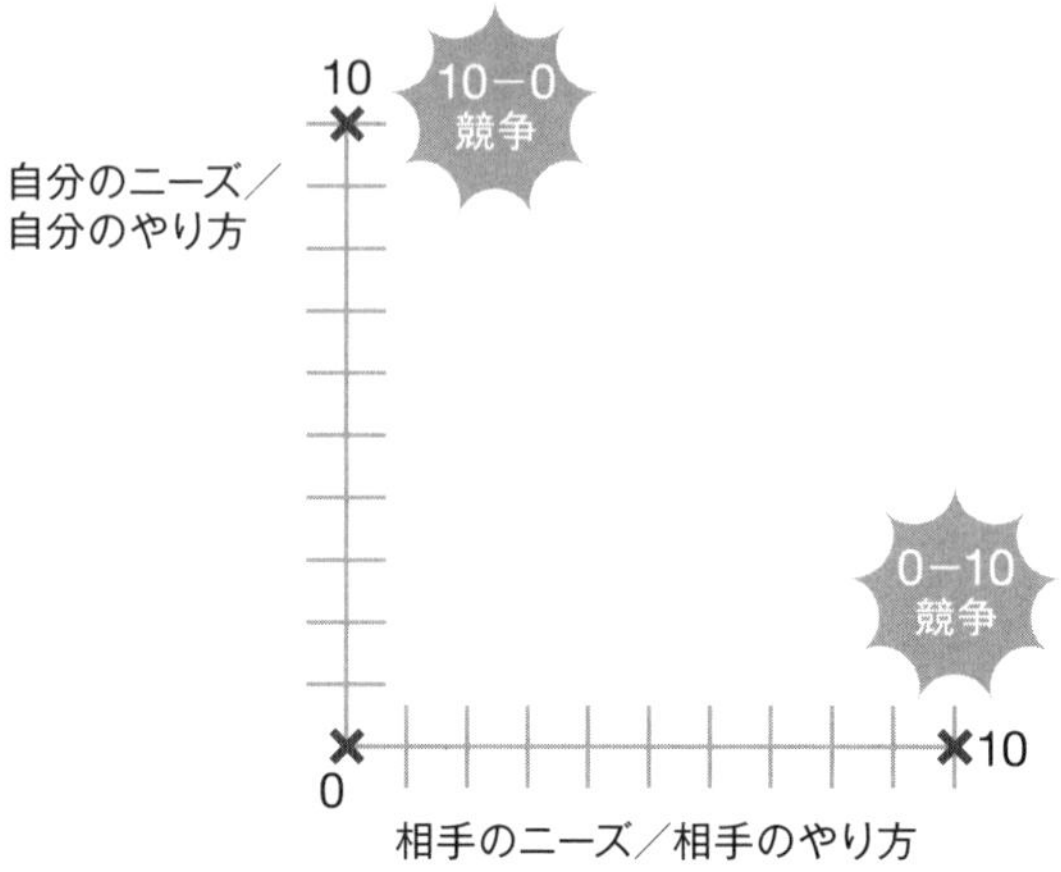

目盛りの10に近づこうとするのが人情というものだ。そうすれば自分のニーズや望みは満たされるが、問題はテーブルを囲むリーダーそれぞれが勝ちたいと思っていることだ。負けを味わいたい人はいない。

あなたはおそらく熱心に他のリーダーたちを説得して、自分の部署が人材を獲得すべき理由をわからせようとするだろう。同時に、他のリーダーたちも同様の主張をするはずだ。そして、あなたが人材を獲得して他部署は獲得できないとしたら、他部署のリーダーたちが怒ったり大騒ぎしたりしないでほしいと願うだろう。他のリーダーたちとて思いは同じだ。この状況から、次の3つのシナリオを想定できる。それぞれ組織で出くわすマインドセットのタイプを表している。

・競争

この「競争」シナリオは、マトリックス上の10―0として展開する。他の部署が人材を獲得すれば、他の部署は獲得できない。このシナリオは勝つか負けるかだ。自分が勝てば、相手は負け、だからそれは、10—0で自分の望み通りになる。相手が勝てば、自分は負け、だからそれは0—10で相手の望み通りになる。もしあなたがこのマインドセットをもっている場合、あなたは自分のニーズをアピールしがちだ。他部署もまた、それぞれのニーズを訴えるだろう。

いつのまにか「最も人材が必要なのは誰か」「前回の増員で誰が最も得をしたか」といった議論になっているかもしれない。ことによるとあなたは議論の相手を「利己的だ」とか「不公平だ」とか批難するかもしれない。

議論が白熱していくうちに、ついにあなたが他部署のリーダーたちに腹を立てることもあるだろう。あなたが人材をすべて獲得し、他部署が獲得できなかったら、あなたは満足し、他部署のリーダーたちは落胆する。こうして一同の関係にひびが入る。

10—0のマインドセットの要素があなたの組織のカルチャーにあるだろうか？
個人間、グループ間に競争が多いだろうか？　勝った人が報われるだろうか？

・妥協

この人材問題にもっと穏便に取り組む方法もある。各部署の人材が必要な理由は無視して、単純に各部署に1名ずつ新しい従業員を割り振るのだ。

組織内のマインドセット②「妥協」

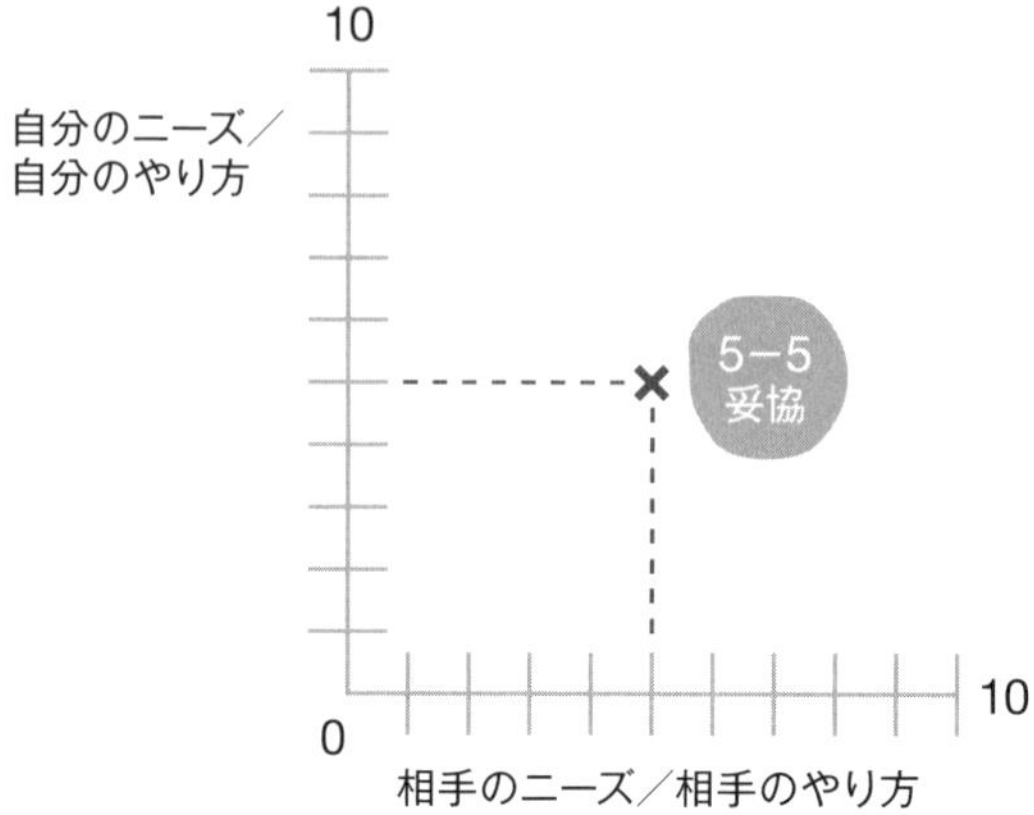

この5―5の「妥協」シナリオでは、「自分は部分的に自分のやり方を通し、相手も部分的に相手のやり方を通す」となる。誰も完勝しないが、そのかわり誰も完敗もしない。

これで当事者全員が「これ以上の解決策はない」という思いになるかもしれないが、果たしてそうだろうか？　当事者たちは少なくとも対立は避けた。負けを味わう部署はなかった。

「誰が最も人材を必要としているか？」という問いを曖昧にしたまま、対立を避ける手段として妥協することがあまりにも多い。

あなたの組織は難しい状況を処理する手段として妥協する傾向があるだろうか？
妥協が組織のニーズを満たす最善策だろうか？
あなたにとっては？

組織内のマインドセット③「協働」

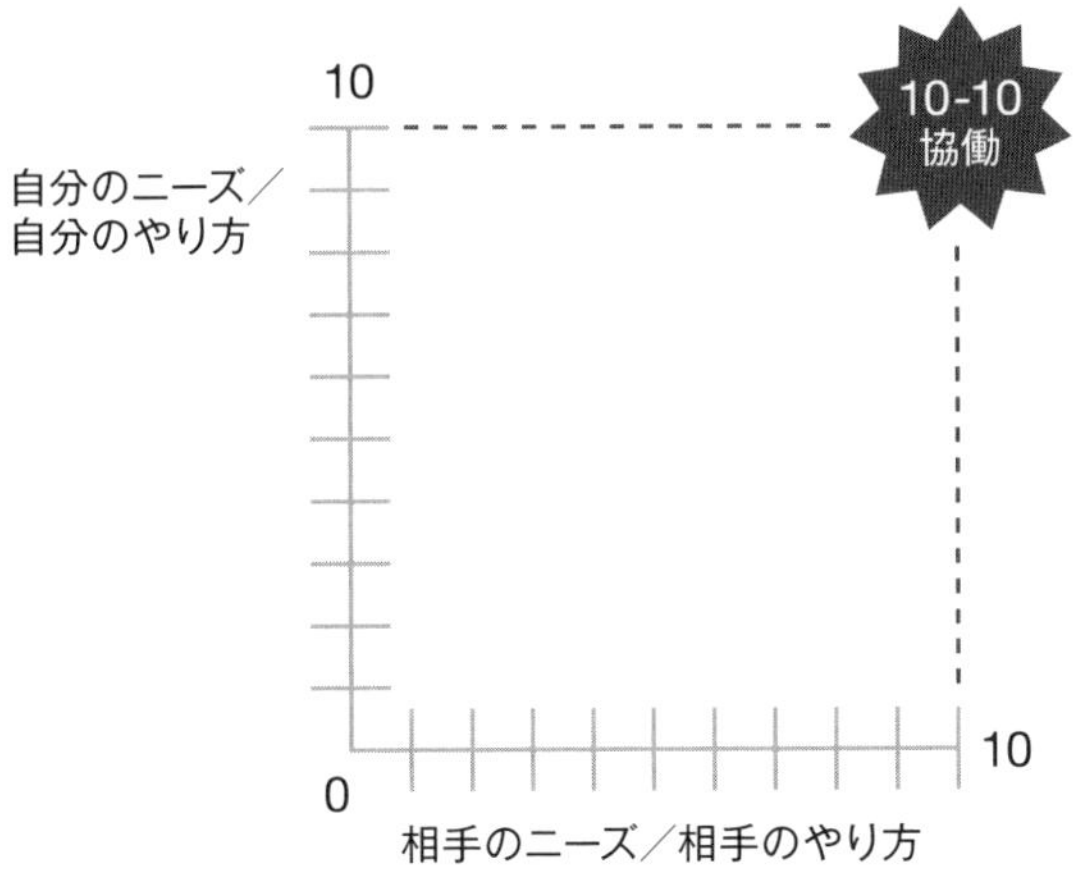

・協働

第3の選択肢は「協働」だ。人材をめぐる話し合いが始まるとき、論点が「全員が何を解決することに関心を寄せているか？」と「組織全体にとっては何が最も利益になるか？」という問いだったとしよう。そうなると、当事者たちが協働して最善の解決策を考え出すことに重きが置かれる。つまり、10—10、ウィンウィンのシナリオだ。協働が生まれるのは、リーダーたちが自部署のニーズよりも組織全体のニーズを重視しているからだ。

何が最善かを決める基準が、自分の置かれた状況ではなく、組織全体なのだ。協働を大切にするマインドセットを確立するには、決め手となる要素、〝相互利益〟が必ず存在しなければならない。当事者全員の望みは何か？

このシナリオで、当事者全員が「望んでいることは組織全体の長期的な健全さと安定にとって最善のことだ」と合意すれば、〝相互利益〟が確立される。関心の焦点が組織の長期的なニーズにあるとき、それが人材を配属する基準になる。
長期的に見れば全員の利益になる組織の問題の解決に一役買った――リーダーたちはそう思いながら席を立つのではないだろうか。こうして高いレベルのつながりが生まれる。

協働を大切にするマインドセットを確立するには、決め手となる要素、〝相互利益〟が必ず存在しなければならない。

先のファイザー・ワールドワイド・リサーチ・アンド・デベロップメント社の事例で、サラ・ケリーが強調したことがある。リーダーは、分散したチームが団結する方法を構築するだけでなく、さらに重要なこととして、共通の成果をめざして連携しなければならないということだ。それには強い人間関係と協働を大切にするマインドセットが欠かせない。

あなたの組織は〝相互利益〟について考えるカルチャーになっているだろうか？
従業員に「組織全体にとって何が最善か？」を問う傾向があるだろうか？
最善の解決策を見つけた人が報われるだろうか？

相互影響と協働を「当たり前」にするために

第2章で、相互に影響を与え合う関係という概念について、次の定義を用いて紹介した。

「相互影響とは、それぞれが互いの考えや行動に影響を及ぼしうるということである。相互に影響を与え合う関係とは、双方が自由に話し、反論し合い、相手の提供するものを聴いて受け入れることが奨励されるオープンな仕事の人間関係である」

チームが協働を大切にするマインドセットで仕事をする場合、一緒に達成しようとしているチームの目標をメンバー全員がはっきり知り、目標に共鳴し、目標達成の最善策について感化し合う必要がある。

協働を大切にするカルチャーでは、自由に意見を言って感化し合える雰囲気があるだけでなく、メンバーはそのためのスキルも身につけていなければならない。協働を大切にするカルチャーの推進役として誰よりも重要なのは、リーダーであるあなただ。それにはまず自ら相互影響のスキルを実践し、さらに、そのスキ

相互影響のスキル

・よく聴いて相手を知る

・自分の考えを表現して探究する

・多様な考えを統合して最善策を考え出す

ルは誰でも獲得できるものだと部下に思わせなければならない。

相互影響の前提として、次のことができる必要がある。

・自分が何を重要だと考えているか、自分の役割を果たすのに何が必要かについて、明瞭かつ率直であること。

・人が何を重要だと考え、何を必要としているか耳を傾けること。

・相手を責めたり、決めつけたりせずに、目標達成の手段についての意見の相違があることを述べること。

・人が異なるものを求め、異なる視点をもつ正当性を受け入れること。

・共通の目標を達成するために共同で問題解決に参加すること。

人に影響を及ぼすためには、共通の目的を達成することをめざして一人ひとりが率直に、オープンにコミュニケーションをとらなければならない。人と人とがつながり、協働して何か価値あるものを生み出すために役立つスキル・セットが、上に示した3つである。

よく聴いて相手を知る

協働を大切にするカルチャーでは、一緒に解決策を考え出すためには、人の考えや想定を理解するために話を聴くのが理想だ。

人のマインドセットが競争、妥協、協働のどれであるかによって、話を聴く理由も異なる傾向がある。競争のマインドセットの人は、理論武装して1点稼ぐとか、相手が言ったことを論破するために話を聴くことが多い。妥協のマインドセットの場合、話を聴く意図は、調和をつくり相手の気分を害さないことだ。しかし、協働のマインドセットの場合、話を聴く意図は、違いを知り、そこから最善の解決策を考え出すことになる。

「よく聴いて相手を知る」とは、相手が話すかもしれない利害やものの見方に耳を傾けるという意味だ。違いを土台にして最善の解決策を考え出すには、違いを顕在化させることが必要だ。異なる見解の意味を聴いて理解するには、まず話をよく聴くことだ。そうするために必要な具体的なスキルは次の通りだ。

・異なる視点を探し求める。
・ものの見方、想定、利害を探って明確にする。
・解釈を確認して確実に理解する。

「内省的傾聴（リフレクティブ・リスニング）」で、次のようにして相手の言おうとしていることの意味に意識を向けよう。
・相手の言おうとしていることの本質に耳を傾ける。
・メッセージの裏にある利害に耳を傾ける。
・聴いたことをまとめる。

「探求的傾聴（インベスティゲイティブ・リスニング）」で、次のような目的で相手へ質問するとしたらどのような質問か考えよう。
・メッセージを明確にする。
・自分の理解を完全なものにする。
・自分の解釈を検証する。

この「よく聴いて相手を知る」のスキル・セットを用いれば、相手の考えを知ろうとする意図をもって相手の視点に意識を向けることができる。相手が進んで人の影響を受けようとするのは、自分が理解されたときだ。

自分の考えを表現して探究する

人の話をじっくり聴く人もいれば、自分の考えを話そうとする人もいる。往々にして人は思いを表現して自分の考えを擁護したり、相手を説得したりする。

このスキル・セットに関して言えば、人のマインドセットが競争、妥協、協働のどれであるかによって、自分の考えを表現する理由も異なる傾向がある。競争のマインドセットの場合、その意図は勝って自分の考えを優勢にすることだ。妥協のマインドセットの場合、誰かの気分を害するのを避けて、その場を丸くおさめるつもりで思いを表現する。しかし、協働のマインドセットの場合、その意図は共通の目的の達成に貢献することになる。

「自分の考えを表現して探究する」とは、自分の考えを吟味し、人の考えと結びつけるために自分の考えを表明するという意味だ。自分の考えを検証し、もっとよくするために吟味や提案を請うような形で表現することが重要だ。考えの伝え方によって解決策の一部と見なされるかどうかが決まる。それを達成するには、次の具体的なスキルが役立つだろう。

・考えや意見を述べて、グループで吟味してもらう。
・質問をしてもらって、全員の想定を検証する。

自分の考えを初めて述べるときは、
・考えをオープンに伝える。
・想定や論拠を説明する。
・支持や批判を求める。
・改善や代替の提案を求める。

相手の考えに反応するときは、

・より詳しい説明を求める。
・支持や代案を提示する。
・改善や向上を意図して提案する。
・別の観点を求める。

この「自分の考えを表現して探究する」というスキル・セットを用いれば、確信がもてなくても、正しくなくても、考えを提案できる。偏りのない考えを紹介できるのだ。つまり、〝提案する人〟と〝提案の内容〟を切り離してニュートラルにするという意味だ。だからみなは自由に、提案をたたき台にしたり、異議を唱えたり、受け入れたりできる。

多様な考えを統合して最善策を考え出す

行動だけでは協働にはつながらない。行動の背後にある意図もまた重要だ。あなたがよりよい解決策を考え出すつもりなのだと思わないかぎり、人があなたの考えに影響されることはない。複数の利害の要求を満たし、問題をほんとうに解決する——そんなよりよい解決策が考え出されるのは、多様な考えを統合するときだ。

それを達成するには、次の具体的なスキルが役立つだろう。

・解決しようとしている問題や達成しようとしている結果を明確に述べる。問題や望ましい結果をシンプルな文章で述べる。それが解決したい問題なのだと認める。
・主要なステークホルダーと各々の関係者の最大関心事を明らかにして、利害に優先順位をつける。各利害についての想定を見直し、各々の相対的な重要性を評価する。
・複数の利害の要求を満たす選択肢を考える。望ましい結果を達成する解決策案に、どうすれば優先すべき利害を含めることができるかをブレインストーミングで検討する。「AもBも」アプローチを試すか、「もし……だったら?」と問う。
・多様な考えを斬新な解決策にまとめあげる。さまざまな選択肢を設け、起こりうる結果を評価する。解決策を修正して、望ましい結果を達成する。

この「多様な考えを統合して最善策を考え出す」というスキル・セットを用いることは、あらゆる視点を組み込んで最善の解決策を考え出すことに注力することだ。

関係者の見解をよく聴き、それぞれの懸念を理解し、すべての考えを吟味し、互いの想定を見直し、可能性のある選択肢を出したら、望ましい結果を達成する最善の解決策を決定することができる。

相互影響と協働のまとめ

よく聴いて相手を知ることで、相手の伝えたいことを認め、真剣に相手を理解しようとする姿勢になる。

そうすれば、相手があなたに何らかの影響を及ぼし、相手の考えがあなたの土台になるかもしれない。

自分の考えを表現して探究することで、何が必要かを考えてから、自分の考えを提案することになる。そして、提案した考えを検討し、その提案を解決策の一部として土台にするよう、人に働きかけることができる。

多様な考えを統合して最善策を考え出すことで、さまざまな名案を組み込んで解決策を共創することになる。共創した解決策は、ステークホルダーの利害の要求を満たす方法で、結果を達成するものになる。

「チーム」をうまく活用する

つながりを築く3つ目の方法は、チームの戦略的な活用だ。経営層や職務横断型チームのメンバーを分断する〝機能分化〟は克服しなければならない。さもなければ、リーダーやメンバーは「切り分けたパイの自分の一切れを守る」という覚悟のチーム空間に入ることになる。その結果、社内政治、内輪もめ、競争が生じ、そのせいで生産性やエンゲージメントまで損なわれる。「サイロ」と呼ばれる機能分化したチームは、人のエネルギーを著しく消耗させる。本来は仲間であるはずのメンバーどうしが戦うことになるからだ。

これに対抗するには、チームが〝脱分化〟し、〝1つの帽子〟をかぶり、〝大きな矢〟になって一致団結しなければならない。そうするには、先に述べた小さな矢の向きをそろえ、戦略的な統一性をつくる「チャータリング（後述）」というプロセスをチームに導入することだ。

次のページの図の中の大きな矢の意図は、個々の職務のアイデンティティを減じることではない。それらを連携させることだ。連携しているとき、個々の職務はより高いレベルで全体に対する責任を共有し、より

連携が、より高いレベルの責任の共有とつながりを生む

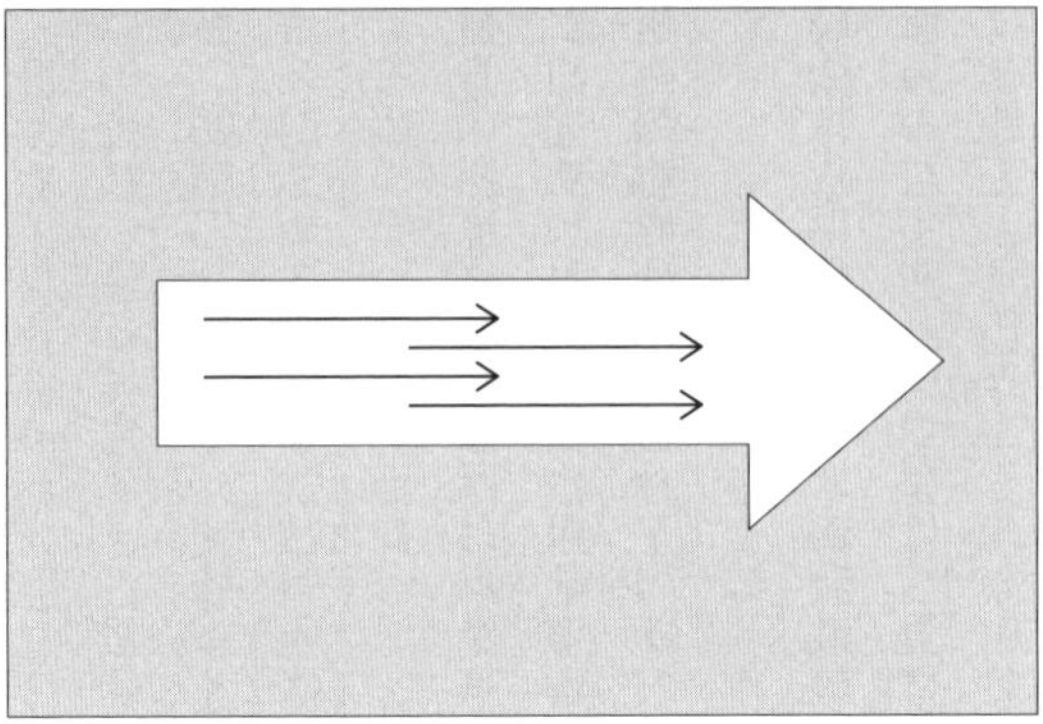

高いレベルのつながりを感じる。

つながりのあるチームの特徴とはどんなものだろう？　パフォーマンスの高いチームの指標を挙げておこう。

・チーム・メンバーが団結している。そして一貫した行動をとり、合致した情報発信を行う。

・チームが一緒に状況を俯瞰する。チームは一歩下がって、争いを観察し、職務全体や組織全体のニーズを読み取る。

・チーム・メンバーが互いの意図と能力を信頼しており、安心して対決したり異議を唱えたりするやり方を有している。明らかに透明性が高い。

・チーム・メンバーが協働を大切にするマインドセットを示す。

・チーム・メンバーが互いに傾聴し、相手を理解する。自然に情報が共有される。

・チーム・メンバーが主要な責務に関して集団としての意思決定を実践している。

・チーム・メンバーが自らを律して職務を果たしている。

・チーム・メンバーが相互に影響を与え合うことを実践している。
・チーム・メンバーが一貫した行動のよりどころとなる価値観（エンゲージメントの条件）に忠実である。
・チーム・メンバーが責任を共有している。つまり、「成功するなら、全員が成功。失敗するなら、全員が失敗」と感じている。
・チーム・メンバーは自分たちをエネルギー・ビジネスに携わっていると考えている。
・チーム・メンバーが〝大きな矢〟という単一のアイデンティティをつくり出す。

あなたのチームはこれらの特徴がどれくらいあてはまるだろうか？

リアルタイムな応用実践：チャータリング

これから紹介する取り組みの目的は、〝大きな矢〟を構築し、仕事のグループ内やチーム内のつながりを増やすプロセスを導入することだ。リーダーとしてのあなたの仕事には、あなたが率いる人たちとのつながりを築くことも含まれる。それはあなたのワークチームかもしれないし、配下の管理職たちかもしれない。

このプロセスは「チャータリング」と呼ばれる。

リーダーが行うステップは次の通りだ。

・チームを特定し、半日から1日の集会を予定する。
・チームに答えてもらう質問を記載したワークシートを作成する。
・チームには次の質問に答えてもらう：
✓私たちは誰のために仕事をするのか？　主な支持者は誰であり、私たちに何を要求しているか？
✓成功するために欠かせない重要なつながりは築けているか？
✓私たちの望ましい結果や目的は何か？　その結果は、チーム・メンバーと私たちの支持者すべてにどんな利益をもたらすか？
✓成功とはどのような状態だろうか？
✓どのような手順を整えなければならないだろうか？
✓個々人はどんな役割を果たすだろうか？
✓私たちの相互関係はどうなるだろうか？
・その質問の結果を利用して、チームを前進させる。

主な目的は戦略的統合を創り出すことだ。チーム・メンバーの「何者になりたいか」「何を達成したいか」をあなたが調整してそろえるのだ。その結果として生まれるのがチームの統一感、すなわち強いつながりと責任の共有だ。こうしてチームは〝脱分化〟し、方向性がそろい、互いにつながる。あらゆるレベルの協働が増せば、つながりが増し、そしてエンゲージメントも増す。

価値観と信条

組織が断絶する理由の3つ目は、組織の価値観と信条に関係がある。

価値観とは何か？

組織の視点から言えば、「価値観」とは、組織が従業員に求めることの基本になるものである。いくつか例を挙げよう。

・**協働**：私たちは一組織として互いに協働することに力を注ぎ、従業員にもそうするよう奨励することを約束する。
・**約束**：私たちは、大小を問わず、互いに対して交わした約束を守る。
・**学び**：私たちは、それを知ることが組織の他の人々の利益になりうる場合、情報や発見、洞察、誤りを共有する。

組織がこのような価値観を述べるとき、「その価値観に従って行動してほしい」という従業員に対する期待も伝えていることになる。

同時に、従業員一人ひとりも自分の価値観をもっている。その価値観は人の行動やモチベーションの基本になる。価値観は本質的に人が達成したいこと、達成しようとしていることを表している。ある人が〝競争〟に価値を置くと言うなら、その人の行動にそれが見て取れるだろう。

組織が小さいうちは、採用候補者の価値観が組織の価値観と似ているかどうかを重視することが多い。しかし先に述べた通り、組織が成長するにつれて、次第に履歴書重視になり、価値観の違いには留意しないことも増える。組織は〝協働〟に価値を置くが、ある従業員は〝競争〟に価値を置くかもしれない。これでは断絶が避けられない。

信条とは何か?

「信条」とは、人が自分自身と身のまわりの社会についてのものの見方やとらえ方である。信条によって人は現実社会を見る際の見取り図をつくる。信条はたいてい普遍化した物言いになり、典型例を挙げると、「所詮、会社は利益がすべてなんでしょ」となる。時折、信条は強く凝り固まったり、感情的になったりもする。組織が利益追求を押し進めながら「すぐれたカスタマー・サービスが持続可能なビジネスにつながる」という基本信条を強調するとしたら、断絶が生じても仕方がない。

本来そうすべきだと思うほど会社が顧客のことを気にしているとは思えず、従業員は不満を表すのだ。従業員と組織の価値観や信条が断絶してしまうと、離職率の増加、不満や緊張の増大、情熱の低下といった結果を招くことが予想される。

価値観と信条に関して、組織と従業員のつながりを維持するための提案をいくつか挙げておこう。

・面接における質問

価値観が人の行動の基本であり、人が達成したいこと、達成しようとしていることを表すなら、それは面接で明らかになるはずだ。相手の価値観に耳を澄まそう。採用候補者の価値観や信条を知る手がかりになりそうな、次のような質問をしてみるのもいいだろう。

・この仕事をしたい理由は何ですか？
・あなたがこの仕事に適任だと思うなら、その判断基準は何ですか？
・当社にどんな価値をもたらしてくれますか？　単刀直入に言えば、あなたのセールスポイントは何ですか？
・入社したらあなたは当社にどんな貢献ができると思いますか？
・あなたのベストの状態において、あなたはどんな行動をとりますか？
・前職では、どんな仕事に充実感を感じましたか？
・あなたが私を面接するとしたら、どんな質問をしますか？

・オンボーディング

有力候補だと思う人を雇ったなら、新入社員と組織の価値観や信条とをつなぐ次の機会として自然なのはオンボーディングの場だ。「オンボーディング」とは、新入社員が職務の場に入って、人間関係やパフォーマンスの面に適応するためのプロセスである。

このプロセスは、「組織社会化」とも呼ばれる。内容としては、顔合わせ、新しい任務や関連して期待されることのオリエンテーション、既存社員への紹介、必要書類の記入、場合によっては、これから溶け込むカルチャーの理解などが含まれる。

新入社員に対して組織の価値観（従業員に期待する行動）と信条を明確にすることをお勧めする。組織の価値観と信条、それを遵守しなかった場合の結果をよく理解してもらうようにしよう。

全従業員に対しても、価値観と信条を可視化し、組織の価値観を常に思い出せるようにし、その価値観が体現されている実例を提供しよう。

・共通の目的：「なぜ？」をつくる

懇親会のような場で「お仕事は何ですか？」と聞かれたことはあるだろうか？

私たちはしょっちゅうだ。そして2人の仕事の共通点を答えてきた。

こういう質問をあなたは何回くらい受けたことがあるだろう？

同様に、組織においても、焦点が当たるのは「どんな仕事をどのようにするか」であって、「なぜその仕事をするのか」ではないことが多い。従業員が従業員としてすることの「なぜ」を理解すること、そして組織が組織としてすることの「なぜ」を理解することは、信条をつなぐ要素であり、従業員に明確な仕事の目的意識をもたらす。

第3章で述べたように、『WHYから始めよ! インスパイア型リーダーはここが違う』の著者、サイモン・シネックは、インスパイア型リーダーは内から外へと仕事をすると考えている。なぜ(Why)――なぜそれをするのか――から出発し、どのように(How)――その仕事をどう片づけるか――に進み、最後に、何(What)――成果は何か――で終わるのだ。組織のエンゲージメントを取り戻すには、外から内へではなく、内から外への〝エッセンスに基づくリーダーシップ〟が必要なのとよく似ている。

ぜひとも従業員が自分の「なぜ?」を明確にできるようにしてほしい。履歴書だけを頼りに人を雇うのではなく、あなたが信じているものを信じている人を雇うことが肝心だ。

あなたと同じものを信じている人に対して、自分の目的は何か、組織の目的は何かを見つけるのを手助けしよう。そうすることで、あなたは従業員の価値観や信条を組織のそれにつなぐことができる。

本章のまとめ

従業員が同僚からの信頼や支援を感じられなければ、エンゲージメントを維持することはできない。残念ながら、多くの組織は地理的に、あるいは機能的に分化して、部門、部署、職務に分かれ、組織を「組織全体の価値観や信条」から切り離してしまっている。その結果、従業員は、従業員どうしのつながりや組織全体とのつながりを感じられなくなっている。

リーダーは、地理的にも機能的にも、また価値観や信条の面でも、高いレベルのつながりを促さなければならない。本章では、組織が断絶する理由を説明し、つながりを取り戻すさまざまな方法を紹介した。

次章では、エンゲージメントの5要素の4つ目、「一体感」を探究する。

第6章

「一体感」
――オープンなコミュニケーションで信頼をはぐくむ方法

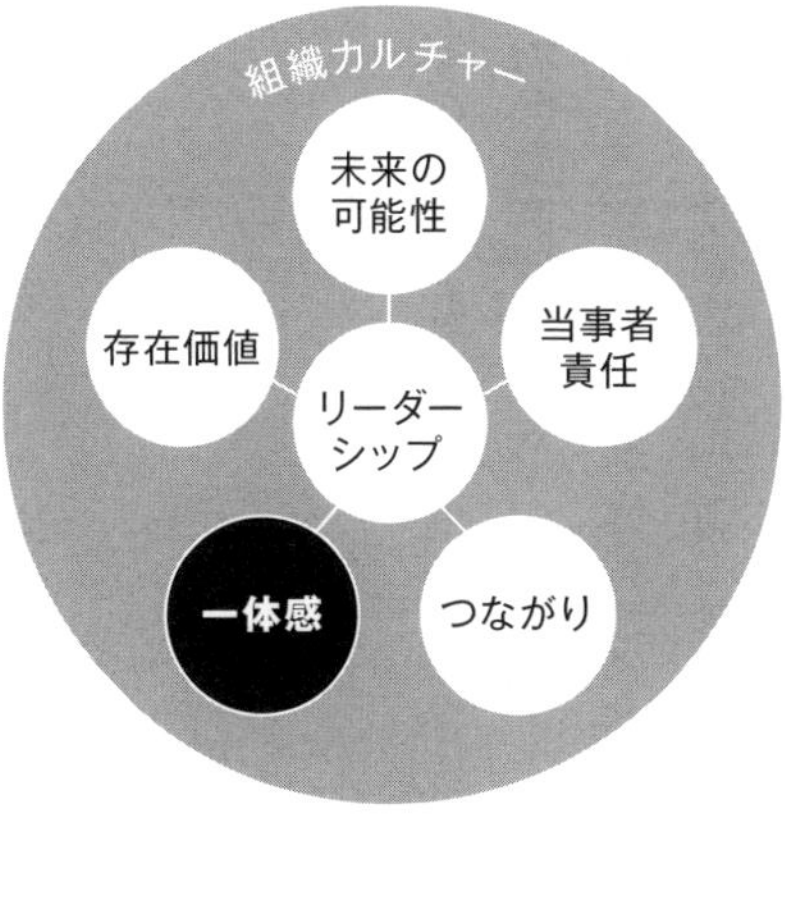

エンゲージメントは、従業員が十分に情報を知らされ、決定プロセスに関与でき、自分の考えや気持ちをオープンに表す機会があるときに生まれる。つまり、人は物事に「関わっている」と感じたいものなのだ。

人はみな、「関わっていたい」と感じている

本章では、再びアヴコー・テクノロジーズの事例に戻り、組織を沈黙させ、一体感を失う原因についての理解を深めたい。コミュニケーションを抑圧する行為を明らかにし、信頼の大切さを紹介する。次にテーマを変え、従業員のエンゲージメントを取り戻す策となるさまざまな組織やチームの一体感をはぐくむ要因を紹介する。

〝プラグ抜け状態〟になった組織の目につく特徴の1つは、〝ノイズレベル〟が下がっていくことだ。「ノイズ」とは、従業員どうしが雑談し、交流し、楽しむ雑多な音全般を意味する。そういう状態を創り出すものは何だろうか?

アヴコーの話をすれば、前社長のナンシーは会社のあらゆる面に関して透明性を保っていた。頻繁にタウンホール・ミーティング（対話集会）を開催し、組織の〝健康状態〟について詳しく説明した。組織に対する自分のビジョンや将来の機会にどんなにわくわくしているかといった話もオープンに話した。

いつも質問を歓迎し、従業員に自分の考えを話すよう促した。ナンシーは従業員が自分もその一員だと感

じられるオープンな環境をつくっていたのだ。従業員はナンシーに問題を率直に話せたし、ナンシーも自分の仕事ぶりに関するフィードバックを歓迎した。買収されたとき、ナンシーは数々の変化を全員が知ることができるよう尽力した。多くの従業員が驚いたのは、買収側の委員会が提供する情報が不足しているということだった。新経営層は、情報共有の努力をしないも同然だったのだ。

新経営層の将来のビジョンや、アヴコーが新経営層の計画の中にどう位置づけられるのか、新経営層の目的やミッションについても何も知らされなかった。従業員のなかには買収側企業の年次報告書を見に行った人までいた。勤務先をよく知ろうとしてのことだ。ナンシーが辞任し、財務の重役がアヴコーの経営トップを引き継いだ後、彼はまず全社規模の集会を開いて自己紹介をし、アヴコーを未来に向けて指揮する喜びを語った。しかし、この最初の顔見せ以降、彼の存在感もコミュニケーションの頻度も減退していった。

ずいぶん長い間、誰も彼から何の話も聞かないことがよくあった。めっきり減った全社集会が開かれるとしたら、その内容はほぼ全面的に会社の財務状況に焦点を当てたものだった。このナンシーの後釜は、〝機会〟よりも〝問題〟を指摘する傾向があった。こうした集会の間、彼は従業員に質問する機会をほとんど与えなかったし、従業員の考えを求めることも決してなかった。

それでも、一度ならず従業員は質問を試みた。受け取ったのは曖昧な回答ばかりだった。従業員は「トップは情報を隠している」と感じた。従業員は何か重要なことが起きていることはわかっていたが、全容がわからないために、当然ながら、手に入った情報の断片を深読みすることになった。新しいトップは質問やコメントに対して怒ったり自己弁護したりして反発する場合もあった。そうすることで、従業員が質問することも、質問の大切さも軽視したのだ。ほどなく、誰もわざわざ質問などしなくなり、誰も意見を言わなくなり、彼の情報共有集会に出席する従業員はどんどん減っていった。結果的に、新しいトップは自身の判断で集会の開催をやめてしまった。従業員は気にしなかった。こうして組織は黙り込んだ。

情報を共有すること、従業員の意見を求めること、話をよく聴くことは、リーダーが使えるエンゲージメントの最強ツールだ。リーダーが情報を共有しないとき、リーダーが話を聴かない人だと言われるとき、従業員が気持ちや考えを話す場がないと感じているとき、エンゲージメントは低下する。

あなたの組織について考えるなら、次の問いに答えてみよう。

・情報共有のないカルチャーの職場に在籍したことはあるか？　そのとき何が起きたか？
・あなたの組織で見かける最大のコミュニケーションの問題は何だと思うか？
・日常のコミュニケーションに関して、あなたの組織の経営層がうまくやっていることは何だと思うか？
・テクノロジーの恩恵でコミュニケーションが容易になったが、あなたの組織ではテクノロジーによってコミュニケーションが効果的になったか？

1の「要改善」から5の「たいへん良好」まで5段階で評価すると、リーダーとしてのあなたのコミュニケーション能力は何点だろう？

あなたのコミュニケーション能力は、5段階評価で何点だろうか

	1	2	3	4	5	
要改善						たいへん良好

あなたの組織が「ひっそりと」してしまう、意外な原因

一体感を失い、〝物言わぬ〟組織になる要因はたくさんある。次に挙げるのは、ひっそりとした組織になる原因を理解しようとする場合に特に重要だと私たちが気づいたものだ。

コミュニケーションの意欲

ほとんどのリーダーは組織の一体感をはぐくむ実践に関しては知識が豊富だ。聴く、質問する、共有する、フィードバックを提供する、人を関与させる、話したり書いたりすることによるコミュニケーション。これらはすべて「能力」、すなわちコミュニケーション能力を表している。

一方、意欲の問題がある。コミュニケーションの「意欲」とは、相互にコミュニケーションをしようとする努力、時間、エネルギーである。

グループ・セッションで、スティーブは参加者によく次の質問をする。

・私の話を聴いてくれたら1000ドルあげます。聴きますか？
・私と情報を共有してくれたら1000ドルあげます。共有しますか？
・気持ちを聴かせてくれたら1000ドルあげます。聴かせてくれますか？

ご想像どおり、全参加者が「はい」と答える。さて、この答えは何を意味するだろう？　人は一体感をはぐくむ行為を実践する各種の「能力」を持っているということだ。しかし、たいてい見逃しているのは、コミュニケーションに注意、エネルギー、時間を割こうという「意欲」である。「うちの経営層は情報伝達や従業員の参加に適切な時間、エネルギー、注意を割いていない」というのが従業員の結論なら、エンゲージメントは低下する。

重要性の認識が意欲を左右する

リーダーがコミュニケーションに時間、エネルギー、注意を割くのか、それとも怠るのは、コミュニケーションをどれほど重要だと思っているかによって決まる。

言い換えれば、重要性とは情報の行き来における優先順位のことである。重要性が高いほど、リーダーは身を入れてコミュニケーション能力を使おうとする。たとえば、リーダーが取締役会に出席するとしよう。その重要性の高さから、おそらくリーダーは自分の時間、エネルギー、注意をその会議に割くだろう。

一方、以前にも会ったことがあり、大した質問や意見は出ないだろうと思っているメンバーのグループとの会議があるとしたら、おそらくリーダーはこの会議の重要性を低いと見なし、それに時間、エネルギー、注意をあまり割くことはないだろう。アヴコーの事例では、ナンシーはコミュニケーションをきわめて重要視していたが、新しいトップは重要性を感じていなかった。

コミュニケーションの重要性の認識次第で、リーダーがどれだけの時間とエネルギーをコミュニケーションに割こうとするかが決まる。

信頼の欠如

トラスト（trust、信頼）の語源は、ドイツ語で「慰め」「～に不安がない」を意味する*trost*である。信頼は個人や集団の健康状態を計る体温計のようなものであり、従業員側の経営層とコミュニケーションをとろうとする意欲を左右する判断基準でもある。

スティーブン・M・R・コヴィーは、共著書『スピード・オブ・トラスト――「信頼」がスピードを上げ、コストを下げ、組織の影響力を最大化する』（キングベアー出版）で信頼の大切さを、次のように説得力のある言葉で表現している。

すべてに共通するものが1つある。それがないと、どんなに成功した企業も、どんなに影響力のあるリーダーシップも、どんなに素晴らしい友情も、どんなに強靭な人格も、どんなに深い愛情も壊れてしまう。それは信頼である。人間関係、コミュニケーション、仕事のプロジェクト、協働など、私たちが行うあらゆる活動の質を補強し、それに影響を及ぼすもの、それが信頼である。

もしメンバーがリーダーの意図を信頼していなかったら、あるいは安心して質問したり、考えや懸念を述べたりできないと思っていたら、メンバーは何を伝えるかにも、どのように伝えるかにも制約をかけることになるだろう。

リーダーと意見が違ったり同意できないことがあっても、メンバーは「それを伝えることには大きなリスクがある」と感じるようになる。だから黙り込む。メンバーはリーダーの前ではなく、閉じたドアの陰で問題を話し合う。リーダーについては話すが、リーダーに向かっては話をしなくなるのだ。

信頼がなくなる原因は何だろう？　可能性のあるものは数々ある。マンチェスター社が2001年に実施した215社のリーダーを対象にした調査によれば、信頼をなくすことにつながるのは次のような行為だ。

・一貫性のない行動をとる、矛盾したメッセージを伝える
・否定的な意図のあるコミュニケーション
・情報を隠す

・半面だけの真実や半分嘘を話す
・私利的である
・狭量である、「正しくあらねばならない」の精神
・人を尊重しない
・人を支援しない
・信頼を裏切る
・約束を破る
・不誠実
・責任を取らず、人に責任を転嫁する
・口で言っている価値観と矛盾する行動をとる
・人を言動で傷つけ、和解しない
・えこひいきをする、一貫性のない基準を適用する

アヴコーの事例を見れば、当てはまるたくさんのことが、従業員を沈黙させたことがわかるだろう。

従業員が経営層を信頼していないとき、何が起こるだろうか？

オープンドア・ポリシーの誤解

リーダーたちとのグループ・セッションで、私たちはよく、

「オープンドア・ポリシーを実施している方は何人いらっしゃいますか?」

と聞く。全員ではないが、大方の手が挙がる。私たちが見るかぎり、参加者は執務室のドアをいつも開けておく方針であることを誇りに思っているようだ。私たちは単刀直入に**「オープンドア・ポリシーは無意味です」**と応じる。

リーダーがコミュニケーションに長けているとしても、同僚や部下が開いたドアに近づくのを敬遠したり、リーダーに考えや気持ちを話すのをためらったりするなら、何かが足りない。組織の一体感をはぐくむためのほんとうの〝モノサシ〟はこうだ。

「部下が進んで部屋に入ってきますか?」

「進んで上司とコミュニケーションをとろうとしますか?」

執務室のドアをいつでも開けていること自体を誇りに思ってはいけない。誇りにすべきはドアを通って部屋に入ってくる人の数だ。

部下が開いたドアから部屋に入ってくる気になるかどうかを決めるものは何だろう？　主な要因となるのは、「これまでのリーダーと部下の交流に何があったか？」だ。

ということは、今の問いはこう聞き直すほうがいい。

「意識的にせよ、無意識にせよ、リーダーが信頼度を下げる行為、開いたドアを閉ざす行為、組織の一体感をはぐくむカルチャーを経験する機会を減らす行為をしていないだろうか？」

さまざまな方法で従業員に聞き取り調査をしてわかったことは、ジャック・R・ギブが著書『Trust: A New View of Personal and Organizational Development』（未邦訳）で述べた研究結果に重なった。ギブは「信頼度理論」を最初に提唱した人であり、組織行動における信頼の重要性の主唱者でもあった。ギブは信頼度を低下させる経営層のふるまいを明らかにした。彼の研究結果からも、私たちの調査からも、部下が開いたドアから部屋に入ってくるのを妨げるのは、次のような行為だとわかった。

部下が開いたドアから入ってこなくなるのは、リーダーが次のような場合である。

・「決めつける」人だと思われている
・「人を見下す」イメージがある
・「思い込みが強い」と思われている
・「オーバーコントロール（過剰管理）」だと思われている
・「無関心」に見える

ここで、それぞれを詳しく解説しておこう。

・決めつける

部下が「この人は部下を批判的に決めつける上司だ」と思っている場合、信頼が損なわれ、部下はオープンに正直にコミュニケーションをとろうとしなくなる。

「決めつけ」は、部下が言おうとしていること、やろうとしていることを上司が一足飛びに間違っていると結論を出すときに起きる。そういう上司はすぐに何か言って、部下が質問や見解や考えを話すのをさえぎってしまう。たとえば、こんな言い方をする。

・「優先順位が整理できていないぞ」
・「あれはくだらない質問だ」
・「きみは経験が足りないな」
・「正しい答えがわかったら、また来い」

上司はぶっきらぼうに、「部下はこう考えるべき、こうすべき」と指示しているのかもしれない。その指示を出したあとは、上司は何を言われても耳を貸さなくなり、そのせいで部下は無視されたと感じることがある。「君の見方は大したことじゃない」と言っているようなものだ。

上司がこの手のコミュニケーションをとると、部下はたいていこんなことを言う。

「説明するチャンスもくれない」

「伝えた人を責めがちな人だ」

「うまくいっていないことを持ち出すのは気が重い。だって私の責任にされるんだから」

決めつけは、心理学用語で言うところの「根本的な帰属の誤り」にも悪影響を及ぼす。これは、スタンフォード大学の人文科学教授、リー・ロスが最初に名づけた用語で、ある状況での他者の行動を説明するに際し、他者の気質や個性といった内面的な特性を過度に重視し、状況的な面を軽視する傾向を指す。

たとえば、上司が何かを見て、その見たことを根拠にある判断をする場合だ。スーは会議に遅刻した。これは目に見える事実だが、これだから「スーは責任感が足りない」と上司が判断するならば、それは必ずしも事実ではない。この上司の評価の前提になっている筋書きからスーに対する否定的な感情が生まれ、その否定的な感情によって、「遅刻」という行動に反応して上司がどう行動するかが変わってくる。

この上司は、スーが遅刻する原因になったかもしれない状況を見るのではなく、遅刻という行動をスーの気質のせいにしている。「スーのここが悪い」と結論を出すのではなく、この上司は、「いつもは時間に正確なスーが、なぜ遅刻するのだろう?」と問うべきなのだ。そうすれば〝帰属の誤り〟を防げる。

部下が上司を批判的な人だと見れば、部下は「開いたドアに足を踏み入れるのはよしておこう」となる。

- **人を見下す**

上司が「人を見下す」イメージなら、上司は実質的に「私のほうがすぐれている、頭がいい、賢い、君たちより重要だ」と言っているようなものだ。上司が権限のある地位や学歴や経験を盾に、自分は正しい、能力不足の部下は正しいはずがないと断じる。このアプローチは一枚上手に出ようという意識が背後にある。いくつか例を挙げておこう。

・「賛成できないな、私はここには君よりずいぶん長くいるんだ」
・「私はその分野の学位を持っているんだから、私が知っていて当然だ」
・「最初に私が君に言おうとしたことをちゃんと聞いてくれていれば、今頃こんなところに座って状況把握なんてしていなかっただろう」

上司が優越感を隠しもしないのに、開いたドアから入っていきたい部下がいるだろうか?

別の形の優越感もある。上司が他の従業員のいる前で部下を非難する場合だ。非難された部下はばつの悪い思いをし、上司から言われたことにたいてい傷つく。それを見ていた他の従業員たちも、この上司のそばにいるときは気をつけたほうが身のためだとすぐに学ぶ。

●思い込みが強い

上司が思い込みの強い人だと見なされる場合、その上司は「結論は決まっている。君の話で混乱させないでくれ」と言うタイプだと思われている。上司が与える印象は、答えは全部知っている、他の情報は必要ない、望まないというものだ。それは〝固定観念〟と呼ばれるものに密接に関係している。他の人の考え方を受けつけず、偏狭で、柔軟性のない上司は、固定観念の持ち主だ。

こういう上司は何がなんでも正しくあらねばならない。問題解決より、部下との議論に勝つことが先決というほどに。いくつか例を挙げておこう。
・「自分が何について話しているかはわかっている。だから根拠なんて議論する必要ない」
・「必要な情報は全部あるし、もう決定した」
・「君にとって何がベストかわかっている。それは、あのプロジェクトで仕事をすることじゃないんだ」
・「そんなこと聞きたくない。自分が何をしたいかはわかっている」

自分にこう問うてみよう。

「自分の考えを人が受け入れなくてイライラすることがあるだろうか？　特に自分のもっている情報が大いに相手のためになりそうだとわかっているときはどうだろう？」

上司が凝り固まった考えの人だと言われるような場合もまた、部下は懸念や見解や考えを話そうとするのをやめてしまう。

・支配的

上司が「支配的」だと見なされる場合、上司は自分のやり方を押しつけて部下の行動や態度を変えようとか、制限しようとしているという印象になる。こういう上司は、部下の能力不足を管理するために無理にでも監督する必要があると感じている。

あなたは次のチェックリストにどう答えるだろう？　マネジメントについてあなたの考え方に当てはまるものをチェックしよう。

✓私は直属の部下より情報を知っているべきだとよく感じる。
✓私は自分を問題解決ができる人間だと思う。
✓価値ある大義や私に参加を求めている人に対して、なかなか「ノー」と言うことができない。
✓ストレスで疲れ切っているときでさえ、自分のチームの若手メンバーに委任せず、健気にも無理を押して自分で重要な会議に出席する。
✓私は夜や週末までひっきりなしに電話、携帯メール、メールを受けている。
✓私は人に仕事を教えるより、自分でやるほうが楽だと思うことが多い。
✓「私は自分を支持してくれている人々に対して責任がある」「自分の責任範囲の目標に対して責任がある」「会社の成功に対して責任がある」と感じている。
✓いつのまにか人の争いの渦中にいることがある。

いくつか当てはまるものがあったら、あなたは支配的だと見られている可能性が高い。

デビッド・ブラッドフォードとアラン・R・コーエンは、共著書『Managing for Excellence: The Guide to Developing High Performance in Contemporary Organizations』(未邦訳)で、「英雄的マネジャー」と呼ぶ上司について述べている。

英雄的マネジャーは、支配的な行動をとるに至る信念体系をもっている。たとえば、英雄的マネジャーは次のように考えている。

英雄的マネジャーは「私は知っていて当然」と信じている。たいていこう言うだろう。

「上司として、私は部下よりも多く知っているべきだ。私が今の地位にいるのは、それだけのことを知っているからなのだ」

この姿勢はさまざまな形で表れる。上司が部下よりも多く知っているべきだと考えているなら、たずねるよりも話すほうが多くなる。質問すれば「知らない」とほのめかすようなものだからだ。英雄的マネジャーは、情報を共有すればするほど、自分が知らない情報を部下に気づかれるのではないかと恐れて、情報共有を控えるかもしれない。英雄的マネジャーが、自分のもとに配属された部下を、自分より知識がないと判断しているとき、その部下の不満はおそらく最高潮に達するだろう。英雄的マネジャーは、事情通だと感じたいがために詳細をことごとく報告させ、起きていることすべてを知りたがることが多い。結果的に、過干渉な〝マイクロマネジャー〟ができあがるのだ。

英雄的マネジャーは「私が問題を解決して当然」と信じている。たいていこう言うだろう。

「私は解決策の質で評価されている。私のところに問題を持ってきなさい。私が解決してみせよう。人を関わらせたら、仕事が遅くなって、かえってじゃまになるだけだ」

問題を解決してくれる上司がそこにいると気づいた部下は、自分の問題やニーズを解決する上で「これは自分自身の責任だ」という責任を果たすより、躊躇なく自分の問題やニーズを上司のところへ持っていって解決してもらおうとするようになる。

英雄的マネジャーは「私には責任がある」と信じている。たいていこう言うだろう。

「好調な月は私のおかげ。悪い月も私の責任。会議がうまくいけば私のおかげ。うまくいかないのも私の責任」

こういうことが起きている場合、上司は過剰に責任を負っている。そうなると、部下は何も任せてもらえないと感じ、エンゲージメントが低下することになる。

英雄的マネジャーの最大の恐れは、コントロールの手綱を失うことだ。その結果、その恐れを〝オーバーコントロール（過剰管理）〟で埋め合わせることになる。

英雄的マネジャーが言いそうなこと、考えそうなことは、たとえば次の通りだ。

・「仕事のやり方を説明しよう」（そうすれば私が心配しなくて済む）
・「詳細をすべて知る必要がある」（そうすれば質問されても安心だ）
・「私が何とかしよう」（そうすれば私が把握できる）

上司が支配的だと、部下は小さな箱に入れられて、何をすべきかを指示されていないように感じる。そして沈黙するようになる。

・無関心

上司の言動のせいで、自分はどうでもいい存在だと感じたことはあるだろうか？　上司が話を聞いていないように見えたことは？　自分にとって重要なことが、上司にとってはそうじゃないと感じたことは？　あなたが重要だと考えている話の途中で、上司に話題を変えられたことは？　どの場合も、部下は「無関心」を感じ、たいてい上司の行動を「どうでもいいと思われている」と解釈する。「無関心」は部下が「上司は自分に興味がない」と感じる場合に起こる。部下は「認められていない」と感じるのだ（存在価値については第7章で詳しく述べる）。

現代のテクノロジーは、無関心と受け取られる場面を増やしている。話の途中で上司の携帯電話が鳴って、上司が電話に出たり、部下が話そうとしているときにメールをチェックしたり――しばしば「マルチタスク」とも称されるが。

無関心を示す行動の例を挙げておこう。

・話を聞いていない
・上の空
・何の興味も示さない
・重要な話をさえぎる、先送りする

上司が自分のことを気にかけてくれると思えないと、部下は沈黙するようになる。多くの場合、従業員が退職を選ぶ理由は「自分に関心を向けてもらえないこと」だ。

一体感を感じられるカルチャー――事例と実践方法

ここまで、リーダーが悪意なく、意図せずにしてしまうエンゲージメント低下の原因となる言動に重点を置いて、組織が沈黙する原因を探ってきた。

さて、今度は従業員たちが組織の一体感をはぐくむカルチャーを築くために経営層ができることに注目したい。従業員の声が経営層に届き、従業員が関与し、リーダーが「ドアを通って部屋に入ってくるメンバーの数」を誇りにできるのが、一体感をはぐくむカルチャーだ。エンゲージメントを取り戻すには、あるいは高いエンゲージメントを維持するには、一体感をはぐくむことが不可欠だ。

情報をどのように集め、共有し、広め、理解するかは、一体感をはぐくむ意識に大きな影響を及ぼす。それは個人が「オープンに自分の考えを表現する自由がある」と感じるかどうかと同じくらい大きな影響だ。情報の流れがないことは、従業員のエンゲージメントをごく短期間で低下させる要因の1つだ。従業員が活かされる場があると感じていなければ、仕事に熱意を感じることはない。

次に紹介するのは、環境エンジニアリング会社、ウェンク・アソシエーツ社の事例だ。同社は従業員エンゲージメントも仕事の満足度も高く、8年連続で企業規模別の最も働きやすい会社に選ばれている。この事例を読み進めながら、同社が一体感をはぐくむカルチャーを築いてきたさまざまな方法を明らかにしよう。

事例：ウェンク・アソシエーツ社

ウェンク・アソシエーツ社の元社長、ジョー・グラボウスキーに「主な責任は何でしたか？」と問えば、「その1つはアソシエートに情報を与え、アソシエートから情報を得ることだった」という答えが返ってくるだろう。なぜ従業員を「アソシエート（仲間、僚友）」や「メンバー」と呼ぶのかと聞けば、「オープンなコミュニティの対等なメンバーだと感じてもらいたかった」という答えが返ってくる。

ジョーの場合、人に情報を与えることを数々の方法で体現していたし、ジョー退任後の今でもそれは引き継がれている。まず、全従業員に戦略計画のコピーが配布される。この計画には同社のビジョン、ミッション、目的が組み込まれている。タウンホール・ミーティグ（対話集会）では、従業員が戦略計画やその影響を確認したり、質問したりできる。従業員が会社の充実したウェブサイトを閲覧すれば、組織の出来事の最新情報をチェックしたり、豊富な情報源にアクセスしたりできる。一語入力するだけで、経験を積んだり支援を受けたりするために利用できるリソース集に接続するようにもなっている。組織の状況の月次報告が投稿され、少なくとも月に1回は社長か重役がオープンな情報セッションを開き、話を聞きたい人は誰でも出席できる。年1回、全従業員参加の集会があり、全拠点の全従業員が参加する。このイベントでは、同僚とともに分かち合い、学び、理解を深め、つながりを築く多様な機会が用意されている。

従業員の学習への期待は常にあちこちに見られる。社内を歩き回ると、さまざまな弁当持参のセミナーを告知するポスターが目に入る。従業員が新しいエンジニアリングの事例や最近のカスタマー・エクスペリエンスを共有するセミナーだ。

従業員から情報を得ることもさまざまな場で行われる。毎週金曜日の朝、従業員は経営幹部と会って、質問をしたり、自分の考えを共有したりする（それに参加するとドーナツがもらえる）。カスタマー・サービス、リーダーシップ、学習、コミュニケーションなど、所定の評価要素に関して会社の現状を評価する正式な調査が実施され、満足度が90％未満の項目は即対応がとられている。期間限定のチームが結成され、ある戦略的な目標に関して調べ、提言する。チーム・メンバーは取締役会に提言を提出し、問題が話し合われるときは参加を要請される。従業員には直属の上司以外の〝ファシリテーター〟が割り当てられる。ファシリテーターはメンターであり、コーチでもあり、従業員の不安や問題に対して指針を提供し、じっくり耳を傾ける。

「最も働きやすい会社に選ばれるのに貢献した取り組みは何ですか？」という問いに対して、返答の要点はいつも「組織の一体感をはぐくむカルチャーがあることです」である。

ウェンク・アソシエーツ社の一体感をはぐくむ戦略のうち、あなたの組織でもうまくいきそうなものはあるだろうか？

ウェンク・アソシエーツ社の事例から、さまざまな形態をとる組織の一体感のはぐくみ方を整理すると、次のようになる。

情報共有

組織の一体感が生まれるのは、情報が共有される場合だ。ウェンク・アソシエーツ社では、小冊子にまとめた5か年戦略計画が全従業員に配布されていた。社長だったグラボウスキーは全拠点に出向いて、計画の全体像を説明し、意見を求め、質問に答えている。従業員は組織の方向性、重点領域、目標について十分に情報を提供されていると感じることになる。

情報共有を管理する難しさは、おそらくグラボウスキーが誰よりも認めるだろう。共有しすぎれば情報量に圧倒されてしまう従業員もいる一方、いくら共有しても足りないと感じる従業員もいる。さらに情報がどう解釈されるかにも気をつけなければならない。

情報共有はデジタル化される時代にもなっている。電子メール、ブログ、ウェブサイト、ウィキペディア（Wikipedia）、ポッドキャスト、フォーラム、画像、ニュースグループなど、多様な形態をとりうる。

意見を求める

組織の一体感が生まれるのは、従業員が自分たち自身や会社に影響を及ぼす主要問題に参画する機会があると感じる場合だ。それは調査やフォーカス・グループ（あるテーマで討議する少人数グループ）の形態をとることが多い。従業員に考えや意見の共有を求めることは、情報共有と等しく重要だ。

最も単純な形態としては、話してもらうより、リーダーからたずねることになる。しかし、意見を求めるには、リーダーが誠実に心から人の意見を受け入れる必要がある。そうでなければ、組織はたちまち沈黙してしまう。

意見を求めることが重要な理由はもう1つある。それは、どの組織にも生まれつき控えめで口数の少ない従業員が一定数いるからだ。そういう従業員はものを言わないほうが楽なのだ。だからといって、提供する価値のある情報をもっていないわけではない。このタイプの従業員は質問されるほうがありがたい。聞かれれば、快く考えや気持ちを話してくれるものだ。

フィードバックを提供する

組織の一体感が生まれるのは、従業員が組織の現状を知っている場合だ。従業員の仕事ぶりの明確な指標になるものなら、どんな形の投稿された情報や共有された情報でも従業員は歓迎する。たとえば、サウスカロライナ州ハイポイントにあるBMWのSUV製造工場に入ると、さまざまなモニターに生産、品質、安全に関するリアルタイムな情報が表示され、従業員が絶えず更新された情報を見られるようになっている。

チームの活用

組織の一体感が生まれるのは、問題解決や戦略推進に貢献するチームの一員だと従業員が感じる場合だ。エンゲージメントが高まるのも従業員が貢献していると感じる場合だ。たとえば、スウェーデンの建設管理会社、スカンスカ・USA・ビルディング社は、同社が「期間限定チーム」と呼ぶものを活用している。このチームには、解決を要する問題、対処すべき課題、実行すべき戦略が与えられ、短い任務完了期限までに経営幹部チームに提言を行う。より広い従業員層に組織の未来創造に参画する機会を与える手法だ。

相互影響を活発にする

相互影響が生まれるのは、リーダーに自分のチームのメンバーに影響を及ぼす能力と意欲があり、逆にメンバーにもリーダーに影響を及ぼす機会がある場合だ。このオープンなカルチャーでは、情報がいつでも共有される。

しかし、相互影響はバランスが崩れることがある。

リーダーがチームやメンバーに過剰に影響を及ぼすと、服従の文化になる可能性がある。メンバーがいつのまにかノーと言いたいときにもイエスと言わざるをえなくなるのだ。これが頻繁に起こると、無気力感が高まり、リーダーの決定に異議を唱える対話が乏しくなる。メンバーはリーダーに影響を及ぼそうとするのをあきらめてしまう。

一方、チームがリーダーに過剰に影響を及ぼすと、リーダーが発言力を失い、しばしば「弱いリーダー」だとレッテルを貼られてしまう。合意の必要性を言い過ぎると、そうなる可能性がある。

影響を及ぼし、及ぼされる相互影響が可能で、決定する前にまず意見を聴く姿勢があるとき、一体感は高まる。

信頼を築く

ここまで組織の一体感を高める方法の実例を紹介してきた。しかし、組織の一体感をはぐくむカルチャーにとって最も重要な要因は相互の信頼だ。紹介したような組織の一体感をはぐくむ取り組みが真に価値あるものになるためには、リーダーが信頼されていることが前提だ。自由に自分の考えを表現できると感じるためには、メンバーが安心感をもっていなければならない。信頼を築くためにリーダーができることは何だろう？　信頼を高めることにつながる方法をいくつか挙げておこう。

・自己開示

信頼を築くためには、自分を率直にさらけ出したほうがいい。考えはもちろん、気持ちも話し、弱みを隠さず、情報に正直になり、誤りを認め、メンバーにリーダーの個人的な一面も知ってもらおう。

・安心感をつくる

他人というものは、安心感がないかぎり、ほんとうの考えや心配、信条を話さないものだ。リーダーにもメンバーにも安心感があれば、ほとんど何でも話せる関係ができる。不安があると〝警報〟が鳴る。「どうも避けられているようだ」「一緒にいるときぎこちない」「態度が防衛的」「話したがらない」といったメンバーの様子はないだろうか？　心当たりがあるなら、相手にあなたの目から見た様子を話し、自分が何か不快にさせることをしていないかとたずね、考えや気持ちを話してくれるよう頼んでみよう。

・その場にいない人に敬意を表す

スティーブン・M・R・コヴィーは、著書『スピード・オブ・トラスト――「信頼」がスピードを上げ、コストを下げ、組織の影響力を最大化する』で、信頼を築く方法の1つとして、その場にいない人に敬意を表すことを指摘している。誰かのことを本人のいないときにどう話しているだろうか？　その場にいない同僚のことを悪く言って、軽視したり、批判したりすると、それを聞いた人たちは「自分がいないところで何を言われているか、わかったもんじゃない」と考えるようになるかもしれない。

・〝現実的な楽観主義〟を実践する

第3章でリーダーの最も重要な役割の1つは、現実、すなわちビジネスで今起きていること、生じつつある課題や機会を明らかにすることだと述べた。現実を明らかにするということは、起きている現実についての情報を開示し、人に対して率直で正直であるということだ。また、「機会を明らかにする」ということは、人に関わりを促す前向きで楽観的な見方を示すことでもある。

・インテグリティ（人格の一貫性）を示す

インテグリティの定義は、「人にした約束を、相手は必ずしも認識していない小さな約束であっても守ること」である。インテグリティは人格の問題だ。あなたの言行は一致しているだろうか？

・自分の個性を一時停止する

しばしばリーダーは個性で人をリードしていると見られる。たとえば、もともと自己主張の強いタイプのリーダーなら、どうしても話したがる傾向がある。その場合、最良の方法となるのは、自分の個性を一時停止させて、質問と傾聴に徹することだ。

・相互性の実践

リーダーが話をよく聴けば、おそらくメンバーも話をよく聴くだろう。リーダーが気持ちを話せば、メンバーも気持ちを話す可能性が高くなる。リーダーがオープンで関心を示せば、メンバーもオープンで関心を示す可能性が高くなる。リーダーが信頼を示せば、メンバーもおそらく以前よりリーダーへの信頼を示すだろう。

・オープンさを示す

相互影響が生まれるのは、リーダーのメンバーに対する影響力とメンバーのリーダーに対する影響力のバランスがとれている場合だ。凝り固まったマインドセットに対してオープンなマインドセットを示す場を提供できるよう、意識的な努力をしよう。

信頼が高まると、従業員が一体となって生産的に仕事をする機会が増える。いろいろな意味で、組織は静かになるのではなく、賑やかになってくる。

「オープンドア」に招き入れる

本章の前半で、「オープンドア」を閉ざしかねない行動について述べた。開いたドアから部屋の中へとメンバーを招き入れるには、その反対の行動をとることだ。それらは組織の一体感をはぐくむカルチャーを高める方法でもある。

メンバーが開いたドアから進んで部屋に入っていくのは、「決めつける」のではなく、「説明の機会をくれる」と思われるリーダーだ。

メンバーから見たリーダーは、批判的に決めつけるのではなく、メンバーがどう考えているかの情報を求める人だ。メンバーの視点を批判するのではなく、よく理解しようとする人だ。メンバーはリーダーを〝よく聴いて相手を知る〟人だと見る。メッセンジャーをないがしろにするのではなく、メッセージを理解しようと努めるリーダーだ。批判的な発言をするのではなく、明確にして理解しようとするリーダーだ。

たとえば、こんな言い方をする。

・「この問題が起きた理由を把握させてほしい」
・「何が起きたのか説明してくれないか」
・「まず君の見方を聴かせてもらってから、私の見方を話そう」

「人を見下す」のではなく、メンバーに「対等」だと感じさせるリーダーだ。リーダーがメンバーを対等に扱うとき、相互尊重の意識が生まれる。才能、能力、権力、地位に差はあるとしても、リーダーが対等の姿勢を見せれば、こうした差は大して重要ではなくなる。自然な対話ができる環境が生まれる。このタイプの一体感は、たとえば次のようになる。

・「この件は全員参加でやっている」
・「みなの視点が違ってよかった。同じチームにいるんだから、いろいろな角度から見ることができたほうがチャンスがある」
・「私はあの部署が長いから、君の考えを聴かせてほしい」

「思い込みが強い」のではなく、「オープン」な人と言われるリーダーだ。柔軟、人の考え方に寛容、話しやすい人と評される、順応性のあるマインドセットの持ち主であるリーダーのことだ。オープンなリーダーなら、進んで学び、人の視点を理解し、適応しようとする。たとえばこんな言い方をする。

・「ここでの重要な問題は何だと思う?」
・「君の考えを聴こう」

・「その通り。そっちのほうがいい考えだ」

オープンな姿勢の人は、問題の一面だけを見るのではなく、問題をよく探求する人と見なされる。

「オーバーコントロール（過剰管理）」するのではなく、メンバーを「エンパワー」する（仕事を任せる）人と思われるリーダーだ。人を解放し、責任を奪うのではなく責任を課すことが大切になる。

オーバーコントロールとは反対のリーダーは、問いを発し、情報を求めるときに、あらかじめ決まった解決策、態度、方法を押しつけることはない。メンバーと協働したいという気持ちを示し、メンバーの能力を引き出すリーダーだ。たとえば、こんな言い方をする。

・「問題がある。君の助けが必要だ」

・「この件は君のほうが詳しいだろ。先頭に立ってくれ」

・「君を信頼している。助けが必要だったら言ってくれ」

「無関心」ではなく、「関心を示す」リーダーだ。

メンバーの考えや懸念に関心を示すことは、５つの行動のなかでも最も重要だ。リーダーが関心を示せば、メンバーにしっかりと目を向けていることになり、メンバーは「認められている、自分の存在は重要だ」と感じる。関心を示すリーダーは、何事にも会話をさえぎらせることはない。メンバーがどうしても言いたいことに関心を示す。メンバーの立場、気持ち、問題を理解することを望む。たとえば、こんな言い方をする。

・「さあ、じっくり聴くよ。プロジェクトについての考えを話してほしい」

チームの一体感を決めるリーダーの行為

一体感を下げるリーダー	一体感を高めるリーダー
・決めつける人だと思われている	・説明の機会をくれる人だと思われている
・人を見下すイメージがある	・人を対等に扱う
・思い込みが強いと思われている	・オープンだと思われている
・オーバーコントロールだと思われている	・メンバーをエンパワーする人だと思われている
・無関心に見える	・関心を示す

・「この件について君の見方を知りたいし、理解したい」
・「場所を変えて話そう。ここじゃ気が散ることが多いから」

上の表は、本章で述べた内容をまとめたものだ。

組織の一体感をはぐくむカルチャーを築くことは、能力よりも、意欲の問題だ。開いたドアからメンバーが安心して入ってくるようにリーダーがしてこそ、進んでコミュニケーションをとろうという気になる。

メンバーが、リーダーから自分に対する心からの関心を感じるほど、相互のコミュニケーションを信頼し、ドアに足を踏み入れる可能性が増す。リーダーは相手側の信頼を築かなければならない。「情報に関して信頼できる人だ」「コミュニケーションのプロセスにエネルギーを与える人だ」「聴き上手で適切な問いを発し、理解しようと努め、相手のニーズに応える人だ」と信頼されなければならないのだ。

本章のまとめ

コミュニケーションを通じて組織やチームの一体感をはぐくむことは、必然的にエンゲージメントを生み出す。コミュニケーションを抑圧すれば、必然的にエンゲージメントが低下する。

情報をどう集め、広め、理解するかは、組織の一体感に大きな影響を及ぼす。それは個人がオープンに自分の考えを表現する自由があると感じるかどうかと同じくらい大きな影響だ。情報の流れがないことは、従業員のエンゲージメントをごく短期間で低下させる要因の1つだ。従業員が情報の流れに関与する場や機会がなければ、仕事に熱意を感じることはない

組織の一体感をはぐくむカルチャーを築くために目を向けるべきことは、「情報を共有し、従業員を活かし、従業員に関与してもらい、従業員の声を聴く一連の方法を、リーダーがどうすれば組織のカルチャーに組み込めるか」である。環境エンジニアリング会社のウェンク・アソシエーツ社のように、組織の一体感を醸成する方法を考え出そう。一体感をはぐくむことをリーダーの最優先事項にしてほしい。そして、その努力に時間とエネルギーを割り

当てよう。

コミュニケーションは、時間があるときだけ楽しむものというわけにはいかない。コミュニケーションにごまかしのない肯定的なエネルギーを注げば、組織のエネルギーは高まる。

組織の一体感をはぐくむことのもう1つの鍵は、〝意欲〟だ。情報共有で最も重要な要因は、〝信頼〟のカルチャーがあることだ。信頼はリーダーを信頼することから始まる。組織の一体感を評価する真の基準は、あらゆるレベルで情報が共有されているという証拠があることだ。自分の行動を振り返り、こう自問しよう。

「自分はドアを開いているだろうか、閉ざしているだろうか?」

あなたなら、どうやって開いたドアからメンバーが進んで入ってくるようにするだろうか?

次章では、エンゲージメントの5要素の5つ目、「存在価値」を探究する。

第7章

「存在価値」
——組織内に、その人が輝く居場所をつくる方法

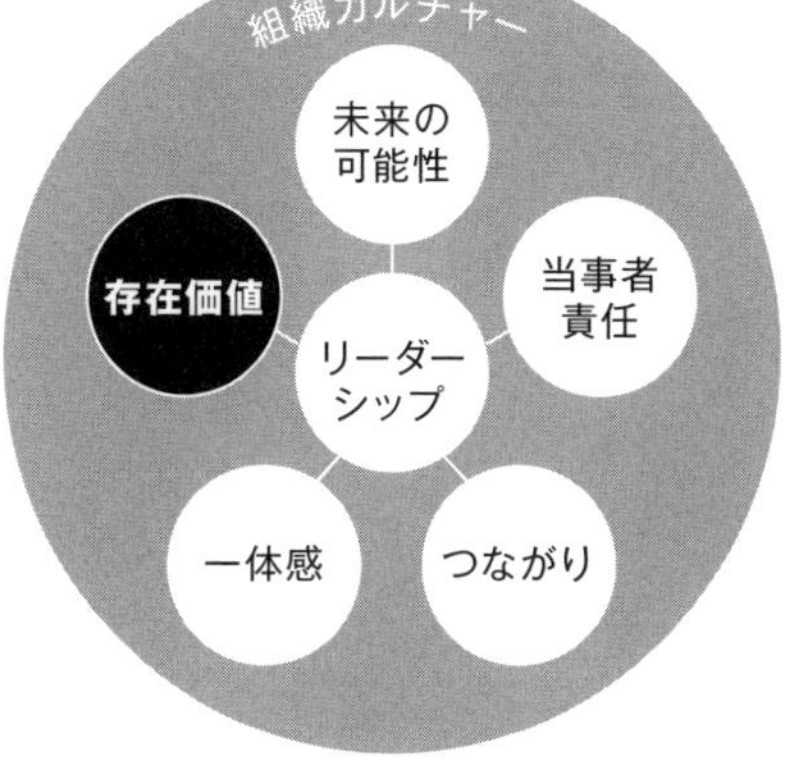

エンゲージメントは、従業員が自分に存在価値があり、組織に自分が輝ける居場所があると感じるときに生まれる。

一人ひとりが「存在意義」を感じるために

アヴコー・テクノロジーズの新社長は、事業を汎用製品からカスタム・ソフトウェアのコンサルティング事業に切り替えることに注力した。この新しいビジネスモデルを半年で始動させるべく組織の体制を整える計画の遂行に、新社長の全エネルギーは注がれた。

新社長が新たな始まりの準備をしている間、従業員の多くは未だ過去のことに対処していた。会社の新しい重点領域に適応できるものかわからず、まだ喪失を感じながら生きている従業員が多かったのだ。

経営層はコンサルティング事業の立ち上げに全力を注いでいたため、従業員は自分たちのニーズや懸念は見過ごされているか、それ以上に無視されていると感じた。また個人的にも何ら支援がないという思いだった。経営層には従業員など眼中にないようだった。

買収前、従業員は経営層が従業員を気にかけ、支援してくれると感じていた。どこに助けを求めればいいか、従業員はいくらでもその方法を知っていた。前社長のナンシーのリーダーシップの下では、個人の能力開発がとりわけ重視されていた。従業員は学び、成長する機会があると感じていた。

ところが、戦略の変更を遂行することが最優先になった今では、能力開発の取り組みは影が薄くなってしまった。従業員はどうでもいい存在なのか？　従業員はそう疑うようになった。これでは仕事に熱意をもち続けるのは至難のことだった。

「存在価値を認める」とは？

「存在価値を認める」とは、リーダーからメンバーに向けられる関心の表れである。メンバーの立場においては、認められるというのは、「リーダーから重要な存在だと見なされている感じがする」ということだ。その場合、リーダーが行っているメンバーとの関わり方には、従業員としてだけでなく、一人の人間として存在価値があるとメンバーに感じさせる何らかの要素がある。リーダーが、「自分にとってメンバーはほんとうに価値がある」と示すからこそ、メンバーは認められていると感じるのだ。

「パフォーマンスの高い従業員が定着するために、どのような対策をとっていますか？」という問いをしばしば耳にすることだろう。もっと重要な問いは、

「貴重な従業員全員が定着するために、どのような対策をとっていますか？」である。

最近、人は誰もが組織に「自分が輝ける居場所」を求めていることを痛感する出来事があった。トムが、ジェフという20代後半の退職準備中の若者と話したときのことだ。ジェフからは、今の仕事がとても楽しいという話をたびたび聞いていたので、そのジェフの状況にトムは少々驚いた。

ジェフは小売業界で働いていた。従業員の多くが同世代でそのつきあいは楽しく、職場のカルチャーも前向きな雰囲気で、従業員は販売している商品をよい商品だと思っていると言っていた。こうした理由から、ジェフは接客の仕事を大いに楽しんでいた。

ジェフはとても仕事に打ち込んでおり、やる気もあったから、仕事の知識を増やす機会を探し求めていた。余分に仕事を引き受け、同じフロアの他のメンバーに対する〝ピア・リーダー〟的存在だった。後輩たちもよく、接客の問題の処理のしかたについて、ジェフのところに相談しにきていた。

ジェフは、管理職がやる仕事の大半はすでにこなしていると思えたので、空席が出た管理職に応募することに決めた。そして、それまで直属の部下をもったことがなかったにもかかわらず、ジェフは昇進を認められた。しかし、その職を1年ほど務めてからジェフの出した結論は、「マネジメントは自分の天職ではない」ということだった。人を管理するという日々の責任がどうも好きになれなかったので、ジェフは元の立場に戻ることを依頼した。この会社では、より多くの責任を引き受け、昇進することを望む従業員を高く評価していた。昇格ではなく、降格を求める従業員は異例だったが、それでも会社は同意した。

ジェフは元の立場に戻り、かつてと同じエネルギーで仕事を続けた。しかし、ジェフを取り巻く環境はもはや同じではなかった。かつては親身になってくれた上司はよそよそしくなり、ジェフにほとんど関心を払わなくなった。かつては相談に訪れた同僚たちも、相談はジェフではなく上司のところへ行くようにと言われていたようだ。要するに、ジェフの成長は頭打ちになり、自分の貢献だとわかる価値も減った。その結果、「この会社に自分がいる理由は何だろう？」と疑問を感じるようになった。

最終的に退職を決意した理由を聞くと、本章の前提と直接関係する答えが返ってきた。ジェフが言うには、存在を無視されるようになり、上司たちは自分のことなど意に介していないと感じているということだった。「一応まだ仕事はあるが、もう組織に**自分が輝ける居場所**はないとわかった」とジェフは言った。次に進む潮時だと悟ったのだ。

あなたの部下は自分に存在価値がある——組織に自分が輝ける居場所がある——と感じているだろうか？

ギャラップ社の調査によれば、組織の未来の成功を確実にするために経営層がとれる行動のうち、特に重要なのは、従業員の成長に関心を示すことだという。関心の示し方は、表彰、傾聴、関与、理解、報酬、学び、成長など、さまざまだ。本章では存在価値を認めることの重要性に焦点を当て、どうすればリーダーが従業員に「関心を示す行為」を見せられるかを紹介したい。

従業員が「会社を辞めよう」と思わ《・》な《・》い《・》と《・》き《・》の心境

あるときスティーブは、ファイザー・グローバル・リサーチ・アンド・デベロップメント社の経営層の依頼を受けて、ファイザーが関心を高めていた「人材が離職を選ぶ理由」「主要な研究者をつなぎとめる方法」「従業員層を厚くする方法」について調査した。

この調査に関してファイザーの決定した方針は、退職者面接など従来の情報源に着目するよりも、従業員がなぜ会社を辞めずに会社にとどまることを選ぶのかに着目することだった。

スティーブを励ましたのは、トム・ピーターズのこの言葉だ。

「従業員に会社を辞めない理由を聞いたことがある人はいるだろうか？　退職者面談で立派な質問はするのに、もっと早くに質問をして会社に残るか辞めるかの決定を変えることをおろそかにするのはなぜだろうか？」

また、ビバリー・カイエとシャロン・ジョーダン＝エバンズもスティーブに影響を与えた。共著書の『部下を愛しますか？　それとも失いますか？』（産業編集センター）で、両氏は従業員が会社にとどまることを決定する要因は何かという問いを探究している。両氏の出した基本的な結論はシンプルだ。

「優秀な従業員を長くつきあいたい友のように扱いなさい。尊重し、挑み、大切にし、一緒に楽しみ、嘘をつかないことです」

同様にスティーブも、従業員が会社にとどまっている主な理由と、ファイザー経営陣が従業員を会社にとどまらせるための対応の機会を、ファイザー経営陣に報告することができた。ファイザー社員に対する広範な聞き取り調査に基づき、スティーブは従業員が勤続を選ぶ理由を次のように明らかにした。

ワークライフの質

従業員が会社にとどまっている基本的な理由の1つは「ワークライフの質（QWL）」と呼ばれるものだ。報酬、物理的環境、手当、福利厚生（フレックスタイム、スポーツジム施設など）がこれに該当する。「職務充実化《ジョブ・エンリッチメント》」のパイオニア、フレデリック・ハーズバーグはマネジメントやモチベーション理論の初期のすぐれた思想家の1人と見なされている。ハーズバーグは「衛生要因」と呼ぶ一定の要素（報酬、手当、物理的環境、年金の雇用主拠出）が欠けていることが、従業員の不満足を招き、その結果として優秀な従業員の離職につながると指摘した。しかし、この衛生要因は話の半分にすぎない。ハーズバーグは彼が「動機付け要因」（やりがいのある仕事、認められること、意味あることをする機会、成長の機会、組織にいる重要性を感じること）と呼ぶ要因が積極的な満足をもたらすと述べている。

この古典的な教えから何を学べるだろうか？　不満足を防ぐという意味では主な衛生要因を提供すること

は重要だが、それだけでは従業員をつなぎとめられない。従業員が確実に会社にとどまる選択をするように促すには、動機付け要因が必要だ。そしてこの動機付け要因こそ、本章で述べている「存在価値」を認めることと、密接に関係している。つまり、ワークライフの質は、確かに重要ではあるが、従業員が会社に残る主な理由ではないのだ。

存在価値につながる3つのP――プライド、プロフィット、ポシビリティ

ファイザーの調査でわかった2つ目の重要な理由は、「プライド（誇り）、プロフィット（利益）、ポシビリティ（可能性）のシナリオ」と表現できるものだった。

「プライド」は、誰のためにどんな目的で働いているのかに関係する従業員の感情だ。ファイザーで行われている人類に貢献する研究と同社が得ている専門分野の世評が、この要因を成り立たせていた。

「プロフィット」は、持続可能性と成長の観点から見た組織の健全性の表れだ。第3章で紹介した「3つのストーリー」を思い出してほしい。組織がタイプ1のように、とにかく生き残ることを優先しなければならない場合、機会が重視されているタイプ3に比べて、人材をつなぎとめることははるかに難しくなる。

「ポシビリティ」は、組織の健全性に対する反応だ。組織が健全なら、従業員はあらゆる種類の成長の可能性があると信じられる。可能性を感じるから、従業員は意義ある仕事に従事する機会を見出せるのだ。

ただし、プライド、プロフィット、ポシビリティもまた、重要ではあるが、従業員が会社に残る主な理由ではない。

「ふさわしい仕事」をしているか？

3つ目の重要な理由は、「仕事のふさわしさ」に関わるものだ。個人的に仕事そのものから大きな満足を得られるとき、ふさわしい仕事をしていると言える。

仕事の適切さは、従業員の自分の仕事に対する肯定的な気持ちを表す。たとえば、やりがいのある仕事を経験すること、真の目的意識をもつこと、自分の強みを活かすこと、仕事を通した自己表現の機会があることといった要因だ。私たちはこれを「自分の音楽を奏でる」と呼んでいる。

この領域は重要ではあるが、これもまた従業員が会社に残る主な理由ではない。

「安定性」の問題

4つ目の重要な理由は、従業員が安定性を感じられることだ。

安定性の反対は、大きな流動、すなわち絶え間ない変化を経験する状態だ。第1章で述べたように、組織が激動し続けると、従業員は少しずつエネルギーを保留するようになり、心ここにあらずのまま在職することを選ぶか、実際に退職を選ぶ傾向がある。

最初の3つの要因（ワークライフの質、プライド・プロフィット・ポシビリティ、ふさわしい仕事）を肯定的に認識して会社に残る決定をしても、それを無効にしかねないのが**流動**だ。有名企業でも、大きな流動を経験するようになると「選ばれる企業」年間ランキングから消えることがよくあるのは、注目に値する。

従業員は絶えず変化し、不確実な状態で働くのを好まない。ただし、この領域も重要ではあるが、最も影響の大きいものではない。

「確かな関心」を示す

従業員が会社を辞めずにとどまることを決めるうえで影響が最も大きい要因は、シンプルで、かつ意味深いことだ。従業員は、上司が自分に確かな関心を示しているか、自分を認めているかを確かめたいのだ。存在価値を認めることは、まず間違いなくエンゲージメントの最も重要な要素だろう。組織にいる一人ひとりに個人的に影響を及ぼすからだ。従業員をつなぎとめ、従業員のエンゲージメントを取り戻すには、関心を示すことが何をおいても重要だ。

スティーブは、過去にインタラクティブ動画制作に特化したスタートアップ企業の立ち上げを依頼されたことがあった。リーダーシップ開発カリキュラムの教材として使われる動画だった。1人では無理だったので、この新しいテクノロジーに造詣が深く、リーダーシップ開発かカリキュラム設計を専門にする有能な人材を探した。幸いなことに、接触した全員が、それまでの条件のよい仕事を辞めて、「これから立ち上げるスタートアップに参加してほしい」というスティーブの誘いを受けてくれた。

興味深いのは、その人たちが辞める理由だった。人材の大半は、その当時、トップの離職などの大きな流動を経験した組織の出身だった。有能な新入社員の1人は、前職を辞めた理由をこう表現している。

「働いていた階に上がるエレベーターに乗っていたとき、社長が乗ってきて、私の隣に立ったんです。社長のオフィスは同じ階にありました。エレベーターに乗っている間ずっと、社長は私に一言も発しなかったんです。私の名前さえ知らなかったんだと思いますよ」

彼には社長が自分を気にかけてくれるとは感じられなかったのだ。社長は彼が誰かを知ろうともせず、彼がどんな仕事をしているかなど、どうでもよかった。これでは自分が認められているとは感じられない。この経験が彼に退職を決心させる要因となったのだ。

メンバーはあなたが言ったこと、やったことは忘れることもあるだろう。しかし、あなたの言動によって感じたことはいつまでも忘れない。これを肝に銘じよう。

リーダーとして、次の問いにあなたはどう答えるかを考えてみよう。

- あなたの職場のカルチャーでは、メンバーに重要で価値のある存在だと感じさせる現行の手段は何か？
- あなたはどれくらいの頻度で、機会を見つけてメンバーに関心を示しているか？
- 有能なメンバーが辞めると言ったら、あなたはどうするか？
- メンバーの貢献にどうやって報いているか？
- メンバーが認められていると感じるのはどんなことかを知っているか？

存在価値を認めるための「関心」はどうやって示したらよいのか？

存在価値を認めるとは、リーダーとして、メンバーのウェルビーイング（身体的・精神的・社会的に満たされた状態）を気にかけていると示すことである。配慮を示す最良の方法は「関心を示す行為」をとることだ。次の通り、主に3つの行為が存在価値を認めることの一部になると考えられる。

・メンバーを1人の人間としてとらえ、行う仕事に対して支援する。

・金銭的報酬でも自然報酬（後述）でもメンバーに報いる。

・学び、成長する機会を提供することによって、メンバーを育成する。

下のモデルはメンバーの「支援」「報奨」「育成」を表している。

「存在価値を認める」とはどういうことか？

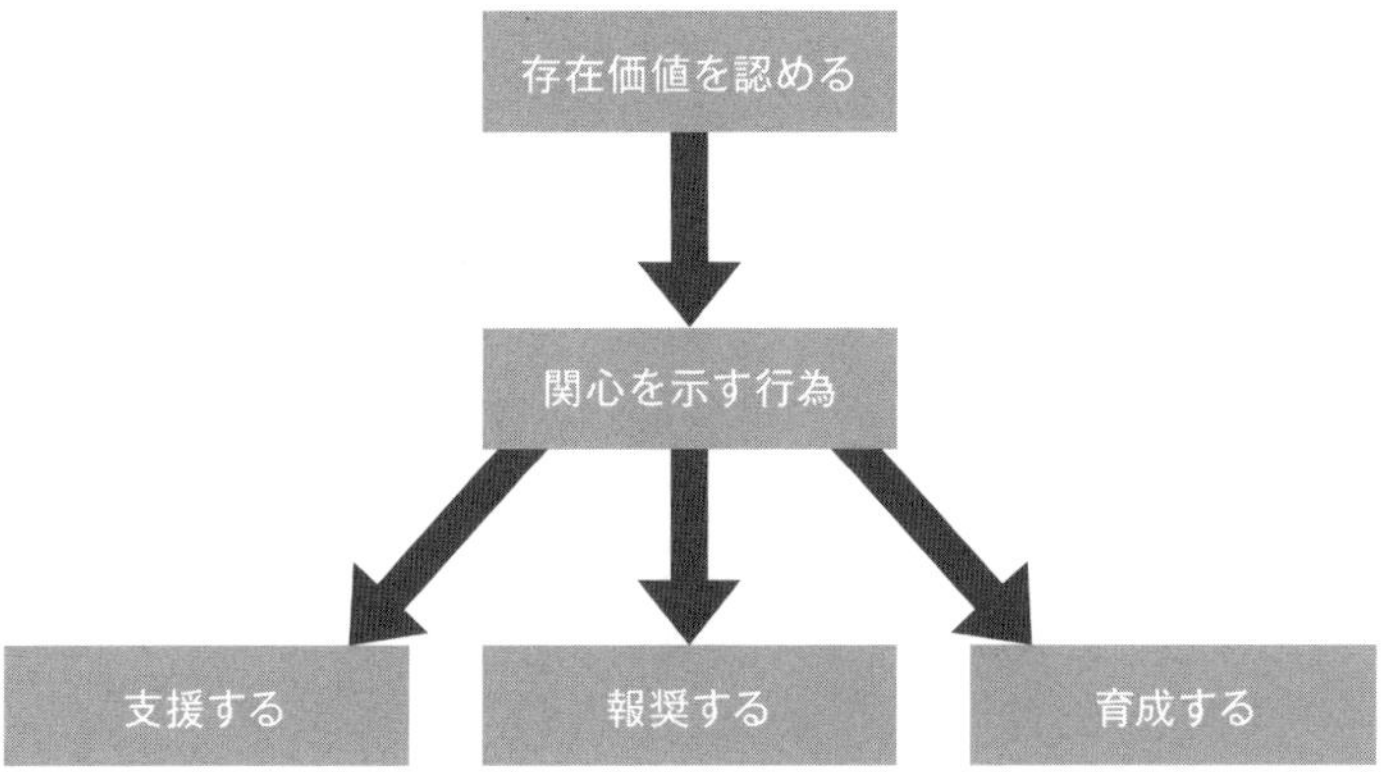

従業員を1人の人間としてとらえ、行う仕事を支援する

従業員が内心たびたび思う疑問の1つは、「どこに助けを求めよう？」である。リーダーが支援できることは多々ある。例を挙げておこう。

・メンバーの手に余る複雑なプロジェクトに助け船を出す。
・メンバーをもっと知ってもらう手立てとして、キーパーソンとのつながりをつくる。
・天候の都合でデイケアがキャンセルになった場合などの、家庭の事情に配慮する。
・話をよく聴く。
・メンバーがいないところで擁護者になる。
・ワーク・ライフ・バランスがとれるように助ける。

それぞれが個人的に提供される支援であり、また本人の仕事に対する支援であるため、メンバーは認められていると感じる。

従業員への支援の種類

リーダーが支援の領域で成果を上げる方法の1つは、支援には種類があると理解することだ。290ページの表は支援と配慮を4種類に分類したものだ。支援を使い分けるために参考にしてほしい。

従業員への支援の事例

ウェンク・アソシエーツ社では、従業員に「ファシリテーター」と呼ぶメンターを付けることで支援を示している。同社のあらゆるレベルの全従業員がファシリテーターを利用できる。

ほとんどの場合、ファシリテーターは直属の監督者や上司以外の人だが、5年前に似たような境遇を経験した先輩社員であることが多い。そのためファシリテーターは経験や学んだ教訓を共有し、担当の新入社員を経験豊富なエンジニアにつなぎ、自分が経験した落とし穴に落ちないよう手助けすることができる。ファシリテーターがいることによって新入社員の「オンボーディング」(236ページ)、能力開発、成長が促され、担当の従業員に対して個人的な関心を示すことにもなっていると、同社では考えられている。

次はスカンスカ・USA・ビルディング社の事例を紹介しよう。

同社の従業員は自分のリーダーシップの能力を育てる目的でコーチを頼んでもいいし、時にはコーチを割り当てられることもある。コーチは担当するリーダーの行動を観察するほか、組織やリーダーシップの行動

従業員への適切な支援の4種類

支援の種類	リーダーができること
モチベーション 仕事のやる気	やる気を引き出す、信頼を示す、意義ある仕事を任せる、貢献が必ず認められるようにする。
能力 仕事を遂行する能力、高いパフォーマンスを発揮するために必要な知識やスキルなど	情報や知識に触れられるようにする、特定のスキルを身につけられるようメンターを見つける。
リソース 仕事のパフォーマンスを支援するツール、資料、情報	メンバーに必要なリソースが自部門で見つかることもあるが、多くの場合、組織のそれ以外の部門でリソースを探し求める必要がある。
プロセス パフォーマンスを促進し、支援するシステムやプロセス	パフォーマンスを支えるプロセスや手続きになっているか、自部署および他部署の職務を点検する。プロセスに不備があれば、解決策を見つけて修正する。

の模範事例の知識ももっている。コーチの役割は担当従業員のキャリアアップを支援することだ。

この支援形態によって従業員層が厚くなり、ひいてはそれが会社の長期的な持続可能性に貢献するというのが同社の考えだ。

個人的な関心を寄せる

リソースを提供することであれ、障害を取り除くことであれ、誰でも仕事をうまくこなすには支援が必要だ。ウィルソン・ラーニングの創業者、ラリー・ウィルソンが名言を残している。

「仕事は自分でやらなければならないが、独りではできない」

支援は、あなたがメンバーに対して個人的な関心を示しているという事実の現れに他ならない。時に人は、自分の生活がどうなっているか理解してくれる人がいる、支えになってくれる人がいると知ってさえいれば、他には何も必要ないということもある。


あなたがメンバーを支える方法をいろいろ考えてみよう。どんな方法があるだろうか?

金銭的報酬でも自然報酬でも従業員に報いる

あなたはメンバーにどう報いているだろうか?

ほとんどの従業員にとって、何らかの形の金銭的報酬は依然として実績を認めてもらうための第一手段だ。たいていは昇給やボーナスという形をとる。こうした報酬は「固定」報酬と呼ばれる。

しかし、金銭的報酬や昇進は状況に応じた承認になるとは限らない。たとえば、年末にボーナス支給という形で金銭的報酬をしばしば与える会社があるとしよう。ボーナスは大事ではあるが、従業員はこの年1回の形態の〝承認〟を単なる全社的な目標達成に対する追加報酬と解釈するかもしれない。そうすると、ある特定の目標を達成した従業員を認めるとか、ある特定の時期に組織の成功に何らかの貢献をした従業員を認めるという意義は失われるかもしれない。

時として、この形態の報酬は「当然もらえるもの」になってしまい、もらえなければ報酬どころかモチベーションを下げる要因になることがある。ハーズバーグは先述の衛生要因を論じるときにこの点を指摘している。従業員は、会社が従業員から報酬を奪おうとしているかのように感じてしまうのだ。

もう1つの報酬の形態は、組織内で次のレベルに行く用意ができたと何らかの形で証明した人を昇進させることだ。

この場合の承認は、新しい肩書や任務として示される。効果的な承認の形態ではあるが、昇進の機会が皆無の仕事だったら？　対策の1つは、組織図に新しい枠を設けるか、新しい肩書を与えることだ。もう1つの対策は、単にその従業員の給与レベルを引き上げることだ。

あなたの組織は能力給のマインドセットに縛られていないだろうか？

組織のマインドセットが「従業員への報酬は昇給やボーナスである」と決めつけていたら、その組織は従業員の貢献を認める他の方法を見過ごしているかもしれない。

私たちが調査したところ、従業員は「組織に対する自分の価値を証明する日々の活動を認めてほしい」と思っている。従業員はお金を求めていない。とにかく〝承認〟を求めており、「認められている」と感じたいのだ。

従業員が高いパフォーマンスを示したら、あるいは組織の価値観を裏づける行動を示したら、認められるべきだ。何も起こらなければ、組織はその従業員を認める機会を失ってしまう。

従業員がプロジェクトで期待された以上に頑張ったとき、同僚に力を貸したとき、どんな形で承認するのがふさわしいだろう?

心からの喜びを生む「自然報酬」の使い方

報酬の第2の形態は、自然報酬と呼ばれるものだ。リーダーはいつでも利用できるし、ほとんどの場合、お金もかからない。

「自然報酬」とは、従業員が自分の仕事に内在的な満足感を得るという〝承認〟の一形態である。

自然報酬の一例は**「学び」**である。学びは、新しい経験、セミナー、本、メンター制度などの形で、組織が従業員のワークライフに組み込むことのできる報酬だ。**「一体感」**も自然報酬だ。従業員を妥当な会議に出席させて、従業員が自分も関与しているのだと感じれば、それも報酬になる。満足した顧客からの手紙、特別な感謝なども自然報酬に当たる。

理解しておきたい重要なことは、万人に共通する自然報酬はないということだ。さらなる責任を引き受けて専門知識を広げる機会で報いてもらいたい従業員もいれば、達成したことを何らかの形で公に認めてもらいたい従業員もいる。

したがって、メンバーの個性を知ることが、自然報酬をうまく活用するための決め手になる。リーダーがやりがちな失敗は、「自分がしてもらいたいことを人にせよ」という黄金律に従ってしまうことだ。その場合、リーダーは「自分が扱われたいように部下も扱われたいと思っている」と決めつけて、自分はそのようにメンバーを扱っていると誇りをもって信じている。

メンバー本人が扱われたいように人を扱うほうが、はるかに効果的だ。そのためには、メンバーの人となりを深く理解する必要がある。

あなたの組織では、従業員はどんな自然報酬を受けているだろうか？

自然報酬は、従業員を自分の仕事に満足させる対価の一種になる。自然報酬がなければ、エンゲージメントは低下する。従業員が行う仕事は充実感の乏しいものになる。

たとえば、従業員はその存在価値を認められることが重要だと考えているのに、リーダーが認めていないも同然なら、従業員の不満は大きくなるだろう。さらに悪いのは、従業員が何か間違ったことをしたときだけ注目され、好ましいことをやり遂げたときには何ら認められないことだ。

自然報酬を利用する鍵は、一人ひとりの独自性を知ることだ。ビバリー・カイエとシャロン・ジョーダン＝エバンズは、前述の『部下を愛しますか？ それとも失いますか？』で自然報酬の重要性を述べている。

両氏は勤続5年以上の従業員を対象に調査を行っている。この従業員たちに投げかけた問いはシンプルに、

「なぜ会社にとどまるのですか？」
だった。お金のためという意味の答えはめったになかった。回答は会社にとどまる恩恵をさまざまに表現したものだった。特に多かったのは自然報酬に当たる恩恵だ。たとえば、堅苦しくない環境、メンター制度、人間関係、尊敬、ミッションなどが挙がった。

スティーブがファイザー・グローバル・リサーチ・アンド・デベロップメント社を対象に実施した人材が勤続する理由に関する調査は、カイエとジョーダン＝エバンズの研究を再現するものだった。スティーブは勤続5年以上のファイザー社員に同じく、

「なぜ会社にとどまることを選ぶのですか？」

という質問をしたところ、回答は両氏の調査結果と一致したのだ。この2つの調査から、スティーブは次に示す自然報酬のリストを作成した。人が自分の仕事に満足を感じ、会社にとどまることを選ぶ主な理由をとらえたリストになっている。

- **挑戦**：達成感があり、能力を試されるプロジェクトの立ち上げや完了を任される機会が頻繁にある。
- **肯定的な評価**：目標達成や模範的な仕事の実績を認められる。認めるべき功績は認められる。専門能力で人から一目置かれる。
- **チームスピリット**：チームの貴重な一員である。積極的な行動を支える前向き、友好的、協力的な職場のカルチャー。

・**情熱**：朝起きる理由がある。大いに興味関心があり、没頭できることに仕事を通して取り組める。
・**創造性**：新しいやり方が要求される仕事をする機会。リスクを覚悟し、既存の枠から飛び出せる。
・**堅苦しくない環境**：ユーモア、笑い、称賛が絶えない明るく、楽しい職場環境。服装がカジュアルで、リラックスした雰囲気。
・**自由**：独立と自律。自分のプロジェクトの意思決定を導ける。意味のある仕事を選択する機会。
・**自己表現**：能力を開花させることが奨励され、支援される。個人の適性やその人ならではの資質が認められる。
・**貢献**：人や組織の成功に直接影響を及ぼす機会。後世に残る遺産をつくる。
・**意義**：有意義な仕事を追求する機会。強い目的意識や使命感。時間とエネルギーを割く価値のある仕事。
・**安定**：なくならないであろう仕事。キャリアと報酬の保証。
・**リーダーシップ**：先手を打ち、意思決定を導くリーダーの能力への信頼。部下のリーダーシップ力を育成し、機会を見つけて導いてくれることへの信頼。
・**作業空間**：健全で前向きな職場環境。生産性を高める作業空間。見て美しい空間。
・**ミッション**：人の役に立ち、物事を改善する仕事。理想に貢献する仕事をしているという感覚。
・**勇気**：大胆な発想の支持、傾聴のカルチャー。オープンな対話が奨励される。難しい問題を議論のテーブルに乗せやすい。
・**バランス**：仕事以外のことをする時間がある仕事。家庭、コミュニティなどの営みが尊重される働き方。ライフスタイルが大切にされるカルチャー。

・**冒険**：刺激やセンスのある状況を提供する職場環境。損か得かのリスク覚悟で思い切ってやってみることがたびたび奨励される。
・**明確なフィードバック**：「私の仕事ぶりはどうですか？」という問いに明確な答えがある。目標に対する進捗が注目され、認められる。肯定的なフィードバックがもらえる。
・**指導**：人の成長を指導する機会、賢明な人に指導される機会。
・**起業家精神**：製品や事業の成功に直接影響を及ぼす仕事に従事できる。発明に関わったという意義やわが事の意識によって見返りを受ける。
・**尊敬**：同僚や上司に尊重される。人から意見や考えを求められる。
・**人間関係**：帰属意識。親密な友情をはぐくむ機会。頻繁でオープンな人との交流。
・**卓越**：最高をめざし、仕事を通して熟練を追求し、新しい能力と既存の能力を開発できる。能力開発や学びの機会が奨励される。

あなたの職場のカルチャーには、従業員が辞めない理由として挙げる自然報酬が他にもあるかもしれない。探してみよう。

自然報酬の分類

以上のような従業員にとって仕事が充実したものになる自然報酬は、「意味」「ライフスタイルの選択」「連帯」「熟練」の4群に分類される。

個人のワークライフのさまざまな段階で、4群のうちどれか1つがより大きな意味をもつこともあるだろう。キャリアが始まったばかりの段階なら、「熟練」が最も重要かもしれないが、やがて、「連帯」が意味を増す。時間とともに「ライフスタイルの選択」が最優先事項になり、さらに後になると、「意味」が従業員にとって目立って重要なものになるかもしれない。

•「意味」

「意味」とは、大切な動機に照らして自分の仕事をとらえたときに従業員が感じるものである。意味とは、時間とエネルギーを割くに値する目的のある道を歩いているという感覚、すなわち、有益なミッションや天職に携わっているという感覚である。意義、貢献、ミッション、情熱、明確なフィードバックの自然報酬がここに分類される。

•「ライフスタイルの選択」

「ライフスタイルの選択」とは、自分の人生に適合した仕事、作業空間、仕事スタイルを選択する機会があると従業員が感じることである。選択の余地があるという感覚は、心身ともに仕事への向き合い方は自由だという感覚につながる。自由、安定、作業空間、バランス、冒険の自然報酬がここに分類される。

・「連帯」

「連帯」は、職場環境における従業員どうしの人間関係である。この、人と連帯している感覚から職場でのコミュニティ意識が生まれる。共通の価値観が尊重され、従業員は自分に影響がある領域について発言権を与えられる。チームスピリット、堅苦しくない環境、リーダーシップ、勇気、指導、起業家精神、尊敬、人間関係の自然報酬がここに分類される。

・「熟練」

「熟練」の感覚は、従業員が仕事を的確に遂行している場合に得られる達成感である。熟練を感じるには、質の高い仕事をしているという感覚、ある分野で専門家になれる機会があるという感覚が必要だ。挑戦、肯定的な評価、創造性、自己表現、卓越の自然報酬がここに分類される。

自然報酬の〝棚卸表〟

有名なエグゼクティブ・コーチであり、作家でもあるディック・ライダーとともにスティーブが共同創業者だったインベンチャー・グループは、自然報酬の棚卸表《インベントリー》を作成した。

この棚卸表は、リーダーが従業員に対して、どの自然報酬がそれぞれの従業員の充実感にとって最も重要か見きわめる際の参考として活用できる。この棚卸表は、解説を添えて第8章に掲載する。

自然報酬がなぜそれほど重要なのか?

人にとって金銭的報酬が重要だという点に議論の余地はまったくない。先に述べたように、昨今の企業環境では、多くのリーダーが金銭的報酬を提供する難しさを口にする。リーダーからよく聞くのは、かつてより金銭的報酬を利用できなくなり、金銭的報酬はリーダーがコントロールできるものではないということだ。それを踏まえたうえで、自然報酬が重要な理由を3つ指摘しておきたい。

・自然報酬ならば、リーダーがコントロールできる度合いが高い。ほとんどの場合、自然報酬を活用するための予算は不要だ。自然報酬は、従業員にとって金銭的な価値ではなく、内在的な価値だからだ。

・自然報酬は継続的に活用できる。自然報酬は長期にわたるパフォーマンスの維持にも、従業員の充実感とエンゲージメントにも多大な影響を及ぼす。

・何が報いとなるかは一人ひとり異なる。ある人にとって何が報われることかを他人が決めることはできない。たとえば、誰かに新しいチャレンジで報いたとしよう。その人が新しいチャレンジをやりがいのあることだと思わなかったら、報酬という目的を果たせない。したがって、従業員それぞれに何が報いになるかを理解したうえで、その提供に努めることがきわめて重要だ。

まとめとして、『ハーバード・ビジネス・レビュー』誌が配信する「今日のマネジメントのヒント」を紹介しよう。2017年10月26日のヒントはこう書かれていた。

〝承認〟はマネジャーが使える最強のツールの1つだが、よい仕事をしたからといって全員が同じように声高に注目されたいわけではない。従業員の仕事を認めるというのは、従業員に特別だと感じてもらうためにすることだ——しかし、会社の手続き上、全員を同じように扱うことになっている場合、特別だと感じるのは難しい。

方法を、従業員それぞれの好みに合わせなさい。好みがわからなければ、聴きなさい。

学びと成長——従業員が辞めない会社の秘訣

人間は成長したがるようプログラムされている。ほとんどの従業員は知識、能力、経験、責任の面で成長し続けることを望んでいる。

どう成長するかは従業員それぞれに異なるが、高いエンゲージメントを達成するには、経営層が従業員の成長に関心をもっていると従業員が感じられる必要がある。従業員は組織に、自分の専門性を磨いて向上していける可能性があると感じたいのだ。

「ウェンク・ウェイ」

ウェンク・アソシエーツ社が8年連続で最も働きやすい会社に選ばれた理由がわかる別の事例を紹介しよう。それは従業員を育てる方法が明確だということだ。ウェンク・アソシエーツ社には従業員が選べる3つの「人材育成トラック」がある。

・トラック1は「専門技術職」トラック。従業員は水、大気質、都市工学いずれかの技術的専門知識の分野に専念することを選ぶ。目標は、専門能力を伸ばし、各自の専門分野で全国的に認められるレベルの専門家になること。

・トラック2は「リソース管理者」トラック。リソース管理者は、環境分野のいずれかの長になり、その分野の拡大とその分野で働く従業員を指揮すること両方に責任をもつ。このトラックの従業員は管理職に就くが、エンジニアリング関連の仕事も継続する。

・トラック3は「経営管理者」トラック。従業員はエンジニアリング分野の仕事から離れて、ゼネラリストの任務に就く訓練を受けることを選び、組織の経営に対する責任を共有する。職種は財務、プロジェクト管理、マーケティング、人事、情報技術、各拠点のゼネラル・マネジャーである。

従業員はいつでもトラックを変更できる。

興味深いことに、アンケートをとって従業員がどの人材育成トラックを選ぶか調査したところ、大多数はトラック1を選んだ。従業員は自分の専門分野で成長することを望んでいた。それは大切なことだ。多くの組織は、優秀な従業員を専門分野からはずして管理職にするからだ。こうした組織では、従業員が自分の強みを活かし、専門性を高め、管理職になる心配とは無縁でいられる機会を求める従業員が数多くいることを、考慮または理解できていない。組織の中で報われ、成功するには、正式な管理職につくか、経営層の任務を引き受けるしかないと感じている従業員が山ほどいる。

ウェンク・アソシエーツ社では各従業員に個人的な能力開発予算が用意され、その予算を使ってそれぞれが専門技能を向上させたり、学びや経験を深めたりできる。

正式なリーダーシップ開発プロセスは年間15人ほどに提供される。これに推薦された従業員には社長から参加を勧める書簡が送られ、承諾すると1年間のリーダーシップ開発プロセスが始まる。これまでのところ、この勧誘を断った従業員はいない。

リーダーシップ開発プロセスは一連の評価やアンケートから始まる。次いで、社長、気質や適性を見るコンサルタント、リーダーシップ関連のコンサルタントで構成される審査委員会による面接が続く。面接の目的は、従業員の志を知り、そのリーダーシップの視座を理解し、さまざまな評価項目を検討するためだ。

面接を経て審査委員会は、その従業員に対して詳細な育成計画書を提案する。従業員は再び審査委員会と面談し、一緒に育成計画書を見直す。その後、社長やコンサルタントの全面的な支援を受けながら1年間の育成計画が始まる。1年の終わりに審査委員会が正式な精査を実施し、2年目の新しい育成計画の概要をまとめる。

このリーダーシップ開発の機会を与えられると、従業員は驚き、次いでウェンク・アソシエーツ社はこれほど従業員の能力開発に関心を示すのかと深い感謝を感じていた。他のエンジニアリング会社から転職してきた従業員も多いが、それまで正式な育成プロセスを経験したことがなく、前の雇用主は稼働率を満たしさえすれば満足だと感じていたという意味の話がよく聞かれる。ウェンク・アソシエーツ社に転職した理由としてウェンク・アソシエーツ社のカルチャーと人材育成プロセスを挙げる従業員は多く、明らかに、それらは勤続する理由にもなっている。

スカンスカ・USA・ビルディング

従業員への関心を示す企業の事例をもう1つ挙げよう。大手建設管理会社のスカンスカ・USA・ビルディング社だ。

同社では、トップ・リーダー全員が有名な「9ボックス・システム」を用いて年1回部下の人事評価をする。ボックスが表すのは、従業員の実績を評価するパフォーマンス水準（低、中、高）と、将来より上位の、より重要な地位に就いた場合に成功する可能性を評価するポテンシャル水準（低、中、高）である。

リーダーたちの尺度で、直属の部下全員が、低パフォーマンス／低ポテンシャルから高パフォーマンス／高ポテンシャルまで、グリッドのどこに位置するか評価される。

リーダーたちは部下それぞれの強みと弱みを見直し、人材育成計画を話し合う。このように全従業員が自分の利益に目配りしてくれるスポンサーがいると感じている。

成長し続ける

ウェンク・アソシエーツ社のようなキャリアパスや職務変更に関わるプロセスにしろ、スカンスカ・USA・ビルディング社のような個別の人材育成計画にしろ、リーダーは部下が常に成長し、能力を伸ばしていけるようにしなければならない。

困難で課題の多い時代にあって、従業員は、支えがあり実績が報われると感じられることを求めている。

同時に、挑戦しがいのある仕事、学びの機会、仕事の経験をリーダーから与えられることで成長し続け、能力を伸ばしていくことも求めている。

何が人を成長させるのだろう？

古代の賢人なら弟子に「学ぶには、難事を求めよ」と言うだろう。「降りかかった火の粉に善処せよ」とか「困難を避けよ」とは言わなかったはずだ。

真正面から困難な状況に直面することが——苦労を買ってでも享受するくらいの姿勢が——人を成長させる。部下が仕事で困難な状況にぶつかったときに助けること、そして部下がその課題から学び、成長できるように後押しすることがリーダーの仕事なのだ。

即効で「居場所」をつくるための、今すぐ使える22の問いかけ

ここまで、従業員が存在価値を実感するために重要な「関心を示す行為」について、「支援」「報酬」「育成」の3つの領域を見てきた。本章の最後に、関心を示すための最も簡単な方法を紹介しよう。それは、ただ問いかけることだ。部下に対して関心を示し、存在価値を認めるために使える質問を挙げておく。

・仕事のどんなところに充実感があるか?
・もっと時間があったら何をしたいか?
・会社を辞めない理由は?
・給料と福利厚生以外の仕事の見返りは何か?
・生活や仕事でバランスが悪いと感じる部分はあるか?
・よい仕事をしたらほめられることがよくあるか?
・自分の意見が尊重されていると思うか?

・成長の目標は何か、成長の次の段階として何を学びたいか？
・何が一番得意か？
・毎日自分の一番得意なことをする機会があるか？
・自分の仕事に極めたい領域はあるか？
・能力開発が奨励されているか？
・好きな仕事をしていたときの仕事中の状況を考えてみて、どういうことが起きていたかを説明してほしい。自分にとって何が楽だったか？　現在の仕事でも同じ状況があるか？
・活用されていないと感じる能力はあるか？
・仕事をするために必要な支援はあるか？
・時間の投資に見合う見返りはあるか？
・仕事で自分に期待されていることがわかるか？
・組織のミッションや目的によって自分の仕事が重要だと感じるか？
・仕事に目的意識を感じるか？
・仕事をする理由を理解しているか？
・今日はいい1日だったと仕事を終えて満ち足りた気分で帰宅する場合、その日は何が楽しかったのか？
こういう満足感はどれくらい経験するか？（めったにない、時々、よくある）
・仕事に行くのが楽しみで仕方がないのはどういうときか？

時間をとって部下の人となりを知ろう。部下と一対一で会っているときは、こうした質問集を参考に、部下への関心を示す問いを投げかけてほしい。

従業員のエンゲージメントを引き出す能力で最も重要なものは、最も簡単なものと言えるだろう。それは、「関心を示す」ことだ。

本章のまとめ

リーダーは部下に関心を示さなければならない。部下を個人的に支援し、部下の貢献に報い、部下を育成することが関心を示すことになる。常に離職する従業員はいる。その理由が自分の存在価値を感じないからということのないようにしよう。

組織の観点から、従業員の支援、報酬、育成のためのシステムやプロセスをどう整えるか？

次に示すのは、存在価値を認めることに関して、リーダーが守るべきルールである。リーダーとしてのあなたの役割は、従業員のエンゲージメントを維持または回復する前向きな手段として、このルールを適用することだ。

・とにかくよく話を聴くことで部下への関心を示す。

・部下によって異なる特有のニーズを理解し、適切な自然報酬を考える。
・できるだけ多くのフィードバックを提供する。部下は自分の仕事ぶりを知りたい。
・部下の将来と志について現実的である。
・部下が専門領域を極め、その能力で名を知られるよう支援する。
・部下を成長の機会に触れさせる。
・独自の存在である個人として、部下への支援を示す。
・部下があなたをリソース、すなわち困ったときに助けを求めに行ける人と見られるように努める。

次章では、エンゲージメントを取り戻すか、高いエンゲージメントを維持することにつながり、リーダーや経営層が組織のカルチャーに浸透させることができる方法を紹介する。

第8章

「エンゲージメント」のカルチャーを確立する

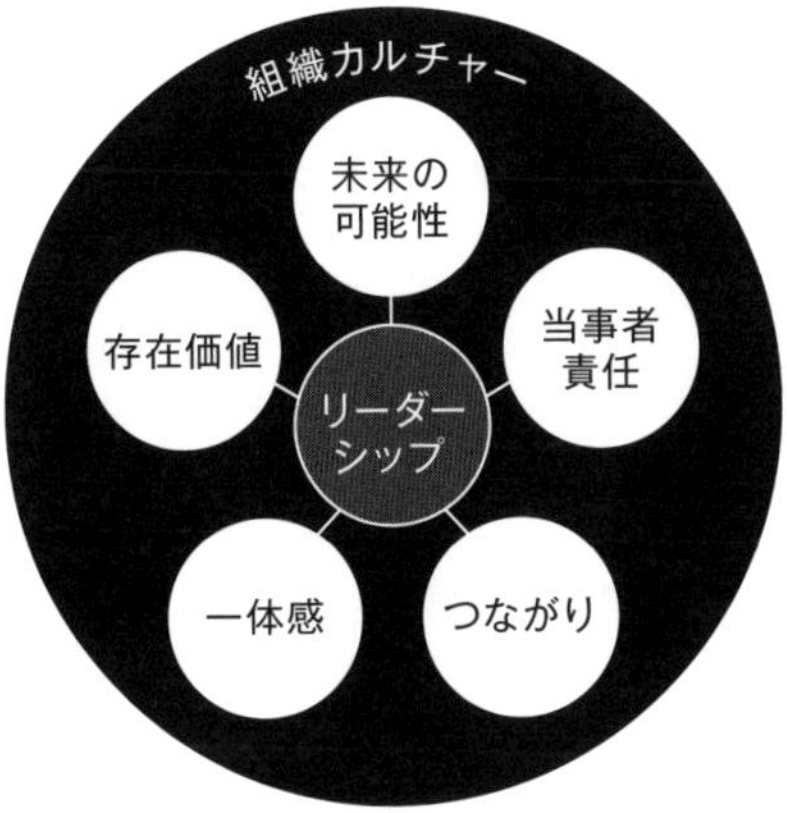

持続可能なエンゲージメントは、エンゲージメントの5要素が個別に実行されるよりも、すべてが一体となって組織のカルチャーに浸透する場合に高まる。

組織のカルチャーを変えるには?

アメリカ人女性のみのヒマラヤ遠征隊を率いたことで知られる登山家、アーリーン・ブルームの「最大の報酬は最大の献身から生まれる」という思慮に富んだ言葉を紹介して本章を始めたい。

あなたは、あるいは組織の経営層やリーダーたちは、どうやってエンゲージメントの高いカルチャーを創ることに力を尽くすだろう?

あなたは、あるいは組織の経営層やリーダーたちは、どうやってエネルギーを失ってしまった組織のエンゲージメントを取り戻すことに力を尽くすだろう?

答えは「一緒に」に尽きる。

本章の目的は、リーダーや経営層が組織のカルチャーに浸透させることで、エンゲージメントを取り戻すこと、あるいは高いエンゲージメントを維持することにつながる一般的な実践方法を紹介することだ。組織によってはリーダーが特に何もせず、カルチャーが生じるに任せていることもある。

一方、全従業員のエンゲージメントが促されるカルチャーを創ることにリーダーが積極的で意図的な役割を果たす組織もある。

本章は、エンゲージメントの5要素それぞれのアクションプランを提供することで、あなたがその役割を果たす機会をもてるようにする。組織のカルチャーにどんな影響をどう及ぼすかは、リーダーであるあなた、経営層の一員であるあなた次第だ。あなたの組織のエンゲージメント・カルチャーをどんなものにしたいか決められるのはあなただけだ。

エンゲージメントは「カルチャーに重きを置くリーダーシップ」から生まれる

リーダーシップ開発を、次の4段階をたどる進歩としてとらえる考え方がある。

・リーダーシップの基盤を築く
・人をリードする
・チームをリードする
・職場のカルチャーを創る

段階1：リーダーシップの基盤を築く

リーダーシップの基盤を築くことは、第2章で述べた「どんなリーダーでありたいか？」と「リーダーとして何をすべきか？」という問いに集中することだ。故ウォーレン・ベニスは、リーダーになるということは〝自己〟になることと同義だと述べている。この段階は、次に示す2つの側面から成る。

・リードする役割に備えて根源的な自己、「コア・セルフ（価値観、信条、目的、受け継いだもの）」を理解し、明確にする。
・自らの行動をもって範を示す。

第1段階は、強いリーダーであるための基礎づくりである。

残念ながら多くの組織では、この段階からリーダーシップ開発に予算をつけたり、支援プログラムを開始したりはしない。リーダーシップを発揮するべき立場にある人が、自分という存在を育てるための支援を受けられていないのだ。

基盤がなければ、リーダーは権限のある立場を利用して仕事を処理するしかない。その結果、コミットメントのあるフォロワーシップではなく、服従のカルチャーになりやすい。リーダーシップ開発は段階2から本腰を入れて開始する組織が圧倒的に多い。

段階2：人をリードする

この段階では、リーダーが人のために、すなわちリーダーが仕える支持者のために何をするかが中心になる。この段階で、リーダーはリードする役割に関連するさまざまな仕事を学ぶ。たとえば、方向性と目標を設定する、部下に責任を課す、フィードバックを提供する、生産性を改善する、会議を実施するといった仕事だ。

リーダーは部下の育成と定着に加え、部下のパフォーマンス向上にも注力する。リーダーシップとは根本的に、リードすることを選んだ人とフォローする人との関係性であるため、この段階は重要だ。段階2とは、人がより高いレベルで仕事を遂行できるかどうかを左右する、相互作用を発展させることに集中する段階なのだ。

リーダーシップ開発がこの段階より先に進まないこともある。その場合、リーダーは一対一の強い影響力をもつマネジャーになる。リーダーが仕える支持者が比較的少人数で、リーダーとの相互作用の機会も比較的頻繁にあるかぎり、これにはメリットがあるといえる。

しかし、直属の部下の人数が増えるにつれて、段階2のリーダーシップは効果的でなくなってくる。リーダーは、とにかく時間がなくて、部下それぞれのニーズ、目標、負担に対処するどころではないと気づくのだ。リーダーの配慮は部下たちに行き届かなくなり、リーダーシップの有効性は低下する。

スティーブは現在、石油パイプライン会社の副社長のコーチングを受け持っている。大規模な企業買収の結果、この副社長は、直属の部下10人のグループのリーダーから200人のグループのリーダーになった。生き残り、成功するために、この副社長は一対一の思考を脱して、より効果的にリーダーの役割を果たす方法へと移行する必要がある。

部下の人数が多すぎるという課題の解決策は、一対一ではなく一対多のリーダーシップ（段階3）に、頭を切り替えることだ。

段階3：チームをリードする

一対一のリーダーシップがなくなることはないが、直属の部下の間で責任を共有するチームをつくることを重視すると、リーダーはより効果的なリーダーシップを発揮できるようになる。

そういうチームができれば、チームが協働して、担当職務の結果に対する責任を共有することになる。そして協働を大切にするカルチャーが創られる。もっと多くの従業員を含めた期間限定チームを結成し、機会や問題に一緒に取り組み、提言したりもできるようになる。

これを実践するには、リーダーがグループやチームと一緒に仕事をする時間を増やして、チームとしての結果を達成することが必要になる。部下が協働し、担当する職務範囲以上の責任を担うようにすると、リーダーは、会社全体のパフォーマンス向上により戦略的な役割を担えるようになる。

段階4：職場のカルチャーを創る

この段階は、リーダーシップ開発に含まれていないことが多い。あなたはリーダーとして、あなたをリーダーと呼ぶ人たちのエンゲージメントを高めるカルチャーを創るために、どのように積極的で意図的な役割を果たすだろう？

段階4では、人づくりよりも、カルチャーを創ることが中心になる。それは、エンゲージメントを取り戻す、あるいは高いエンゲージメントを維持するための実践や信条を浸透させることだ。つまり、エンゲージメントの5要素を用いて、あなたが望む組織をつくることを意味する。具体的には、未来の可能性を感じるカルチャーを創ること、それぞれが当事者責任を負うカルチャーを確立すること、重要なつながりを築くカルチャーを創ること、そのカルチャーの中で組織の一体感をはぐくむ方法を見つけること、従業員を支援し、奨励し、育成するための実践をカルチャーに定着させることである。

以上を実行に移せば、リーダーは段階2で実践すること、すなわち人を管理することの多くを、自分がいないときにも維持することができる。この持続可能性が生まれるのは、エンゲージメントを促す実践がカルチャーに浸透し、リーダーの存在や行動だけでは動じなくなるからだ。

本章では段階4に焦点を当て、あなたの職場のカルチャーを創る指針を提供する。

あなたの職場のカルチャーを創る

カルチャーとは何だろう？『Encarta Dictionary』の定義によれば、広義のカルチャーとは「特定の人間集団に共通する信条、慣習、慣行、行動」である。この定義は、私たちの定義、「カルチャーは従業員の大多数に共通する一定の信条、規範、慣行、慣習を組織が共有する場合に生まれる」にぴったり一致する。

カルチャーはどの組織にも次の2つの意味あいで存在する。

・**公式**《フォーマル》：従業員ハンドブックに書いてある会社のミッション・ステートメント、価値観、指針、あるいは定義された方針や手続きとして表われる。
・**非公式**《インフォーマル》：暗黙のルール、仕事の進め方、組織内で成功し、適応し、価値ある存在になるために欠かせないこととして表われる。

職場のカルチャーは、公式であれ、非公式であれ、従業員がどのように仕事を遂行し、どのように互いに作用し合い、組織の一部としてどのように機能するかに影響を及ぼす。従業員の大多数が賛同する慣行、信条、既存の指針に従う場合に、職場のカルチャーは強くなると言われている。

組織の職場カルチャーに最も強く影響するものは何だろう？　答えはリーダーシップである。ほとんどの職場はそのリーダーの個性やマネジメント・スタイルを反映している。

リーダーには、意識しているにせよ、無意識にせよ、最大の影響力がある。その影響力にはさまざまな形がある。何を伝えるか、従業員にどのような責任を課すか、組織の価値観は何か、何が報奨や強化の対象になるか、そして、きわめて重要なことだが、リーダーがどんな模範を示すかである。しかし、従業員がそのカルチャーに賛同しないことには始まらない。従業員の賛同を得られるかどうかは、従業員のエンゲージメントの回復やエンゲージメントの高いカルチャーの維持を大きく左右する。

真に問うべきは次のことだ。

リーダーはカルチャーが自然に生じるに任せているだろうか、それとも全従業員のエンゲージメントが促されるカルチャーを創ることに積極的で意図的な役割を果たしているだろうか？

あなたはリーダーとして、あなたをリーダーと呼ぶ人たちに、あなたの言葉と行動で影響を及ぼす機会が

企業のカルチャーは自分で意図してつくるもの

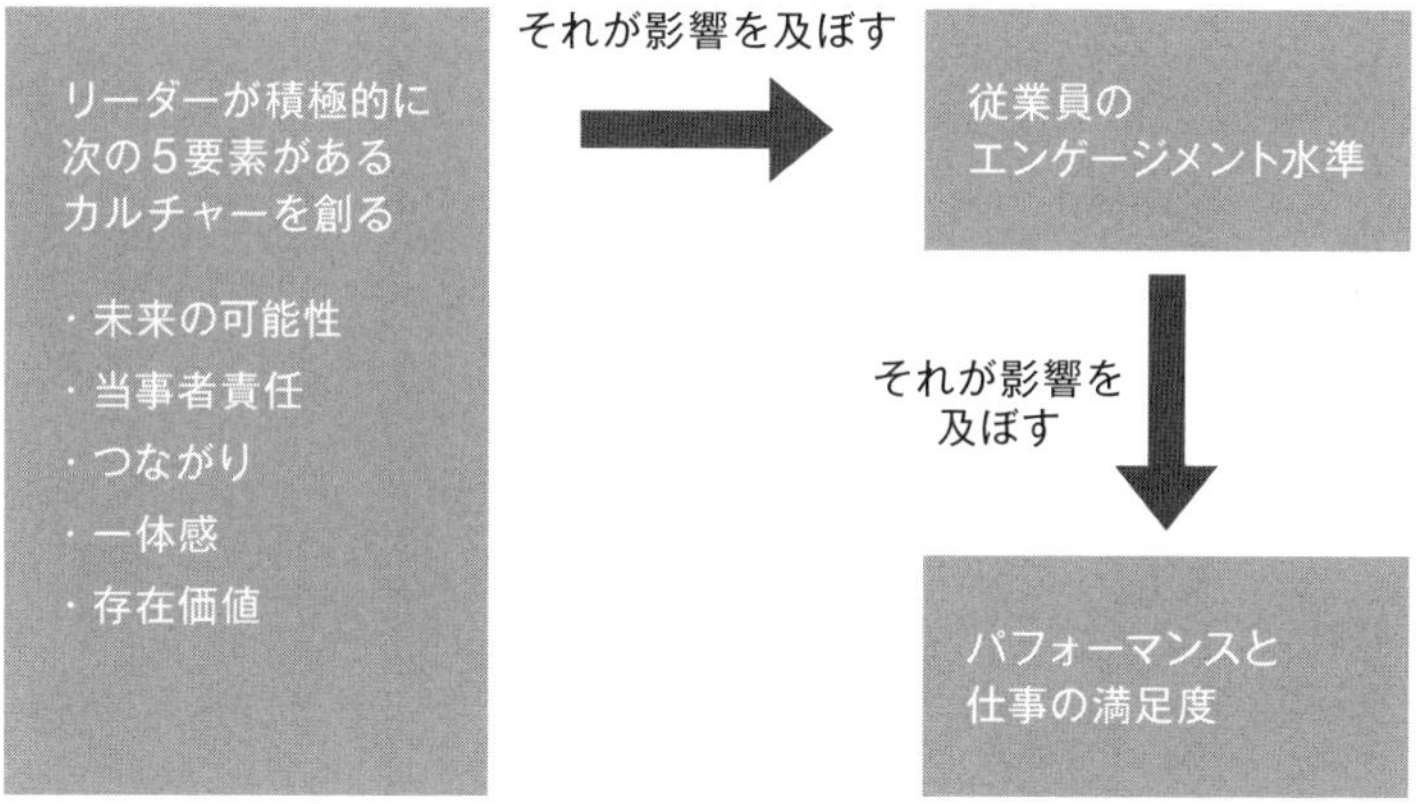

リーダーが積極的に
次の5要素がある
カルチャーを創る
・未来の可能性
・当事者責任
・つながり
・一体感
・存在価値
それが影響を及ぼす
従業員の
エンゲージメント水準
それが影響を
及ぼす
パフォーマンスと
仕事の満足度

ある。あなたが最大限に影響を及ぼせる範囲は限定的であるにしても、それでもあなたは職場のカルチャーを浸透させることができる。重要なのは、どんなカルチャーにしたいのかに意図的になることだ。そのためにあなたがすべきことは次の2つだ。

・全従業員に**共有してほしい**信条、慣行、慣習、行動のよい手本になる。

・その共通の信条、慣行、慣習、行動の**理解と共有**を全従業員に促す。

重要なのは、どんなカルチャーにしたいのかに意図的になることである。

上の図は、本書のさまざまなテーマがどのように関係するかを表すモデルとしてまとめたものだ。

エンゲージメントを高めるには、あるいは高いエンゲージメントを維持するには、あなたが、組織または職務のリーダーとして、エンゲージメントの5要素をカルチャーにどう浸透させるかに積極的に取り組まなければならない。

5要素をもう一度確認しておこう。

- **未来の可能性**：エンゲージメントは、従業員が「自分は重要なものの一部だ」と感じ、未来に信じる何かがあるときに生まれる。
- **当事者責任**：エンゲージメントは、従業員が求められていることを明確に理解し、なぜ自分はベストを尽くすことが大切なのかを知っているときに生まれる。そうなれば、それぞれの当事者としての責任意識が強まる。
- **つながり**：エンゲージメントは、従業員が互いのつながりを感じ、相互利益を重視し、責任を共有して仕事をするときに生まれる。従業員が協働を大切にするマインドセットをはぐくむのである。
- **一体感**：エンゲージメントは、従業員が十分に情報を知らされ、決定プロセスに関与でき、自分の考えや気持ちをオープンに表す機会があるときに生まれる。つまり、コミュニケーションのあらゆるプロセスを含めて、人は物事に関わっていると感じたいものなのだ。
- **存在価値**：エンゲージメントは、従業員が「自分には存在価値があり、組織には自分が輝ける居場所がある」と感じるときに生まれる。支援、報奨、育成が存在価値を認めることの3本柱である。

意図的な実践を通して、リーダーは従業員のエンゲージメント水準に影響を及ぼすようになる。調査結果に示されているように、それはそれ自体に意義がある。しかし、影響はそれだけにとどまらない。5要素は従業員のパフォーマンスと、達成感や仕事の満足度にも影響を及ぼす。

リーダーは従業員にエンゲージメントを強いることはできない。
リーダーの役割は、従業員が仕事に打ち込む選択をする環境を整えることだ。

これから、5要素ごとにリーダーによる実践活動を提案する。リーダーとして、あるいは組織のアクションプランを協働して導き出すリーダー・チームとして、あなたが取り組めるさまざまな実践に焦点を当てた活動だ。まず各要素の概要を紹介し、次にアクションプランを導き出す土台になる実践活動を解説する。

アクションプラン1：「未来の可能性」

要素	未来の可能性
前提	エンゲージメントは、従業員が「自分は重要なものの一部だ」と感じ、未来に信じる何かがあるときに生まれる。
意義	完全なエンゲージメントに最も大きく寄与する精神的エネルギーは、「現実的な楽観主義」――望ましい未来や結果をめざして前向きに仕事をすること――である。従業員には信じられる未来が必要だ。組織に自分のエネルギーを注ぐには、未来の可能性を知る必要があるのだ。**なぜ**仕事をするかがはっきりすれば、エンゲージメントが高まる。したがって、従業員に情報をどう伝えるかがエンゲージメントカルチャーを創る鍵を握っている。

現実的な楽観主義：あなたのストーリーを語る

組織のより広い範囲に向けて未来について話すときに、今の現実を描写し、同時に希望や楽観的な未来も提示するように話すにはどうするだろう？　この実践活動の目的は、組織がどこに向かおうとしているかに関して、支持を獲得できる「現実的な楽観主義」の声明をまとめることだ。詳しくは第3章を参照してほしい。

リーダーとして、次の問いに答えよう。
・未来を見据えたとき、あなたは何が心配か？（透明性を高め、現実的に答えてほしい）
・未来を見据えたとき、従業員をわくわくする思いにさせるものは何だろう？
・あなたの職務または組織が向かう先に従業員がとどまり、エネルギーを注ぐ理由は何だろう？
この問いの答えに基づいて、肯定的な未来像を描く現実的な楽観主義のシンプルな声明を書こう。

あなたのストーリーをつくる

あなたが自分のストーリーをどう語るかは、組織のエネルギーに大きな影響を及ぼす。概してリーダーが今の現実をどう述べるものか、背景として3タイプのストーリー（詳しくは第3章参照）を知っておくと理解しやすくなる。

この実践活動の目的は、タイプ3の属性を用いて、集中したいこと、達成したいことをどう組み立てるかを明確にすることだ。

1　あなたがタイプ1か2にいるなら、まず、あなたの職務または組織が経験している現実をはっきりさせよう。現状を説明するキーワードを使うこと。

2　あなたのストーリーを作成しよう。次に示すタイプ3の属性をストーリーの中に盛り込んで、あなたの職務または組織に集中させたいこと、達成させたいことのイメージを描いてほしい。

・どこまで成果を伸ばせるだろうか？　機会、協働、有効性、遂行、成長、持続可能性――ここにあなた自身が想定している成果も加えよう。

3　このストーリーを、ビジョンやめざすべき結果として常に従業員の目に触れるようにしよう。人を巻き込んで、どうすれば協働してそれを実現できるか決めることだ。

MEGlobal社の"組織化の原則"

クオリティ

質の高い基準
質の高いリーダーシップ
質の高い人材
質の高いサービス
質の高い顧客との関係
質の高い製品

〝組織化の原則〟を決める

どの組織にも、意識しているか無意識かはともかく、エネルギーの使われ方について、すべての部署で共有され、推進されている〝組織化の原則〟がある。〝組織化の原則〟によって、あなたをリーダーと呼ぶ人たちが集中する対象、集結する対象ができるのだ。

〝組織化の原則〟（第3章参照）は、次の1年間にあなたが従業員に集中してほしいこと、エネルギーを注ぎ込んでほしいことを表す。たとえば、あなたがクオリティ（質）というテーマの目標を設定するなら、質の高い人材、質の高いサービス、質の高い基準、質の高い製品、質の高い顧客との関係、質の高いリーダーシップに集中することで、その原則を中心に組織化される。第3章で紹介した上の図を参照してほしい。

この実践活動の目的は、あなたが考える〝組織化の原則〟を明確にすることだ。そうすれば、これを中心に従業員に集結してほしいという、その中心をつくる出発点になる。

1　次の問いの答えを考えながら、組織化の原則を決めよう。
・組織のミッション／ビジョンを推進するために不可欠な組織化の原則は何か？
・どんな組織化の原則なら、従業員がわくわくして積極的に関わるだろう？
・どんな組織化の原則なら、従業員に努力して得たいものを与えるだろう？
・従業員に何を考え、何を評価してほしいか？

2　紙の中心に円を描き、その中にあなたの考える組織化の原則を書き入れよう。

3　その円の周囲に、原則を中心に組織化するために集中すべきことを書き出そう。図示したクオリティの例が参考になる。

4　どう組織化するか、そしてこの組織化の原則を従業員にどう伝えるかを決めよう。

あなたのストーリーをまとめる

未来の可能性を強化するには、何をする必要があるだろう？　自分を組織のストーリーを書く責任者だと考えよう――従業員を引きつけるストーリーを書く責任者だ。これまで考えてきた3つの重要領域、すなわち「現実的な楽観主義」「3タイプのストーリー」「組織化の原則」を考慮に入れよう。

1　あなたの組織の従業員のエンゲージメントを取り戻すストーリーに含めたいのは、3つの実践活動の主要な要素のうちどれか？

2　あなたが組織のより広い範囲の支持者に向かって話しているつもりで、あなたのストーリーを書こう。

アクションプラン2：「当事者責任」

要素	当事者責任
前提	エンゲージメントは、従業員が求められていることを明確に理解し、なぜ自分はベストを尽くすことが大切なのかを知っているときに生まれる。そうなれば、それぞれの当事者としての責任意識が強まる。
意義	従業員は、大半の場合、求められていると思っていることをする傾向がある。従業員にベストを求めるなら、ベストを期待しなければならない。ただし、責任もなしに高い期待を設定しても果たされない約束になることが多い。 業績目標の観点からも、個人の行動の観点からも、期待されていることを明確に理解し、責任を課されることを知っているとき、従業員は責任を負う傾向がある。 したがって、従業員のエンゲージメントにおいては、内在的に抱く当事者としての責任は、外因から生じる責任よりも、たいていは強い要因となる。

個人が当事者として責任を負うカルチャーを創るには、従業員に対するあなたの期待を公然と明示して、その期待に応える責任を課す必要がある。

業績目標

この実践活動の目的は、業績目標に注力するためにあなたが何をする必要があるか明確にすることだ。業績目標について詳しくは第4章を参照してほしい。

リーダーの視点から考えて、次の問いに答えよう。

・現在、リーダーや従業員に、業務に対する責任を、どのように課しているか？
・現在の組織のカルチャーで、業績目標をより効果的に設定して、利用するには何が変わる必要があるか？
・目標設定とパフォーマンス管理の現行プロセスをどう利用すれば、もっと効果的に業績目標を使いこなせるか？
・リーダーとして、自分の責任範囲内で業績目標をどう浸透させ、どう評価することができるか？

〝組織の価値観〟と〝期待される行動〟を結びつける

昨今の企業環境では、ほとんどの組織が価値観を明言している。しかし、その価値観に付随するはずの〝期待される行動〟を明言している組織は多くない。この実践活動の目的は、あなたの組織の価値観に〝期待される行動〟を付け加えることだ。期待される行動について詳しくは第4章を参照してほしい。

1 あなたの組織の価値観をリストに書き出そう。

2 書き出した価値観のそれぞれに対して、それを体現するために不可欠な行動を特定しよう。

3 経営層の視点から考えて、次の質問に答えながら、個人が責任を負うカルチャーを創るためにあなたができることを検討しよう。

・前述2の活動を実行に移して、従業員が期待されていることを明確に理解できるようにするには何をする必要があるか？

・価値観に付け加えた期待される行動以外に、従業員に遵守してほしい〝期待される行動〟は何か？

・これらの期待を従業員にどう伝えるか？

・現行の管理プロセスをどう利用すれば、もっと効果的に業績目標を使いこなせるか？

・リーダーとして、どうすれば自分の責任範囲内で〝期待される行動〟を浸透させられるか？

アクションプラン3：「つながり」

要素	つながり
前提	エンゲージメントは、従業員が互いのつながりを感じ、相互利益を重視し、責任を共有して仕事をするときに生まれる。従業員が協働を大切にするマインドセットをはぐくむのである。
意義	パフォーマンスの高い組織は、成功の背景として、協働を大切にするカルチャーと、それが生産性に及ぼす影響を挙げることが多いだろう。従業員のエンゲージメント水準に関して言えば、次に示す2つの重要な側面がある。 ・**信頼と相互の支援**：信頼し合い支え合う同僚、自分の成功だけでなく仲間の成功にも関心を示す同僚と働いていると従業員は感じたい。従業員が仕事仲間とのつながりが希薄だと感じている場合、エンゲージメントを維持するのは難しい。 ・**協働を大切にするマインドセット**：従業員は自分の視点に価値があると感じたい。したがって、リーダーは異なる視点を求め、それを統合し、共通の成果を達成することを求められる。 あらゆるレベルの協働が増せば、つながりとエンゲージメントが増すことになる。

つながりを築く

この実践活動の目的は、あなたの主要な部下と、その同僚とのつながりを増やすために、あなたが一人のリーダーとしてできることは何かを明確にすることだ（第5章参照）。

> リーダーの視点から、主たる従業員どうしのつながりを増やすためにあなたができることを次のステップに沿って検討しよう。
>
> ・主たる従業員のうち、誰と誰がもっと密につながる必要があるかを特定する。
> ・特定した従業員それぞれに対して、他にもっと密につながるべき人を特定する。
> ・両者のつながりを増やすために、あなたがとれる行動を特定する。

協働を大切にするマインドセットを養う

パフォーマンスの高い組織の多くは、成功の背景として、協働を大切にするマインドセットで仕事をしていることを挙げる。異なる職務や個々の視点を統合して共通の成果を達成するプロセスがあるということだ。この実践活動の目的は、部下どうしのつながりを増やすためにあなたが、一人のリーダーとしてできることを明確にすることだ。この取り組みは、部下と話し合いながら行うのが理想的である。

リーダーと従業員の両方の視点から考えて、次の問いに答えながら、あなたのチームの協働を増やすためにあなたができることを検討しよう。

- **現在、チームが行っていることで良好な協力関係が示されていることは何か？　そういうことをどうすれば続けていけるか？**
- **協働に障害があるならば、それは何か？　どうすればそれをなくす、あるいは減らすことができるか？**
- **チーム内の協働を増やすためにやり方を変える必要があること、もっとやる必要があることは何か？**
- **リーダーとして、従業員として、協力関係を改善するために努力していることは何か？**

相互影響と協働を大切にするカルチャー

リーダーとして、あなたは協働を大切にするカルチャーを推進するうえで、誰よりも重要な役割を果たさなければならない。それにはまず、自ら相互影響のスキルを実践し、さらに、そのスキルは誰でも獲得できると部下に思わせることだ。相互影響について、詳しくは第5章を参照してほしい。この実践活動の目的は、相互影響を実現する3つのスキル・セットを実践するために、あなたができることを明確にすることだ。

リーダーの視点から考えて、次の問いに答えよう。
・「よく聴いて相手を知る」ために、どのような聴く実践ができるだろう?
・「自分の考えを表現して探究する」ために、どのような実践ができるだろう?
・「多様な考えを統合して最善策を考え出す」ために、どのような実践ができるだろう?

チームの活用:「チャータリング」

リーダーとしてのあなたの仕事には、あなたが率いる人たち——あなたのチームや配下の管理職——とのつながりを築くことも含まれる。このプロセスは「チャータリング」と呼ばれる。詳しくは第5章を参照してほしい。

この実践活動の目的は、〝大きな矢〟を構築し、仕事のグループ内やチーム内のつながりを増やすプロセスを導入することだ。この実践活動は、リーダーのあなたと部下が話し合いながら行うのが理想的である。

リーダーのあなたがチャータリングを完了するまでのステップは、次の通りだ。

1　チームを特定し、半日から1日の集会を予定する。

2　チームに答えてもらう質問を記載したワークシートを作成する。
あなたはチームに次の質問に答えてもらうだけでいい。

・私たちは誰のために仕事をするのか？　主な支持者は誰であり、私たちに何を要求しているか？
・成功するために欠かせない重要なつながりは築けているか？
・私たちの望ましい結果や目的は何か？　その結果は、チーム・メンバーと私たちの支持者すべてにどんな利益をもたらすか？
・成功とはどのような状態だろうか？
・どのような手順を整えなければならないだろうか？
・個々人はどんな役割を果たすだろうか？
・私たちの相互関係はどうなるだろうか？

3　その質問の結果を利用して、チームを前進させる。

アクションプラン4：「一体感」

要素	一体感
前提	エンゲージメントは、従業員が十分に情報を知らされ、決定プロセスに関与でき、自分の考えや気持ちをオープンに表す機会があるときに生まれる。つまり、コミュニケーションのあらゆるプロセスを含めて、人は物事に関わっていると感じたいものなのだ。
意義	組織の一体感をはぐくむことは必然的にエンゲージメントを生み出す。コミュニケーションを抑圧すれば、必然的にエンゲージメントが低下する。情報をどう集め、広め、理解するかは、組織の一体感に大きな影響を及ぼす。それは個人がオープンに自分の考えや気持ちを表現する自由があると感じるかどうかと同じくらい大きな影響だ。情報の流れがないことは、従業員のエンゲージメントをごく短期間で低下させる要因の1つだ。従業員が活かされる場があると感じていなければ、仕事に熱意をもって励むことはない。

一体感をはぐくむカルチャーを創る

情報をどう集め、共有し、広め、理解するかは、組織の一体感に大きな影響を及ぼす。それは個人がオープンに自分の考えや気持ちを表現する自由があると感じるかどうかと同じくらい大きな影響だ。一体感について詳しくは第6章を参照してほしい。

この実践活動の目的は、信頼を高め、情報の流れをよくするために、組織の共通する慣行がどうあるべきか明確にすることだ。

リーダーの視点から考えて、次の問いに答えよう。

・次のうち、あなたが現在うまくやっていることは何か?
・従業員を関与させること　・情報の収集と共有
・情報システムの活用　・フィードバックの提供

・次のうち、あなたが変える必要のあること、やり方を変えて改善する必要のあることは何か?
・従業員を関与させること　・情報の収集と共有
・情報システムの活用　・フィードバックの提供

従業員を〝開いたドア〟に招き入れる

第6章で述べたように、従業員が〝開いたドア〟から部屋に入ってくる気になるかどうかを決めるものは何だろう？　マネジメントと従業員の交流に過去、何があったか。それが主な要因だ。

ということは、今の問いはこう聞き直すほうがいい。

「意識的にせよ、無意識にせよ、リーダーが信頼度を下げる行為、開いたドアを閉ざす行為、組織の一体感をはぐくむカルチャーを経験する機会を減らす行為をしていないだろうか？」

この実践活動の目的は、リーダーとして、あなたがしている信頼度を下げる行為、そして信頼度を上げるためにあなたができることを明確にすることだ。

リーダーの視点から考えて、次の問いに答えよう。

・次のうち、あなたが現在している信頼度を下げる行為は何か？

・人を批判的に決めつける
・優越感で人を見下す
・思い込みが強い
・オーバーコントロール（過剰管理）
・無関心

・次のうち、信頼度を上げる行為を実践するために、あなたが改善する必要のあること、さらに力を入れる必要のあることは何か？

・説明の機会を与える
・対等であることを示す
・オープンである
・エンパワーする
・関心を示す

アクションプラン5：「存在価値」

要素	存在価値
前提	エンゲージメントは、従業員が「自分には存在価値があり、組織には自分が輝ける居場所がある」と感じるときに生まれる。支援、報奨、育成が存在価値を認めることの３本柱である。
意義	存在価値を認めるとは、組織の従業員に対する関心の表われである。その形態は、表彰、傾聴、関与、理解、報奨、学び、成長など、さまざまだ。 存在価値を認めることは、まず間違いなくエンゲージメントの最も重要な要素だろう。組織にいる一人ひとりに個人的に影響を及ぼすからだ。従業員をつなぎとめ、従業員のエンゲージメントを引き出すには、関心を示すことが決定的に重要だ。

関心を示す行為

第7章で述べたように、存在価値を認めるとは、リーダーとして、部下のウェルビーイングを気にかけていると示すことである。配慮を示す最良の方法は「関心を示す行為」を実践することだ。

この実践活動の目的は、関心を示す行為によって、あなたの部下の存在価値を認める方法を明確にすることだ。

> リーダーの視点から考えて、次の問いに答えよう。
>
> 次の領域で従業員の存在価値を認めるにはどんな方法があるだろう?
>
> ・従業員を1人の人間として、また行う仕事に対して**支援する**。
>
> ・金銭的報酬でも自然報酬でも従業員に**報いる**。
>
> ・学び、成長する機会を提供することによって従業員を**育成する**。

自然報酬で従業員の存在価値を認める

「自然報酬」は業績に対する報酬ではない。それは、従業員が内在的な満足感を得るという意味での報酬だ。自然報酬は、従業員の日々のワークライフに組み込まれている。万人に共通する自然報酬はない。新しい仕事を学ぶ機会を与えられることで報酬を受けたい従業員もいれば、表彰を受けたい従業員もいる。従業員一人ひとりの独自性を知ることが決め手になる。詳しくは第7章を参照してほしい。

この実践活動の目的は、あなたの部下一人ひとりにとってどんな自然報酬が大切か知り、その自然報酬をどう提供するかを検討することだ。

1 あなたの部下に「自然報酬の棚卸表《インベントリー》」を渡して、記入してもらう。部下と個別に面談する少しまとまった時間を予定する。

2 部下と面談するときは、まず、次のような全般的な質問をしよう。

・仕事のどんなところにやりがいがありますか?

・もっと時間があったら何をしたいですか?

・過去1年間に学び、成長する機会がありましたか?

3 部下に自然報酬として選んだものを優先度順に話してもらう。報酬ごとに、次の質問をする。

・なぜこの報酬があなたにとって大切なのですか?

・その報酬をあなたの仕事に組み込むために私にできることはありますか?

注:たいていは、部下の要望に応じることができるだろう。できないなら、理由を説明する。その大切さを認め、代案を提案する。たとえ代案が何もなくても、話をするだけで部下は気が楽になるだろう。

4 どの文字(M:熟練、C:連帯、P:意味(目的)、LSC:ライフスタイルの選択)が最も多く選ばれたか集計し、探るべきテーマがあるかどうか確認する。

5 各報酬が部下の仕事の一部になるように、あなたと部下がそれぞれ行うことに合意する。

6 部下一人ひとりの個性に合わせた報酬を再確認できるように、その合意の記録を保管する。

自然報酬の棚卸表

挑戦　M 達成感があり、能力を試されるプロジェクトの立ち上げや完了を任される機会が頻繁にある。	肯定的な評価　M 目標達成や模範的な仕事の実績を認められる。認めるべき功績は認められる。専門能力で人から一目置かれる。
チームスピリット　C チームの貴重な一員である。積極的な行動を支える前向き、友好的、協力的な職場のカルチャー。	情熱　P 朝起きる理由がある。大いに興味関心があり、没頭できることに仕事を通して取り組める。
創造性　M 新しいやり方が要求される仕事をする機会。リスクを覚悟し、既存の枠から飛び出せる。	堅苦しくない環境　C ユーモア、笑い、称賛が絶えない明るく、楽しい職場環境。服装がカジュアルで、リラックスした雰囲気。
自由　LSC 独立と自律。自分のプロジェクトの意思決定を導ける。意味のある仕事を選択する機会。	自己表現　M 能力を開花させることが奨励され、支援される。個人の適性やその人ならではの資質が認められる。
貢献　P 人や組織の成功に直接影響を及ぼす機会。後世に残る遺産をつくる。	意義　P 有意義な仕事を追求する機会。強い目的意識や使命感。時間とエネルギーを割く価値のある仕事。
安定　LSC なくならないであろう仕事。キャリアと報酬の保証。	リーダーシップ　C 先手を打ち、意思決定を導くリーダーの能力への信頼。部下のリーダーシップ力を育成し、機会を見つけて導いてくれることへの信頼。

作業空間　LSC 健全で前向きな職場環境。生産性を高める作業空間。見て美しい空間。	ミッション　P 人の役に立ち、物事を改善する仕事。理想に貢献する仕事をしているという感覚。
勇気　C 大胆な発想の支持、傾聴のカルチャー。オープンな対話が奨励される。難しい問題を議論のテーブルに乗せやすい。	バランス　LSC 仕事以外のことをする時間がある仕事。家庭、コミュニティなどの営みが尊重される働き方。ライフスタイルが大切にされるカルチャー。
冒険　LSC 刺激やセンスのある状況を提供する職場環境。損か得かのリスク覚悟で思い切ってやってみることがたびたび奨励される。	明確なフィードバック　M 「私の仕事ぶりはどうですか?」という問いに明確な答えがある。目標に対する進捗が注目され、認められる。肯定的なフィードバックがもらえる。
指導　C 人の成長を指導する機会、賢明な人に指導される機会。	起業家精神　C 製品や事業の成功に直接影響を及ぼす仕事に従事できる。発明に関わったという意義やわが事の意識によって見返りを受ける。
尊敬　C 同僚や上司に尊重される。人から意見や考えを求められる。	人間関係　C 帰属意識。親密な友情をはぐくむ機会。頻繁でオープンな人との交流。
卓越　M 最高をめざし、仕事を通して熟練を追求し、新しい能力と既存の能力を開発できる。能力開発や学びの機会が奨励される。	その他 あなた自身の自然報酬を設ける。

凡例　M：熟練　C：連帯　P：意味（目的）　LSC：ライフスタイルの選択

エピローグ――これまでを振り返って

私たちの出発点は、組織がどうしてエネルギーを失うのか研究し、リーダーがどうすればエネルギーを取り戻せるのかの手がかりを提供しようと乗り出したことだった。従業員エンゲージメントは、いや、もっと正確に言えば、従業員エンゲージメントの欠如は、今やビジネスにおいて最も注目される話題だと言っても過言ではない。

従業員エンゲージメントは、悪化はしていないにしても、長期化している問題だと多くの調査が示していた。より大きな問題は、従業員のエンゲージメントをどうすれば引き出せるかではなく、かつては仕事に打ち込んでいたのにエネルギーを失ってしまった従業員のエンゲージメントをどうすれば取り戻せるかだ。その確信のもと、私たちは研究を続けてきたのだ。

研究を始めてすぐに明らかになったのは、組織がエネルギーを失う経緯はさまざまだということだ。そして、さらに研究を続けたところ、組織が変化するパターンは2つあることがはっきりしてきた。

1つ目のパターンは、衝撃の大きい重大な変化に関連する。たとえば、買収合併、大規模なリストラ、リソースの他施設への再配置などがこれに該当する。はっきり見えてきたのは、このタイプの出来事があって、従業員が変化を〝失うこと〟と認識すればどういう影響が出るかということだった。

組織がエネルギーを失う原因になる変化のもう1つのパターンは、変化が長引き、繰り返されることで、〝変化疲れ〟――すなわち無気力感、仕事の満足度低下が生じることだ。また、この場合にはまず間違いなく最も重要な問題として、リーダーシップの能力低下が生じている。リーダーは、自らの行動と思考が手本となり、高いエンゲージメントに貢献することもあれば、妨げになることもあることを理解すべきだ。第2章で述べたように、リーダーはエネルギーを与えるか、奪うかのどちらかだ。

他にもわかったことがあるが、その1つは、「エンゲージメント」という言葉には、的確な定義がないということだ。そこで私たちは、本書を通してエンゲージメントに必須の要素を特定し、エンゲージメントの定義を定めることをめざした。さまざまな調査では、エンゲージメント水準を測るのに仕事の満足度を用いるが、エンゲージメントは仕事の満足度が高いことではない。仕事の満足度も重要ではあるが、従業員の求められたことに対する認識（否定的、中立的、肯定的）と従業員がその求めにどれだけエネルギーを費やすことを選ぶか、それがエンゲージメントである。

したがって、エンゲージメントは、今起きていることに対する認識が肯定的で、それに自由裁量のエネルギーを発揮することを選択する場合に生まれる。認識と選択の両方に影響を及ぼすことにリーダーシップが果たしうる役割を理解すると、この定義の重要性はより明確になるはずだ。

組織で起きている変化のタイプにかかわらず、従業員の積極的に関わるか否かの選択に、決定的な影響力を及ぼすのは自分なのだと、リーダーは自覚しなければならない。

従業員の満足度とエネルギーを回復させるのに最も貢献するのは、次に示す5要素だ。本書の読者に理解してもらいたいのは、リーダーシップの焦点をこの5要素に絞ることであなたは組織のエンゲージメントを取り戻せるということだ。

・**未来の可能性**：あなたのストーリーの語り方によって〝現実的な楽観主義〟のカルチャーを築く。
・**当事者責任**：〝業績目標〟と〝期待される行動〟の両面に関して当事者責任を確立する。
・**つながり**：協働を大切にする環境を整えることでつながりを築く。
・**一体感**：信頼に基づく一体感をはぐくむことを実践する。
・**存在価値**：部下を支援し、報奨し、育成することを最大限に重視して、あなたの配慮を示す。

「エンゲージメント」を構成する要素を特定した私たちの、次なる目的は、組織のリーダーシップが5要素を実地に適用する際の指針となる方法とツールを提供することだった。リーダーに集中すべきところを伝えるだけでは不十分だ。リーダーに何をすべきかも理解してもらう必要がある。

先に述べたように従業員エンゲージメントは注目の話題ゆえに、私たちのこれらの取り組みに対しては、これまで次のように言われることも多かった。「エンゲージメントの本はすでにいくらでもあるのに、なぜまた？」と。しかし、本書は新しい洞察とツールで新鮮な切り口をもたらすものと、私たちは心から信じている。私たちは本書の草稿を大企業から中小企業までさまざまな企業を代表するリーダーに送って読んでもらった。従業員のエンゲージメントが低下する経験をしたリーダーは、持続する結果が出ない取り組みに不満をためていた。そういうリーダーからは、採り入れることのできる対策が明確に書かれていて応用できる内容の本だと感謝された。草稿を読んで、「本に登場するアヴコー・テクノロジーズのナンシーは私のことですか？」と聞く人さえいた。その反応は、ちょっと笑えるものではあったが、本書が、多くのリーダーが直面している問題を的確にとらえられていること、そして、私たちが本に書いた難問について、自分のことのように感情移入してしまうことを反映していると自負している。かつてはエンゲージメントもエネルギーもあった従業員のエンゲージメントを取り戻す方法に組織は頭を悩ませ、解決の手がかりをまだ必要としているのだ。本書が、あなたにとっても有益であれば幸いだ。

そして、この探究の旅も終わりにさしかかった今思うのは、私たちもまた本書を執筆しながら多くを学ばせてもらったということだ。時々、アイディアやアプローチを徹底的に話し合い、言いたいことを伝えるのに自分だけで考えるよりもっとよい表現を2人で思いついたこともあった。

ここで、本書の中から抜粋して強調したい要点をまとめておきたい。組織の中で課題に立ち向かう旅の道中、あなたに覚えておいてほしい大切な考え方を選んだ。

・エンゲージメントの基本単位は、「時間」ではなく「エネルギー」だ。
・リーダーは、組織にエネルギーを与えるか、組織からエネルギーを奪うかどちらかである。
・エンゲージメント　＝　肯定的な見方　×　大きな自由裁量のエネルギー
・「組織が今、直面している変化は、自分にどのような影響を及ぼすか。それに対し、自分はどのようにエネルギーを使うか」——従業員のこれらの認識と選択に影響を及ぼすことが、リーダーシップの本質的な役割である。
・今度、あなたの会社に変化が起きそうなときは、こう自問しよう。「その変化によって従業員が何かを得る可能性はどれくらいだろう？　何かを失う可能性はどれくらいだろう？」

・変化によって感じる喪失が大きいほど、エンゲージメントは低下しやすい。
・意欲が消滅している従業員は、「目立たないでいること」にエネルギーを使う。
・最終的に、リーダーの評価を決定づけるのは、
「どれだけうまく人をリードするか」ではなく、「どれだけ人がついてくるか」である。
・リーダーが答えるべき問いは、
「リーダーとしての自分を動かし、方向づける〝シグナル〟はどこにありますか？
内側（エッセンス）ですか、外側（フォーム）ですか？」である。
・リーダーシップとは、リーダーの地位によってではなく、
リーダーの模範の力によって、人を自力では行けないであろう場所に連れていく能力である。
・相手に対する自分の影響力は、相手からの影響も受け入れようとする自分の意思に直結している。
・エンゲージメントを取り戻す鍵は、前向き、かつ現実的に
未来の可能性を信じられるようにすることである。
・従業員のエンゲージメントを取り戻すうえで、より強力な要因は、
責任とパフォーマンスに対するフィードバックが上司のような外因からくるのではなく、
本人が、自分に責任を課し、自分自身のパフォーマンスをモニタリングする能力をもつことである。
・あらゆるレベルの協働が増せば、つながりも増し、そしてエンゲージメントも増す。
・執務室のドアをいつでも開けていること自体を誇りに思ってはいけない。
誇りにすべきはドアを通って部屋に入ってくる人の数だ。

・従業員のエンゲージメントを引き出す能力で最も重要なものは、最も簡単なものと言えるだろう。それは、「関心を示す」ことだ。

さまざまな組織と仕事をして私たちが学んだことの1つは、組織がエンゲージメントを失うときはあっというまだが、取り戻すのは長期戦となり、それは組織のカルチャーが変容するプロセスだということだ。

本書の最後に、「アヴコーはどうなりましたか?」という質問に答えずに筆を置くわけにはいかないだろう。私たちは実のところ、アヴコー・テクノロジーズがエンゲージメントを取り戻すための仕事に、直接は携わっていないが、アヴコーの話は継続して調査している。アヴコーはさらに別の会社に買収され、新しいリーダーシップ・チームによる失われたエネルギーを取り戻す取り組みが続けられている。

このチームの取り組みの最大の成果は、おそらく未来の可能性を、従業員が再び実感できるようにしたことだろう。それは〝現実的な楽観主義〟に焦点を当て、従業員に自分たちが組織の未来に重要な役割を果たすという自覚を促すことで実現した。

変化は今もこれからも組織に影響を及ぼし続けるから、変化のプロセスのなかで従業員の一体感を高めていくことが不可欠だ。新リーダーシップ・チームはそれも認識している。アヴコーはかつてよりずいぶん規模が小さくなったが、存続そのものの危機を乗り越え、再び成長の可能性に重点を置きはじめているようだ。

あなたがあなた自身の旅路を着々と進むことを、あなたの会社やチームが発展し、従業員のエンゲージメント、充実感、貢献度ができるかぎり高くなることを祈念する。なお、エンゲージメント向上についてより幅広いサポートを受けたい場合には、ウィルソン・ラーニング ワールドワイド株式会社のウェブページ(https://www.wilsonlearning.com)を確認してほしい。

謝辞

「組織から人間のエネルギーを奪うものは何か？　どうすればエネルギーを取り戻せるのか？」

この問いが本書の始まりだった。本書を執筆する私たちの旅路は、ずいぶん前に始まった。それは、ハリー・ウッドワードとスティーブ・バッコルツの共著による『［新版］アフターショック―変化の時代の「痛み」を解決する知恵』が出版された後だった。この本は、さまざまな変化を経験している組織に対して多くの扉を開くことになり、私たちも組織の経験を理解することに役立ちたいと考えた。長年クライアントと一緒に仕事をしながら、インタビューや調査を行い、多様な組織と提携して、組織はどうしてエネルギーを失うのか、どうすればエネルギーを取り戻せるのかを協力して理解しようと努めてきた。私たちの研究に特に関心を寄せ、さまざまな形で本書に力を貸してくださった次の方々に特にお礼を申し上げたい。

ファイザー・ワールドワイド・リサーチ・アンド・デベロップメントで各種の調査を統率してくださったバズ・キュー（博士）、ジェフ・アイブズ（博士）、マイク・ゲーニー（博士）、カレン・フェランテ（博士）、メアリー・ソマーズ（博士）、ナンシー・ハトスン（博士）、アーサー・ハッブズ。フォスター・ミラー社の人材担当副社長、キャシー・ドイル。シアーズ百貨店のアラン・ペリー。キャタピラー社のジェリー・シュミット。モルガン・スタンレー銀行のジェーン・エイガー、マイケル・モス。英国ＩＢＭ社のヘンリー・グリフィス。スカンスカ・ＵＳＡ・ビルディング社のウィリアム・フレミング、ロス・フローマン、ジョン・ベンソン、フレッド・ハイムズ。ヘルスケア・コンサルタントのデイブ・オルセン。ウェンク・アソシエーツ社のロッド・アンブロシー。

本書の草稿に目を通し、批評と知恵の恩恵を与えてくださったすべての方々にも感謝している。特に次の方々にお世話になった。

ファイザー・ワールドワイド・リサーチ・アンド・デベロップメントの低分子薬学分野のトップ、サラ・ケリー（博士）、MEGlobal社長のアンディ・フルトン、ウィルソン・ラーニング ラテンアメリカ社長のアルベルト・ペレス・ラ・ロッタ、ウェンク・アソシエーツ社CEOのジョー・グラボウスキー、リース・グループ社長のブレーク・リース、スカンスカ・USA・ビルディング社COOのスコット・マクラウド、フォスター・ミラー／キネティック・ノース・アメリカ社COOのスティーブ・ルッジエーリ（博士）、シエストラ社のローラ・カンポス（博士）。

私たちのこれまでの人生に大きな影響を及ぼしたラリー・ウィルソン、デビッド・ブラッドフォード、アラン・コーエン、ハリー・ウッドワード、BC・ハッセルトン、ディック・ライダー、ジョージ・ランド、この方々の知恵も本書の内容を豊かにしてくれた。

最後に、私たちが「エッセンスに基づくリーダーシップ」と呼ぶリーダーシップの説得力のある模範となり、職場の意気を立て直した組織で働く数々のリーダーに深い感謝を表したい。

スティーブ・バッコルツ
トム・ロス

参考文献

・Ainsworth-Land, George. Grow or Die: The Unifying Principle of Transformation. New York: John Wiley & Sons, 1986.
・Bennis, Warren and Nanus, Burt. Leaders: The Strategies for Taking Charge. New York: Haper & Row, 1985. （邦訳『本物のリーダーとは何か』伊東奈美子訳、海と月社、2011年）
・Blum, Arlene. Breaking Trail: A Climbing Life. New York: Scribner, 2005.
・Buchholz, Steve and Roth, Thomas. Creating the High Performance Team. New York: John Wiley & Sons, 1987.
・Buchholz, Steve and Woodward, Harry. Aftershock: Helping People through Corporate Change. New York: John Wiley & Sons, 1987. （邦訳『［新版］アフターショック――変化の時代の「痛み」を解決する知恵』崎山千春訳、ダイヤモンド社、2013年）
・Buford, Bob. Half Time: Moving from Success to Significance. Grand Rapids: Zondervan, 1994.
・Cashman, Kevin. Leadership from the Inside Out: Becoming a Leader for Life. Sun Francisco: Berrett-Koehler, 1998.
・Cohen, Daniel I. A. and Bradford, David. Managing for Excellence: The Guide to Developing High Performance in Contemporary Organizations. New York: John Wiley & Sons, 1984.
・Connor, Daryl R. Managing at the Speed of Change: How Resilient Managers Succeed and Prosper While Others Fail. New York: Random House, 1992.
・Covey, Stephen M. R. and Merrill, Rebecca. The Speed of Trust: The One Thing That Changes Everything. New York: Free Press, 2006. （邦訳『スピード・オブ・トラスト――「信頼」がスピードを上げ、コストを下げ、組織の影響力を最大化する』キングベアー出版、2008年）
・Deal, Terrence E. and Kennedy, Allan A. Corporate Cultures: The Rites and Rituals of Corporate Life. Reading, MA: Addison-Wesley, 1996. Leading Change. Boston: Harvard Business School Press, 1982.
・George, Bill and Sims, Peter. True North: Discover Your Authentic Leadership. San Francisco: Jossey-Bass,2007.
・Gibb, Jack R. Trust: A New View of Personal and Organizational Development. San Francisco: Astron Series Book, 1978.
・Greenleaf, Robert K. The Power of Servant Leadership. San Francisco: Berrett-Koehler, 1998. （邦訳『サーバントであれ――奉仕して導く、リーダーの生き方』野津智子訳、英治出版、2016年）
・Herzberg, Frederick; Mausner Bernard; and Snyderman, Barbara Bloch. The Motivation to Work. New Brunswick: Transaction Publishers, 1959.
・Helgesen, Sally. The Web of Inclusion. New York: Currency/Doubleday, 1995.
・Kay, Beverly and Evens-Jordan, Sharon. LOVE 'Em or Lose' Em: Getting Good People to Stay. San Francisco: Barrett-Koehler, 1999. （邦訳『部下を愛しますか？ それとも失いますか？』大川修二訳、産業編集センター、2001年）
・Kotter, John P. Leading Change: An Action Plan from the Foremost Expert on Business Leadership. Boston: Harvard Business Review Press, 1996. （邦訳『企業変革力』梅津祐良訳、日経BP、2002年）
・Leath, Blake. Cultivating the Strategic Mind: Growing from Leader to Visionary, Creator, and Architect of Strategy. Indianapolis: IBJ Book Publishing, LLC, 2017.
・Leider, Richard J. The Power of Purpose: Creating Meaning in Your Life and Work. New York: Fawcett, 1985. （邦訳『ときどき思い出したい大事なこと』ウィルソン・ラーニング ワールドワイド監修、枝廣淳子訳、サンマーク出版、1998年）
・Loehr, J and Schwartz, Tony. The Power of Full Engagement: Managing Energy, Not Time, Is the Key to Performance and Personal Renewal. New York: Free Press, 2003. （邦訳『成功と幸せのための4つのエネルギー管理術：メンタル・タフネス』（青島淑子訳、CCCメディアハウス、2004年）
・Maslach, Christina. Burnout: The Cost of Caring. Cambridge: Malor Books, 1982.
・Maslach, Christina and Jackson, Susan. Burnout Inventory: The Leading Measure of Burnout. Cambridge: Malor Books, 1981.
・Noer, David M. Healing the Wounds: Overcoming the Trauma of Layoffs and Revitalizing Downsized Organizations. San Francisco: Jossey-Bass Publishers, 1993.
・Elop, Stephen CEO. Feb. 9, 2011. Posted to an internal Nokia employee system and reported in The Guardian.
・Oshry, Barry. Seeing Systems: Unlocking the Mysteries of Organizational Life. San Francisco: Berrett-Koehler Publishers, 1995.
・Senge, Peter. The Fifth Discipline: The Art and Practice of the Learning Organization. New York: Currency/Doubleday, 1990.
・Sinek, Simon. Start with the Why: How Great Leaders Inspire Everyone to Take Action. New York: Portfolio, 2009. （邦訳『WHYから始めよ！ インスパイア型リーダーはここが違う』栗木さつき訳、日本経済新聞出版、2012年）
・Tichy, Noel M. and Devanna, M. A. The Transformational Leader. New York: John Wiley & Sons, 1986.
・Tichy, Noel M. and Ulrich, David O. "SMR Forum: The leadership challenge- A Call for the Transformational Leader." Sloan Management Review, Fall 1984, pp.59-68.
・Tillich, P. The Courage to Be. New Haven, Conn: Yale University Press, 1952.
・Vaill, Peter B. Managing as a Performing Art: New Ideas for a World of Chaotic Change. San Francisco: Jossey-Bass, 1989.
・Woodward, Harry L. and Tager, Mark J. Leadership in Times of Stress and Change: Seven Skills for Gaining Trust and Inspiring Confidence. La Jolla: Work Skills-Life Skills, 2002.

著者プロフィール

スティーブ・バッコルツ　Dr. Steve Buchholz

ネブラスカ大学、組織社会学博士。

チェンジ・マネジメントの分野で高い評価を得る。リーダーシップ能力、ハイパフォーマンス・チーミング、チェンジ・マネジメント、エンゲージメント、人材の定着、および戦略的提携の計画等に重点を置いて、さまざまな企業を支援している。最近では個人の可能性を引き出す1on1コーチング等も行っている。

著書にはハリー・ウッドワードとの共著で世界的にベストセラーとなった『［新版］アフターショック――変化の時代の「痛み」を解決する知恵』（ダイヤモンド社、崎山千春訳）のほか、『Creating the High Performance Team』（トム・ロスとの共著、未邦訳）、『The Positive Manager』（未邦訳）がある。

トム・ロス　Tom Roth

ウィルソン・ラーニング ワールドワイド株式会社代表取締役社長COO。同社の戦略と事業の責任者。従業員エンゲージメント、リーダーシップ開発、戦略の一致、事業変革などの分野において、経営層リーダーシップチームをグローバルで支援している。
人材開発ソリューションの開発・導入に40年以上の経験があり、『Creating the High Performance Team』（スティーブ・バッコルツとの共著、未邦訳）をはじめ、ビジネスに関する多数の記事や著作を発表。その活動は米国内にとどまらず、世界的なカンファレンスや顧客イベントにおいて、リーダーシップ、セールス、従業員・顧客のエンゲージメント、組織変革、戦略実施に関する講演を頻繁に行っている。

ウィルソン・ラーニング ワールドワイド株式会社　Wilson Learning Worldwide Inc.

1965年に米国で創業、世界50か国、30言語で人材・組織開発分野でのコンサルティング・サービスを展開している。リーダーシップ、マネジメント、営業力強化のアセスメント、エビデンス・ベースのラーニングプログラムや、人材開発を支援するクラウドサービスの開発と提供をする。

1991年には日本法人が米国本社を買収し、日本に本社を置く「小さな多国籍企業」としてグローバルな体制を確立。地域や文化の独自性にも対応しながら、最新のサイエンスとテクノロジーに基づいた人材開発ソリューションを実行してきた。米国Training Industry.comによるTop20トレーニングカンパニーに11年連続選出されている。ウェブサイト　https://www.wilsonlearning.com

監訳者プロフィール

小田 理一郎　Riichiro Oda

有限会社チェンジ・エージェント代表取締役。オレゴン大学経営学修士（MBA）修了。多国籍企業経営を専攻し、米国企業で10年間、製品責任者・経営企画室長として組織横断での業務改革・組織変革に取り組む。2005年チェンジ・エージェント社を設立、経営者・リーダー研修、組織開発、CSR経営などのコンサルティングに従事し、システム横断で社会課題を解決するプロセスデザインやファシリテーションを展開する。デニス・メドウズ、ピーター・センゲら第一人者たちの薫陶を受け、組織学習協会（SoL）ジャパン理事長、グローバルSoL 理事などを務め、「学習する組織」、システム思考、ダイアログなどの普及推進を図っている。著書に『「学習する組織」入門』（英治出版）、共著に『なぜあの人の解決策はいつもうまくいくのか?』（東洋経済新報社）など。監訳・訳書にアダム・カヘン著『敵とのコラボレーション』『社会変革のシナリオ・プランニング』、ピーター・M・センゲ著『学習する組織』、ビル・トルバート著『行動探求』（以上、英治出版）など。チェンジ・エージェント社ウェブサイト　www.change-agent.jp

訳者プロフィール

東出 顕子　Akiko Higashide

翻訳家。主にノンフィクション、実用書の翻訳に携わる。訳書に『社会変革のシナリオ・プランニング』『敵とのコラボレーション』（以上、英治出版）、『アナトミィ シリーズ』（ガイアブックス）など多数。

Special Thanks
本書の発刊にあたり、至善館大学院大学教授・有限会社イーズ代表の枝廣淳子様に多大なご協力をいただきました。心から御礼申し上げます。

UNPLUGGED
How Organizations Lose Their Energy and How to Get It Back
By Steve Buchholz, Tom Roth and Wilson Learning Worldwide Inc.

成長企業が失速するとき、社員に“何”が起きているのか？
仕事に「働きがい」と「エネルギー」を取り戻す方法

2020年5月25日　第1版　第1刷発行

著者	スティーブ・バッコルツ トム・ロス ウィルソン・ラーニング ワールドワイド株式会社
監訳者	小田理一郎
訳者	東出顕子
発行者	村上広樹
発行	日経BP
発売	日経BPマーケティング 〒105-8308　東京都港区虎ノ門4-3-12 https://www.nikkeibp.co.jp/books/
デザイン	大場君人
制作	キャップス
編集協力	太田晶子、久住達也（ウィルソン・ラーニング ワールドワイド株式会社）
編集	宮本沙織
印刷・製本	図書印刷株式会社

本書籍に関するお問い合わせ、ご連絡は下記にて承ります。
https://nkbp.jp/booksQA

ISBN978-4-8222-8887-7 Printed in Japan © 2020 Wilson Learning Worldwide Inc.